関西学院大学研究叢書　第271編

P. ティリッヒと近代ドイツの思想世界

芦名 定道
Sadamichi Ashina

P. Tillich in the
Intellectual Landscape of
Modern Germany

関西学院大学出版会

P. ティリッヒと近代ドイツの思想世界

はじめに

　本書の著者は、1994年に学位申請論文「P. ティリッヒの宗教思想研究」によって、京都大学博士（文学）の学位を授与された。その第一部と第三部は加筆修正のうえ、それぞれ『ティリッヒと現代宗教論』（北樹出版、1994年）と『ティリッヒと弁証神学の挑戦』（創文社、1995年）として出版されたが、著者はその後も、ティリッヒ研究に継続的に取り組み、現在に至っている。本書には、21世紀に入ってから研究雑誌などに研究論文として公にされた諸論文が収録されている。つまり、本書は著者がこの20年ほどの間に行った研究から関連性のある諸論文を集めた研究論集にほかならない。

　この20年ほどの研究を振り返るとき、著者の研究はテーマ的にかなり広範に広がっていることがわかる。大きくまとめれば、著者は、主に「近代以降のキリスト教思想（特に現代神学）」「東アジアと日本のキリスト教思想」「科学と宗教の関係論（関係史、関係性をめぐる理論構築、倫理的諸問題）」、そして「ティリッヒ思想研究」の四つの領域で研究を進めてきた。これらの研究テーマは一見すると相互の連関もなくバラバラに分散しているとの印象を与えるかもしれない。本書の刊行は、この拡散した研究が実は相互に緊密につながっていることを著者自身が確認するという意味を持っている。それは、「近代」「キリスト教」という二つを焦点とした問題連関であり、「ティリッヒ」はこの問題連関を浮かびあがらせる焦点として位置づけられる。もちろん、焦点は「ティリッヒ」でなければならないというわけではない。ほかの焦点も設定可能であろう。しかし、「ティリッヒ」は近代とキリスト教、そして日本・アジアを一つの問題連関として捉えるのにふさわしい焦点の一つであるというのが、本書の基本的主張であり、読者の方々にこの点を読み取っていただければ、本書の目的はある程度まで果たされたことになる。

　本書各章のもとになった諸論文それぞれの情報は、「初出一覧」をご覧いただくことにして、ここでは、各部について、簡単に説明しておきたい。

　まず第一部「問いとしての近代とキリスト教思想」は、「近代」とは何か、キリスト教との関わりで近代をいかに論じるのか、という問題を扱っており、

第一部は全体として本書の序論の位置づけとなる。
　続く第二部「近代ドイツ思想とティリッヒ」では、第一部の序論で示された枠組みを前提に、近代ドイツ思想の展開がティリッヒによる個々の思想家についての考察に即して論じられる。第二部で扱われるカントから19世紀中頃までの思想展開は、哲学と神学の双方を包括する一つの思想連関となっており——哲学と神学を別々の分離された思想領域として論じることは19世紀までの西欧思想の抽象化にほかならない——、それは現代神学の重要な基盤の一つである。ティリッヒはまさにこの思想連関において思索した思想家といえる。
　最後の第三部「ティリッヒ思想の射程」では、以上から明らかになった「近代、キリスト教、ティリッヒ」という問題連関と現代キリスト教思想との関連性が具体的に論究される。これは、ティリッヒ思想研究の現代的意義を論じるということであり、特に注目されるのは政治思想と科学思想との関わりである。
　以上の各部の議論では、欧米や日本におけるティリッヒ研究をはじめ、多くの先行研究が参照されており、これによって、ティリッヒ研究を含めた近代以降のキリスト教思想研究のさらなる展望が試みられている。実際21世紀になり、ティリッヒ研究は世界的な規模で新しい段階に入りつつあり、それはキリスト教思想全体にも当てはまることなのである。

目次

はじめに　iii

第一部　問いとしての近代とキリスト教思想 ―――― 1

第1章　「近代」と「キリスト教」を問う　3
問題設定と方法

第2章　近代／ポスト近代とキリスト教　17
グローバル化と多元化

第3章　翻訳の時代としての近代　37
シュライアマハーの翻訳論を中心に

第二部　近代ドイツ思想とティリッヒ ―――― 51

第4章　ティリッヒとカント　53
近代キリスト教思想の文脈から

第5章　ティリッヒとフィヒテ　73

第6章　ティリッヒとシェリング　93
ティリッヒの根本的問いと思想の発展史

第7章　前期ティリッヒとヘーゲル　123

第8章　ティリッヒとシュライアマハー　151

第三部　ティリッヒ思想の射程 ──────── 175

　第9章　ティリッヒと宗教社会主義　177
　第10章　ティリッヒの生の次元論と現代科学　199
　第11章　ティリッヒとその思想的遺産　221
　　　　　　生の現象学を中心に
　付論1　キリスト教学研究室とティリッヒ　237
　付論2　ティリッヒ関連文献の書評　241
　　　　1. 茂洋著『ティリッヒ神学における存在と生の理解』　241
　　　　2. 石川明人著『ティリッヒの宗教芸術論』　247

初出一覧　256
文献表　259
あとがき　277
索　引　279

第一部

問いとしての近代と
キリスト教思想

第 1 章

「近代」と「キリスト教」を問う
問題設定と方法[1]

一　近代はいかなる時代か

　本書のテーマは、「近代」そして「キリスト教思想」である。このテーマを本格的に取り上げるためには、「近代」とはいかなる時代であり、そのなかでキリスト教思想はいかなる課題に直面したかについて、まず明らかにす

---

[1] 本章は、「キリスト教と近代的知」（2010 年）というタイトルで執筆された論文に加筆修正を行ったものであるが、この初出論文の序論「1　はじめに ──『近代／ポスト近代』を問う ──」は、次の段落のような内容であった。
　本研究会では、「近代／ポスト近代」の歴史的状況におけるキリスト教というテーマについて、これまで、地域的伝統的な多様性（2007 年度）、国家・政治（2008 年度）、そして知的世界（2009 年度）という三つの観点から共同研究を行ってきた。2007 年度と 2008 年度については、その成果がすでに公にされており、2009 年度の研究成果を収録したこの論集『キリスト教と近代的知』は、研究会の第三番目の報告書にほかならない。本論文では、「キリスト教と近代的知」という研究テーマがいかなる射程を有しているかを論じることによって、本研究論文集全体の導入を行いたい。なお、本研究会では、2010 年度に「キリスト教と近代社会・経済」（仮）について共同研究を行ったのちに、2011 年度にはこれまでの全体を締めくくる論文集を刊行する予定である。
　なお、これまでの報告書、『キリスト教と近代化の諸相』（2007 年度研究報告論集）、『キリスト教思想と国家・政治論』（2008 年度研究報告論集）は、次のサイトで公開されている。http://repository.kulib.kyoto-u.ac.jp/dspace/handle/2433/59268
　また、この章のもとになった 2010 年刊行の論文以降に、現代キリスト教思想の動向を扱ったものとして次の拙論も合わせて参照いただきたい。芦名定道『現代神学の冒険──新しい海図を求めて』新教出版社、2020 年。

る必要がある。この第一部の目的はこの点にある。ここでは、特に思想世界・知的世界に注目することによって「近代」とその特徴について考えることにしたい。なぜなら、「近代」とは伝統的キリスト教がそれまでになかった思想状況と出合った時代だからである。一方で、キリスト教は社会の世俗化と徹底した宗教批判に遭遇した。しかし他方で、キリスト教は世界を植民地化した西欧列強と歩調を合わせつつ、世界宣教を展開しており、この両者の全体が近代のキリスト教を取り巻く歴史的状況であり、キリスト教思想はこの状況の内に位置している。

二　西欧近代と近代的知のモデル

現代のキリスト教が、近代（西欧近代）という歴史的状況——政治と経済から文化の諸領域まで、個人と親密圏から公共圏と国家までのすべての階層において——によって決定的な仕方で規定されていることについては、おそらく多くの研究者が認めるものと思われるが[2]、この事情は、知的世界に関してもそのまま妥当する。この近代的知の状況のなかでキリスト教が直面したのは、近代的知の基準において、キリスト教の真理を弁証するという問題であった。

もちろん、キリスト教にとって弁証という課題は、古代以来重大な意味を有してきたものであって、キリスト教思想形成の主要な文脈の一つをここに確認することができる。しかし、古代と近代以降のキリスト教弁証学が置かれた状況を比較するならば、両者の相違も明らかである。ティリッヒが指摘するように、古代における弁証が、非キリスト教文化圏における異教に対するものであったのに対して、近代キリスト教が直面した弁証的状況は、キリスト教の影響下で形成された文化におけるものだからである。[3] 古代のキリ

---

[2]　キリスト教との関わりでこうした近代の特徴を論じた研究は少なからぬ数にのぼる。日本における代表的な議論として、次の大木英夫の研究が挙げられる。
　　大木英夫『新しい共同体の倫理学——基礎論・上下』教文館、1994年。
　　また、論者自身の近代についての論述としては、次の文献を参照。
　　芦名定道『自然神学再考——近代世界とキリスト教』晃洋書房、2007年、特に5-25頁。

[3]　これは、ティリッヒが「教会的弁証学」（Kirchliche Apologetik, in: MW. 6, pp. 40-

スト教弁証論を経て形成されたキリスト教的知としての神学は、近代（特に啓蒙主義以降）に至り、近代の自律的理性に基づく学問・科学に対して伝統的なキリスト教信仰を弁証し、宗教批判に答えることを要求された。[4] 近代キリスト教思想の主要課題は、自律と他律の対立状況におけるキリスト教の弁証と規定することができるであろう。しかも、近代の「キリスト教的ヒューマニズム」の動向が示すように、[5] この自律性自体がキリスト教と密接な関係を有していたのである。

ポスト近代におけるキリスト教は、さらに、この近代的問題状況に加えて、

61）で展開している議論であるが、これに関しては、次の拙論を参照。
　　芦名定道『ティリッヒと弁証神学の挑戦』創文社、1995年、45-50頁。
4　キリスト教弁証論とキリスト教神学との関わり、あるいは古代から近代に至るその展開に関しては、注2で挙げた拙論を参照。また、次のパネンベルクの説明も簡潔ではあるが、参照すべきものと思われる。
　　Wolfhart Pannenberg, Einleitung. Wissenschaftstheorie und Theologie, in: *Wissenschaftstheorie und Theologie*, Suhrkamp, 1977, S. 7-26.
5　キリスト教的ヒューマニズムの問題は、西欧近代、特に理性の自律性の問いを理解する上で、重要なテーマである――たとえば、宗教改革期の人文主義の伝統が、西欧のヒューマニズムに与えた影響など――。こうした点については、次の文献を参照。
　　金子晴勇『宗教改革の精神――ルターとエラスムスとの対決』中公新書、1977年、101-144頁。
　　渡辺信夫『カルヴァンの「キリスト教綱要」を読む』新教出版社、2007年、58-85頁。
　　ハンス・R. グッギスベルク『セバスティアン・カステリョ――宗教寛容のためのたたかい』出村彰訳、新教出版社、2006年、特に、第一、第四、第八の各章。
　　なお、ティリッヒは、「キリスト教思想史講義」のなかで、「敬虔主義と合理主義との共通点」として「神秘主義的要素」（「内なる光」「内なる真理」）を挙げているが（Paul Tillich, *A History of Christian Thought, From Its Judaic and Hellenistic Origins to Existentialism* (ed. by Carl E. Braaten), Simon and Schuster, 1972, p. 315.)、これは、近代の自律性の根源を問う上で示唆的である。こうした点についての解明は、今後の研究課題とされねばならない。こうした問題連関から、次の文献も参照。
　　田村一郎『ドイツ観念論における「自律思想」の展開』北海道大学図書刊行会、1989年、特に、ヘーゲルとルターを論じた第3編第二章を参照。
　　さらに、近代世界とキリスト教との関係をめぐっては、次の文献も参照できる。
　　川中子義勝『ハーマンの思想と生涯――十字架の愛言者［Philologus crucis］』教文館、1996年。
　　芦名定道「キリスト教史における無教会の意義」市川裕編『世界の宗教といかに向き合うか』（月本昭男先生退職記念献呈論文集・第1巻）聖公会出版、2014年3月、3-18頁。

再度宗教的多元性の問題に直面している[6]。この点で、次の森田雄三郎の指摘は重要な意味をもっている――もちろん、「ハイデッガーとホワイトヘッドを置いて」については賛否が分かれるであろうが――。

> プロセス神学が東洋の諸宗教、とりわけ仏教への深い関心を持つことは、日本人としては、特に注目しなければならぬであろう。20世紀の西洋哲学のなかで、仏教思想との接触点を提供できる哲学は、ハイデッガーとホワイトヘッドを置いて、他に見当たらない。しかし、これらの哲学は、近代の西洋科学と技術の極限において仏教との接触点ともいうべきものを提供するのであって、その根本動機は、現代の技術社会の問題にある。したがって、この根本動機を忘れた仕方の狭い比較宗教論は、時代錯誤であろう[7]。

では、以上指摘した、西欧近代においてキリスト教が直面した知のモデルとは、いかなるものだったのであろうか。ここで確認すべきは次の点である。すなわち、近代以降の知的状況を規定している中心的要素の一つは、啓蒙思想期に確立した、いわゆるニュートン型の科学モデル（＝実証主義的科学観）であり、これは天文学や物理学から始まって、自然科学全般、そして社会科学や人文科学の領域までをも影響下に包括しつつ、現在に至っている。キリスト教の伝統的な知である神学も、この近代的知の一元化の圧力を免れてはいない。近代的知のモデルへの適応は、近代キリスト教思想の一貫した課題として存在し続けており――もちろん、この圧力への反動や揺り戻しは18世紀以来繰り返されてきたわけではあるが[8]――、これが、西欧近代以降の

---

[6] ポスト近代の状況下で問われている宗教的多元性については、次の拙論を参照。
芦名定道『ティリッヒと現代宗教論』（北樹出版、1994年）の第四章「ティリッヒと宗教の神学」（197-246頁）、「キリスト教思想と宗教的多元性」（日本宗教学会『宗教研究』第75巻、329-2、2001年、199-245頁）、「宗教的多元性とキリスト教の再構築」（星川啓慈・山梨有希子編『グローバル時代の宗教間対話』大正大学出版会、2004年、121-157頁）。

[7] 森田雄三郎「現代神学の動向」（1987）、『現代神学はどこへ行くか』教文館、2005年、46-47頁。

[8] キリスト教における近代への適応は、常にその反動を伴ってきた。近代キリスト教思想史は、反近代の思想系譜という観点から記述することも可能であり、現代アメリ

キリスト教が置かれた知的状況だったのである。歴史的批判的方法を基礎にした文献学としての近代聖書学、あるいはキリスト教神学でも宗教哲学でもない、独自の経験科学としての現代宗教学の出現は、この状況を明確に反映している。

　近代聖書学や現代宗教学にも共有された、近代的知の理念とはいかなる内容を有しているのであろうか。この点について、ここで包括的な議論を行うことはできないが、学問の本質を構成する「真理」「真理性」との関わりから、以下のように説明できるであろう[9]。

　伝統的な真理論において、真理は、事象と言明との対応（相関）と諸言明間の論理的整合性（首尾一貫性）という二つの条件の下で捉えられてきた。この真理概念自体は古代哲学まで遡及可能なものではあるが、近代哲学の中心をなす、明証性という知の確実性の理念（基礎づけ主義）は、これら二つの真理の条件に対応する仕方で、原理の直接的直観的把握（→知的直観）あるいは漸近的手続き的接近という二つの形態において具体化され、それぞれがニュートン・モデルを構成する数学と物理学に対応づけられることになった[10]。

　しかし、この知の自然主義は、近代的知の一面に過ぎない。トレルチが『歴史主義とその諸問題』などで指摘するように、近代的知のもう一つの側面を代表するのが、真理の歴史性の認識に基づく知の歴史主義である。少なくとも、具体的な形で現実に獲得された知が、歴史的連関に制約されたものであり、人間の構成作業を経て成立したということは、近代からポスト近代の思想的諸潮流において広範に共有されている認識であり、キリスト教の伝統的

　　カにおける創造論者（反進化論運動）は、こうした文脈での思想史的位置づけが必要な研究対象なのである。これに関しては、次の拙論を参照。
　　　芦名定道『自然神学再考——近代世界とキリスト教』晃洋書房、2007年、178-180、205-222頁。
9　真理論に関しては、次の文献を参照。
　　　神野慧一郎「真理論の系譜」『新岩波講座哲学2　経験　言語　認識』岩波書店、1985年、281-312頁。
10　この近代的知の動向を突き詰めたものとして、論理実証主義を位置づけることができる。論理実証主義については、次の文献を参照。
　　　飯田隆『言語哲学大全Ⅱ——意味と様相（上）』勁草書房、1989年、45-117頁。

知も、この批判的反省にさらされている[11]。近代キリスト教神学において、体系性と経験が方法論的に重視されるのは、こうした動向と無関係ではない[12]。近代の自然主義と歴史主義は近代的知の内部で緊張関係に立ちつつも緩やかに連関し合っており──マクロな動向としては、自然主義が自らを自己再帰的に改訂しつつ知的世界への浸透度を強めている[13]──、近代以降のキリスト教に対しては、伝統的な知が、この知的世界においていかなる位置を占めるのか、またその明証性をいかに確保できるのかが、問われているの

11　これは、社会構築主義（あるいは社会構成主義）や知識社会学とも関わる問題であるが、キリスト教研究においても、その影響はかなり広範な研究領域に浸透している。たとえば、初期キリスト教から教父時代にかけてのキリスト教的家族・家の教会を扱った、次の論文などは典型的である。

　　Peter Lampe, "The Language of Equality in Early Christian House Churches: A Constructivist Approach," in: David L. Balch and Carolyn Osiek (eds.), *Early Christian Families in Context. An Interdisciplinary Dialogue*, Eerdmans, 2003, pp. 73-83.

　　なお、こうした社会構成主義との関連を神学自体の方法論・視点のなかに明確に位置づけたものとしては、次の文献が挙げられる。

　　Sallie McFague, *Models of God. Theology for an Ecological, Nuclear Age*, Fortress, 1987, pp. 21-28.

　　Gordon D. Kaufman, *In Face of Mystery. A Constructive Theology*, Harvard University Press, 1993.

　　また、以上に関連した現代神学の動向については、次の拙書でくわしく論じた。

　　芦名定道『現代神学の冒険──新しい海図を求めて』新教出版社、2020年、特に258-268頁。

12　波多野精一『宗教哲学序論』（1940年）における宗教哲学は、方法論的に、この文脈に位置づけることができる。「宗教的体験の理論的回顧それの反省的自己理解」としての「宗教哲学」（『波多野精一全集　第三巻』岩波書店、1968年、245頁。あるいは、波多野精一『宗教哲学序論・宗教哲学』岩波文庫、2012年、11頁）は、宗教的体験をめぐる現代宗教学（実証主義）の事実性理解と、反省・理解をめぐる誤れる宗教哲学（合理主義、そして超自然主義）という二つの立場の克服を目指している。こうして、体系構築へ向かう理論的認識と体験的な事実の尊重という二つの契機をいかに統合するかが、宗教哲学の方法論的な課題として提示された。

13　近代あるいは近代精神を、自然と歴史（自然主義と歴史主義）という相互に緊張関係にある二重の問題において理解するという発想は、たとえば、トレルチに見いだすことができる（Das Wesen des modernen Geistes (1907), in: *Gesammelte Schriften 4*, S. 297-338 など）。近代的知は、自然と超自然という枠組みにおける自然主義（超自然主義の克服）から、自然の歴史性の認識（18世紀の自然史叙述から進化論・宇宙生成論へ）へと自然主義を自己再帰的に改訂しつつ進展してきたといえる。この意味で、20世紀の相対性理論と量子力学の登場も、近代的知自体の進展として十分に解釈可能であって、近代とは質的に異なるものとしての「ポスト近代」への転換を論じる上での自然科学における事例といった仕方で単純化できるものではない。

である。

三　近代的知と再帰性

次に、近代的知がキリスト教にいかなる影響を及ぼしているかについて、知の制度化という観点から考察してみよう。この知と制度化との関わりも近代になって始まったものではなく、古代から一貫して確認可能な事柄である。キリスト教に関して言えば、その知の担い手は、これまで教会・司教制度、修道制、そして大学といった諸制度との関わりにおいて存在してきた。したがって、近代においても、知の制度化は、まずそれに先行する長い伝統との連続性という大枠において理解されねばならないであろう。しかし、近代において、知的世界はそのいくつかの構成要素を増幅させることによって、大きく変貌することになる。この点について、ギデンズが近代について行った議論を参照しつつ、検討を加えてみたい。[14]

人間が様々な知的活動に基づき知的世界と言うべきものを構築するには、その活動が公共性を獲得することが必要である。知が特定の形式で表現され、他者とのコミュニケーションにおける共有と相互の吟味を経て改訂され、そして蓄積され、伝統を形成する。知的世界を構成するこの一連のプロセスを規定するのは、再帰性と呼ばれるメカニズムである。自己参照性・自己言及性あるいは再帰性というメカニズムこそが、知の基本をなす精神、意味、自己といった事柄を特徴づけ、[15]知的世界の存立を可能にしているのである。これは、古代にも近代にも妥当する。しかし、近代になり、この再帰性は独特の展開を示すことになる。これがギデンズの言う「制度的再帰性」（the institutional reflexivity）、つまり、知の再帰性と制度化との独特の結合関係

14　ギデンズについては、本書第２章をご覧いただきたい。
15　キルケゴールは、『死に至る病』冒頭で、人間（精神、自己）を自己関係性から論じており、これは、その後、再帰性・参照性・言及性という仕方で問われることになる問題を先取りしたものといえる。キルケゴールは、実存性、主体性、逆説性の主張において、ヘーゲル主義的な近代精神を批判した思想家として論じられることが少なくないが——これ自体は正当な解釈であるとしても——、おそらく、こうした見方の一面性は『哲学的断片への結びとしての非学問的あとがき』を精密に読むならば明らかであろう。

の成立にほかならない。ここでは、知の方法論的反省の強化と制度化に関して、基本的な事柄を確認しておきたい。

　まず、知の再帰性（あるいは再帰的知）と方法論的反省であるが、すでに指摘したように、知の再帰性自体は、知自体の基本構造であり、近代的知特有の事柄ではない。しかし、近代的知において、この再帰性は、方法論的な懐疑と実証主義とにおいて示されるように、極度に強化され、こうして獲得された確実な知の原理から包括的な知の体系の構築が目指されることになる[16]。現代物理学における大統一理論の構想はその典型であり、宇宙の始まりからその後の全過程（生命の誕生・進化、そして「わたし」の意識の生成まで）を包括する知的世界の構築が展望されている。これは、キリスト教的知に対しても、次の三つの点で強力に作用している。

　①**神学におけるプロレゴメナ・方法論の肥大化。**
　近代以降の神学思想において「プロレゴメナ」が神学体系内で有する比重を著しく増大させる傾向にあることは、神学の体系的理論に方法論的基礎を与える作業がきわめて困難になりつつあることを示唆している。これは、組織神学の体系構築がますます困難になりつつあるということにほかならない。

　②**宗教経験との接続を通した実証性の確保。**
　近代聖書学が、当初こうした問題関心によって動機づけられていたことは、19世紀のイエス伝研究の状況がよく示している。近代聖書学の方法によるイエス伝叙述が挫折という仕方で総括されるには、A. シュヴァイツァーを待つ必要があった。

　③**諸学の体系内における神学的知の位置づけ[17]。**
　ハイデッガーが指摘するように、近代の体系構想（原理→体系、原理の確

16　ガリレオ、デカルト、ニュートンにおける近代科学の成立（17世紀の科学革命）については、次の文献を参照。
　　　小林道夫『科学の世界と心の哲学——心は科学で解明できるか』中公新書、2009年、4-32頁。
17　こうした点の詳細については、次の拙論を参照。

実性と体系の包括性・完結性）は、古代や中世の思惟から近代的思惟を区別するものであり、これは、近代キリスト教神学の体系構想（キリスト教的知の体系としての神学体系と、神学を包括する全体的知の体系としての諸学問の体系との二重の体系構築によって構想される）を規定している。ドイツ観念論の解体と実証主義の台頭という知的状況の変動のなかで（19世紀後半）、近代的知は、体系性と体系批判（←生の断片性・非完結性）を両極として展開することになり、これが、現代神学における神学の科学性（学問性）を論じる際の枠組みとなっている。

　これら三つの点から帰結するものの一つは、神学研究におけるリサーチ・プログラムの導入である[18]。もちろん、リサーチ・プログラムを意識的に導入し研究を推進することは、キリスト教研究においては今後のテーマであると言うべきかもしれないが、持続的な研究体制の下での研究の継続的進展を担う学派的伝統、あるいは研究所のなかに、その萌芽を確認することは困難ではない。これは、近代の知的状況に対するキリスト教的知の適応の一例ともいえる。

　次に、知の制度化であるが、近代における顕著な動向として指摘すべきものは、大学・学会・出版の三者が構成する知の制度の発展であろう。研究者の組織的集団としての大学の存在は、中世に遡るものであるが、19世紀になり、研究者の組織化は専門領域ごとに設立された学会という組織を生み出し、知の共有と評価の基準構築（知の標準化）──現在中心性という方法論的視点と「新しさ」「独創性」という価値基準──を推進した[19]。キリスト教研究の分野においても、これと同様の動向がみられる。そして、大学と学会において生み出された知的成果を公にする物質的基盤を提供したのが出版業

芦名定道『ティリッヒと弁証神学の挑戦』創文社、1995年、67-163頁。
18　ここで論者の念頭にあるのは、「科学的神学」を提唱するマーフィの議論である。
　　Nancey Murphy, *Theology in the Age of Scientific Reasoning*, Cornell University Press, 1990.
19　専門学会の誕生（19世紀）がもたらした知的世界の変動によって、キリスト教思想が大きな影響を受けた例としては、生物学の専門学会の誕生と進化論論争（「宗教と科学」対立図式の形成と普及）との連関を挙げることができる。この点については、マクグラスの一連の研究が存在するが、これを扱った拙論として、次の文献を参照。
　　芦名定道『自然神学再考──近代世界とキリスト教』晃洋書房、2007年、206-208頁。

界であった。大学、学会、出版の三者は、近代の制度的再帰性における知的世界の構築に対して、その実体化を可能にした制度と言えよう。この制度が、近代市民社会のイデオロギーの担い手であったことは言うまでもない[20]。

　この制度化がキリスト教的知に及ぼした様々な影響のなかで、特に注目すべきは、伝統的な知の主体であった中間共同体の相対化である。キリスト教的知——特に教義学——においては、宗教改革期から19世紀にかけて、教派的伝統が重要な機能を果たしてきた。しかし、近代的知の進展に伴う大学・学会・出版という知の制度化は、こうした教派の役割を低下させることになる。というのも、学会レベルにおいて、近代的学の標準に準じる仕方でキリスト教研究の基準が設定されることにより、教派的な伝統固有の基準の意義は相対化されざるを得ないからである。教派的伝統を超えた知の標準化は、同時に、研究における思想家個人の比重を相対的に高めることになる。20世紀の教義学・組織神学における代表的著作が、著者である神学者の教派的背景よりも、神学者個人の思想によって規定される傾向にあることは——キリスト教思想は第一義的に思想家個人の問題となる[21]——、この変化を如実に示している。これは、中間共同体レベルで機能してきた知の規範性が解体する過程

20　これについては、文学、特に英文学の誕生に関して、多くの議論がなされている。
　「文学に関するもろもろの定義が現在のようなかたちをとりはじめたのは、実のところ、『ロマン主義の時代』以降のことだ。『文学』という言葉のなかに現代的な意味が発生したのは19世紀なのだと言ってもよい」（T. イーグルトン『文学とは何か——現代批評理論への招待』大橋洋一訳、岩波書店、1985年、30頁。Terry Eagleton, *Literary Theory. An Introduction*, Basil Blackwell, 1983, p.18)。
　「識字層の拡大と国教会および福音主義的な非国教会の布教活動がこのような悲惨な目に遭っていた労働者階級に対して活発に行われたことも事実です。そして、そのようななかで、彼らに向けた宣教的なキリスト教大衆文学作品の創作活動が芽生えたのでした。」（高柳俊一『英文学とキリスト教文学』創文社、2009年、9頁）、「聖書の代わりとしての文学作品」（同書、167頁）。

21　キリスト教神学の個人化は、神学思想が共同体（たとえば、教派的伝統）の制約から比較的自由に構想されるという現代の神学思想状況において確認できる動向である。これは、バルト、ティリッヒ、パネンベルク、モルトマンらの教義学や組織神学の構想が、第一義的には、それぞれの著者の個人的思想として読まれるべきであるという広く承認された事態に対応している。しかし、こうした神学思想の個人化は、トレルチが『社会教説』で論じた近代のスピリチュアリスムスとの関わりで理解すべきかもしれない。トレルチと近代の徹底的個人主義の問題については、次の文献を参照。
　Bradley E. Starr, Individualism and Reform in Troeltsch's view of the Church, in: *Modern Theology*, vol. 7, No. 5, 1991, pp. 447-463.

と解釈することもできるであろう[22]。この相対化と解体の動向が、それに対抗する動きを生み出しつつあることも確かであるが[23]、近代的知がキリスト教に大きな変化をもたらすことになったことは疑い得ないものと思われる。

　では、近代的知はポスト近代の状況において今後何をもたらすだろうか。もちろん、ポスト近代におけるキリスト教的知の将来像については、現時点ではわずかに予想することができるに過ぎない。しかし、近代的知がもたらした方法論的反省の強化と近代的な制度化が、ますます進展し、たとえば、知の大衆化をさらに促進するものとなることは十分な蓋然性を有する見通しであろう。大学と出版に対する大衆化の作用は著しいものがある[24]。問題は、この近代からポスト近代への動向が、それを生み出した近代的知自体を解体するに至るかということであろう。特定の階層や集団によって担われてきた知的世界全般——たとえば芸術なども[25]——が、さらなる変貌を遂げつつあるとすれば、キリスト教的知もそのなかで進むべき道を模索せざるを得ないことになるであろう。

22　この点については、次の拙論を参照。
　　芦名定道「キリスト教学の理念とその諸問題」、日本基督教学会北海道支部会『「キリスト教学」再考——日本基督教学会北海道支部公開シンポジウム記録』2009年、52-71頁。
　　なお、この拙論を受けて展開された、日本基督教学会第57回学術大会シンポジウム（北海学園大学、2009年）における論者の発題「キリスト教学の可能性——伝統とポストモダンとの間で」は、学会誌『日本の神学』49に掲載された。
23　日本の思想界では、各学問領域に対応して大規模な学会が存在する一方で、近年比較的少人数の研究集団や小規模な学会が多く誕生し、それぞれ特徴的な活動を行っている。これは、知的世界の活性化にとって中間共同体の有する意義を考える上で、興味深い動向である。
24　第二次世界大戦以降の大学改革による大学の大衆化とそれに連動した近代的な教養主義の解体は、近代の知的制度としての「大学・学会・出版」システムを大きく変容させてきた。これに近年の出版の電子化の動向を重ねるならば、この変化はさらに加速化されるかもしれない。日本における教養主義の解体に関しては、次の文献を参照。
　　竹内洋『教養主義の没落——変わりゆくエリート学生文化』中公新書、2003年。
25　大衆社会の文化状況の特徴の一つとして、近代以前（そして近代に入ってしばらくの間）には、特定の社会層が支えてきた「文化」的営みが、多くの人々（いわゆる大衆）の手に届くものとなったことが挙げられる。音楽も絵画・彫刻も、文学も詩も、いつでもどこででも享受することが可能であり、「だれでも芸術家になれる」状況にある。キリスト教的知に関しても、これがだれでもキリスト教研究者となるという事態に実際に到達するかは別にしても、このことに有利な条件は確実に整いつつあるように思われる。

四　むすび

以下、「キリスト教と近代的知」というテーマとの関連で問われるべきいくつかの問題点を指摘することによって、本章を結びたい。

①何のための神学か。

キリスト教信仰にとって学的知がいかなる意味を有するかは、これまでも様々な議論がなされてきた。しかし、近代的知が方法論的な厳密性や精緻さを追求するなかで、この問題についても根本的な問い直しが求められているように思われる。近代化が知の大衆化を推進するものであるとすれば、キリスト教的知は聖職者や研究者の独占物であり続けることができるのか。キリスト教という宗教が潜在的にその知を大衆化する傾向を有していたとすれば、[26] 近代以降の新しい知の状況において、キリスト教的知は専門性と同時に大衆性（？）を必要としているのではないだろうか。また、「真理はあなたたちを自由にする」（ヨハネ 8.32）という言葉がキリスト教的知を解放的知として宣言するものであるならば、伝統的な理論的知と実践的知の関係理解（＝序列化）も、再検討を要すると言わねばならないであろう。

②神学と聖書学の関係性の問い直しから、キリスト教的知の根本へ。

近代的知に対応するものとして成立した近代聖書学が、その成立の当初から、伝統的なキリスト教的知である神学と緊張関係にあったことは周知の事実であり、[27] 実際、近代キリスト教思想を、この観点から統一的に理解することも不可能ではない。しかし、両者の間の争点を構成していた「歴史」「文献」という事柄の理解は、近代聖書学の確立から 200 年もの間に、大きく進

26　この観点から、宗教改革、特にその聖書主義の意義について考察することは、興味深い研究テーマとなるであろう。日本において、「聖書研究」（Bible Study）と呼ばれる信徒活動が定着していることは、キリスト教が聖書というテキストを介して、知の大衆化の傾向性・可能性を有していることと無関係ではないように思われる。

27　この点については、パネンベルクの次の論考が簡潔かつ的確な議論を行っている。
Wolfhart Pannenberg, Die Kriese des Schriftprinzips（1962）, in: *Grundfragen systematischer Theologie*, Vandenhoeck & Ruprecht, 1967（1979）, S.11-21.

展し変化し現在に至っている。[28] 果たして、神学と聖書学の論争は、この知的状況の変化を十分に消化することができているだろうか。現状の議論が、近代歴史学の古典的な議論の地平を脱していないというのは言い過ぎであろうか。1980年代頃から、新約聖書学は大きな転換期を迎えていることが指摘されているが、[29] 聖書学の学的基礎をめぐる再検討は、今後本格的な取り組みを必要としているように思われる。この作業は、哲学的な反省を必要とするものであり、神学、歴史学、文献学に加え、哲学をも射程に入れることによって――ところで、ここで参照すべき哲学とは何か[30]――、キリスト教神学の中心をなす「キリスト論」にまで掘り下げた議論が求められているのである。[31]

---

28 近代聖書学は、近代歴史学の方法論（いわゆる歴史的批判的方法）を歴史的文献としての聖書に適用するところに成立したものであり、その方法論的な諸前提――批判、類比、相互作用・連関――の分析としては、トレルチの古典的研究（「神学における歴史的方法と教義的方法とについて」1900年）が存在しており、またパネンベルクはこの諸前提が方法論的な現在中心主義という原理に基づいていることを明確に示した。
　　Wolfhart Pannenberg, Heilsgeschehen und Geschichte (1959), in: *Grundfragen systematischer Theologie*, Vandenhoeck & Ruprecht, 1967 (1979), S. 22-78.
　しかし、現代において問題とされるべきことは、トレルチが分析したような歴史的思惟（トレルチ・タイプの歴史概念）が、キリスト教研究で歴史を問う上で適切なのかという点である。この点で、20世紀以降の歴史学における方法論的進展をキリスト教研究にいかに接続するかが問われていると言えよう。その意味で、次の文献で展開されたリクールの歴史論は興味深い。
　　Paul Ricoeur, *Temps et récit*, Tome I (1983), II (1984), III (1985), Seuil.
　　La Mémoire, L'Histoire, L'Oubli, Seuil, 2000.
29 たとえば、次の文献など。
　　Klaus Berger, *Exegese des Neuen Testaments*, Quelle & Meyer, 1977 (1991).
　　Marcus J. Borg (ed.), *Jesus at 2000*, Westview Press, 1997.
30 哲学の変容は、キリスト教思想と比較的緊密な関係にあった諸潮流を超えて、広範に広がりつつある。たとえば、キリスト教思想との接点が比較的希薄であった分析哲学の伝統においても、新しい動向が確認可能であって、プラグマティズムにおける宗教論（ローティなど）は、キリスト教思想の観点からも注目に値するのではないだろうか。この点については、現代の黒人神学をリードする論者の一人である、コーネル・ウエストが編者に加わっている次の論集を参照――「ウエスト本人は、自分の本領をキリスト教、それも預言者伝統を継ぐバプテスト系の黒人神学者と見做している」（栗林輝夫『現代神学の最前線――「バルト以後」の半世紀を読む』新教出版社、2004年、81頁）――。
31 キリスト教神学の学問性にとってキリスト論が有する中心的意義については、ダルファースが、次の文献で、古代ギリシャ哲学の神学体系との関わりで明解な議論を

③現代の思想状況において組織神学は可能か、また組織神学はどこに向かおうとしているのか。

先に近代の歴史的状況において、教派的な伝統が相対化される傾向にあることを指摘した。これは、キリスト教的知としての神学において、特に教派的伝統とそれが伝承してきた規範性とを中心的に担ってきた、組織神学あるいは教義学という神学部門に大きなダメージを及ぼしつつある。近代的知は、知の普遍性を推進するなかで、伝統的で特殊な規範的知を解体するものとして作用し、同時に知の担い手としての個人を中間共同体の束縛から解放するものとなった。こうした知的状況において、伝統的な組織神学や教義学は、その存立が困難になってきている。問題は、組織神学が神学者個人の思想研究や過去の伝統の反復といった状況から、新しい規範的知の担い手として、いかに自らを変革できるのか、ということである。もし、神学が単なる人文的な知の体系内の一領域に還元されることを拒否しようとするのであるならば、過去のキリスト教神学が繰り返し問い直した作業——現代において組織神学はいかなる仕方で可能なのかの問いに正面から取り組むこと——が再度求められるのではないだろうか。

行っている——「キリスト教神学は本質的にキリスト論であった（また、現在もそうなのである）」(Dalferth, 1988, 38) ——。

　Ingolf U. Dalferth, *Theology and Philosophy*, Wipf and Stock Publisher, 1988 (2001), pp. 35-38.

…… 第 **2** 章 ……

近代／ポスト近代とキリスト教
グローバル化と多元化

一 問題

　本章は、研究会報告論集「キリスト教と近代化の諸相」[1]のいわば序論に位置づけられたものであり、次の二つの基本的な問題について、考察を加えることを目的としている。その二つの問題とは、近代とポスト近代に関わる時代区分の問題と、近代をキリスト教との関係で論じる際の主要な論点に関わる問題である。以下の第二節では、時代区分の問題が、また第三節では、近代をめぐる論点が扱われる。そして、第四節では、「近代／ポスト近代とキリスト教」というテーマについて、若干の展望を述べることによって、本章の結びとしたい。

1　第二章は、「近代／ポスト近代とキリスト教」研究会の 2007 年度研究報告書『キリスト教と近代化の諸相』に収録された論文がもとになっている。この研究会は京都大学キリスト教学研究室に事務局をおき、2007 年度から 2011 年度まで活動した。その共同研究の成果は五つの研究報告書にまとめられている（京都大学学術情報リポジトリに掲載。https://repository.kulib.kyoto-u.ac.jp/dspace/handle/2433/59268）。

二　近代とポスト近代

(1) いつから近代か

「近代」を論じる場合にまず明確化する必要があるのは、近代をいつからいつまでの時代区分と考えるかという問題である。近代とは、中世とポスト近代（あるいは現代）との対比における近代であり——そもそも「中世」という時代区分は、近代の側から古代と近代の間の時代として、基本的に否定的なニュアンスで使用されたものである——、時代区分の問題は、近代理解の本質に関わっている。本章では、まず、近代の時代区分の問題に対して、次の三人のキリスト教思想家の議論を参照することから、考察を始めることにしたい。その三人とは、トレルチ、ティリッヒ、パネンベルクであり、それぞれ世代を異にしつつも、影響関係において結ばれたキリスト教思想における近代論の代表的論者であり、この100年あまりのキリスト教的近代論を概観する上で、重要な位置を占めている。

まず、トレルチであるが、ドイツ語著作集第四巻に所収の三つの論文によって、トレルチの近代論における近代の時代区分をめぐる論点を整理してみたい。

トレルチの近代論、特に近代の時代区分の議論で注目すべきは、おおよそ17世紀までと18世紀以降において区切られた古プロテスタンティズムと新プロテスタンティズムの区別である。これは、次の引用が示すように、近代が宗教改革とルネサンスという二つの基本的傾向によって規定されていること、そして、厳密な意味における近代が啓蒙主義から始まるということを意味する——古と新という二つのプロテスタンティズムの区別は、この啓蒙主義の以前と以降に対応する——。[2]

---

[2] この古と新のプロテスタンティズムの区別については、多くの議論がなされているが——本章著者も、近代理解との関わりで取り上げたことがある（芦名、2007、5-14）——、トレルチの大著『社会教説』が示すように、トレルチの議論の射程は、近代をはるかに超えたものである点に留意したい。すなわち、近代をめぐるルネサンスと宗教改革の緊張関係は、「われわれのヨーロッパ世界が二重の源泉から成立していることにもとづく対立、つまり預言者的・キリスト教的な宗教世界と古代の精神

宗教改革とルネサンスとがこの人文主義的新プロテスタンティズムのなかでこのようにして融合した状況がそのまま長続きしなかったことは言うまでもない。新プロテスタンティズムのなかで結びつけられたこの二つの基本的傾向（die Grundrichtungen）はふたたび次のような種々のかたちで分離するに至った（Troeltsch, 1913b, 294）。

　啓蒙主義は、教会や神学によって決定されていた従来の支配的文化に対立することによって、ヨーロッパの文化と歴史における厳密な意味での近代の開始であり基礎をなすものである（Troeltsch, 1897, 338）。

　ここで問題となっている啓蒙主義とは、単なる政治思想や思想運動を超えて、「生の全領域にわたる文化の全面的変革」（eine Gesamtumwälzung der Kultur auf allen Lebensgebieten, ibid., 339）を意味しており、「国家契約説」（国家の神学的基礎の破壊）「近代の寛容国家」「教会の自然法的解釈」「政治的、経済的、そして精神的自由を欲求する市民階層」「新しい経済理論および社会理論」「重農主義」「自然道徳」「自然宗教」「新しい数学的・機械論的自然科学」「コモンセンスや自然主義」「啓蒙文学」「新しい教育制度」「啓蒙主義の神学」といった広範な諸契機を統合するものと理解されねばならない[3]。この啓蒙主義がもたらした変動は、近代を二つの時期に区分するものとなり、プロテスタンティズムもそれぞれに対応して、古と新に分けられることになる。つまり、「正統信仰もしくは国家教会としての古プロテスタンティズムと、近代思想によって縦横に浸透された自由教会的、平等的な新プロテスタンティズム」（Troeltsch, 1913a, 191）の二つのプロテスタンティズムである。
　このようにトレルチは、近代の内部に決定的な変動を読み取ることによって、いわば近代を広義の近代と狭義の（厳密な意味での）近代の二つの意味で使用し、18世紀以降のキリスト教が置かれた近代の状況の明確化を試み

　　文化から由来する根源的対立（der Urgegensatz des Doppelursprungs）なのである」（Troeltsch, 1913b, 295）。
　3　「近代」についての包括的な視点からなされた議論としては、トレルチなどのキリスト教思想との関わりも含めて、大木英夫『新しい共同体の倫理学　基礎論　上下』教文館、1994年、を参照いただきたい。

ていると言えよう。

　これに対して、次の世代に属するティリッヒは、トレルチの論じた啓蒙的近代の特徴を、トレルチ同様に、[4]「数学的自然科学、技術、経済」の「三重の活動性」（dreifacche Tätigkeit）とその担い手としての「市民社会」として捉え（Tillich, 1926a, 32-36）、また啓蒙主義に関しても、その内実について、理性概念（普遍的、批判的、直観的、技術的理性）、自然概念（超自然に対する）、調和概念（世界観的、教育的、経済的）という観点から分析を行っている（Tillich, 1967）。

　しかし、ブルジョワ社会、つまり近代について、革命（17-18世紀）、勝利（19世紀）、崩壊・変容（20世紀）という三つの段階を区別していることからもわかるように（Tillich, 1945）、ティリッヒの関心は、革命とその勝利のなかから形成された18世紀以降の近代がどのように崩壊・変容し——啓蒙主義の成立とその内的な葛藤、そして諸伝統の総合の試みとその挫折——、また現代の錯綜した動向のなかに、どのような新しい精神状況の萌芽を見いだしうるか、という点に向けられている。つまり、ティリッヒの世代はトレルチの世代以上に、近代世界の崩壊（第一次世界大戦と革命）の実感のなかで、近代以降の（その意味では、ポスト近代の）精神的動向に関心を払っていたのである。宗教社会主義の構想、現象学と存在論への注目、実存思想への共感、そしてポスト・プロテスタント時代の展望、科学と宗教との対立図式の克服、といったティリッヒの一連の思想的試みは、こうした思想的文脈に位置づけることができるであろう。

　トレルチとティリッヒの近代論は、さらに次の世代のキリスト教神学者パネンベルクへと受け継がれる。パネンベルクの思想内容は多岐にわたるが、ここでは、パネンベルクの議論の特徴が、16世紀の宗教改革から18世紀の啓蒙的近代に至る歴史的過程の分析にあることを指摘しておきたい。パネンベルクは、『ドイツにおける新しい福音主義神学の問題史』（Pannenberg, 1997）において、19世紀のドイツ・プロテスタント神学の問題状況を規定す

4　近代論（現代の精神状況論）というテーマについて、トレルチとティリッヒは多くの点で重なり合っている。これは、本章で取り上げた『現代の宗教状況』（Tillich, 1926a）の邦訳者である近藤勝彦が、訳者解説（『ティリッヒ著作集　第八巻』白水社、1978年、381頁）で指摘しているとおりである。

るものとして宗教改革後の宗教戦争の帰結、つまり教派的多元性の状況に注目している。

　宗教改革後の宗教戦争は、キリスト教的統一世界（Corpus Christianum）の分裂の固定化、つまり教派的多元性の状況を帰結したが、それは市民社会の統合がもはや宗教的統一性によっては確保できないことを意味した。むしろ、市民社会の安定化のためには、その不安定要因である教派的対立の激化を克服しなければならなかったのであり、ここに成立したのが、宗教的寛容論（信教の自由）と政教分離システムだったのである。その結果、宗教は私的領域に位置づけられ（Privatisierung der Religion）——公的領域に教派的対立をもちこまない——、市民社会の統合原理は、宗教と教会から、人間性と国家（絶対主義と国民国家）へと移行し（＝世俗化）、知的世界の中心も神学から哲学へと移ることになる。トレルチが、啓蒙主義と人文主義的新プロテスタンティズムとして論じた状況の成立である。なお、パネンベルクがこの教派的多元性と世俗化のプロセスに特に注目する理由は、19世紀以降——ヘーゲル以降——の神学を含めた思想全般における「人間学への転回」（Die Wendung zur Anthropologie）が、まさにこの18世紀の思想状況へと遡るものであって、パネンベルク自身の神学構想が神学的人間学を方法論的基礎としているからにほかならない（Pannenberg, 1996, 294-367）[5]。

　以上、トレルチからティリッヒ、そしてパネンベルクに至る100年にわたるキリスト教思想における近代論を概観してきたが、そこからわかるのは次の点である。近代とは、諸伝統の緊張関係に規定されて展開した、中世からポスト近代へと至る動的プロセスであるが、それ自体のなかにいくつかの決

5　パネンベルク神学については、初期の「啓示論に対する教義学的テーゼ」（1961年）から、1988年から1993年にかけて刊行された『組織神学』全三巻に至る発展史的過程を辿ることができるが、それは、「啓示論に対する教義学的テーゼ」における「歴史としての啓示」の構想から出発し、『科学論と神学』（1977年）と『神学的展望における人間学』（1983年）の二つの著書に集約された方法論的考察を経て遂行された、神学の学問性・科学性の反省過程と解することができる。この反省過程の中心的帰結の一つは、神学的人間学構想に見いだすことが適当であり、その鍵は意味論にあると言えよう。つまり、「歴史としての啓示」の構想は、歴史の全体性を有意味な意味連関として捉えることを通して、現代哲学における意味論（言語・意味・経験の問題系）を参照することを要求し、それは哲学的人間学（意味世界の存在者としての人間）を有機的に組み込んだ神学的な人間理解に至るということである。

定的な変遷・段階的区分が認められる。つまり、近代とは単純な一様性において理解できるのではなく、諸伝統と諸領域（諸サブシステム）のゆるやかなネットワークとでも言うべき構造と動的プロセスとによって、捉えられねばならないのである。

(2) 時代区分の客観性？

これまでの議論からわかるように、動的プロセスとしての「近代」という歴史時代を、一義的かつ客観的な仕方で前後の歴史時代から区別することは困難である。これは、近代のみならず、時代区分全般に対して指摘されねばならない事柄であり、いわゆる弁証法的歴史理論の主張する歴史理解にほかならない。

ティリッヒは、弁証法的歴史理論の先駆者として、フィオーレのヨアキムの歴史神学を位置づけているが、[6] それによれば、歴史は、父の時代と子の時代、そして聖霊の時代という三つの段階を経て展開する。歴史過程の三段階は、その創造者にして統治者である神が、三位一体という存在形態を有していることに対応したものであり、三つのペルソナが一つの本質を共有するのに応じて、歴史の三段階も相互に重なり合う形で進展すると考えられる。たとえば、父の時代のなかで次の子の時代が開始され、子の時代のなかで父の時代が継続されるという仕方である。これは、歴史の時代区分において、前の時代のなかで次の時代が次第に準備され、それが一定の時期を経て顕在化する、しかし、新しい時代区分の顕在化ののちも前の時代の作用は継続していることを意味している。この見解によれば、歴史は、前の段階への否定と肯定を通して次の段階に弁証法的に進展するということになる。近代は中世の内で準備された連続的な発展という側面を有しており、近代以降も封建的な人間関係やシステムは部分的に存続している。[7]

6　この点については、(Tillich, 1972, 175-180) のほかに、次の拙論（芦名・小原、2001、100-111）を参照いただきたい。

7　この近代以降における前近代的なものの存続（近代と前近代との妥協、近代化の不徹底）という問題は、ティリッヒによる近代ブルジョワ社会の分析の中心的な論点の一つにほかならない。この点については、『社会主義的決断』（*Die sozialistische Entscheidung*, 1933, in: *Paul Tillich. MainWorks/Hauptwerke 3*, de Gruyter 1998, S. 273-419. 『ティリッヒ著作集　第一巻』古屋安雄・栗林輝夫訳、白水社、所収）を

以上より考えれば、近代の時代区分や近代内部の諸段階について先に確認した議論がなされるのも当然と言わねばならない。

(3) 時代区分する研究者の視点

時代区分は、単なる主観の問題ではないとしても、一義的な客観性によって規定できる問題ではない。歴史的展開過程のなかに現れたどの要素に注目するのか、何を指標にして時代区分を行うのか、に関わる研究者の側の視点をぬきに、時代区分を論じることはできない。つまり、時代区分する際に注目されるメルクマールの設定という問題である。メルクマールの設定次第では、アウグスティヌスは古代の最後の思想家としても、あるいは中世の最初の思想家としても位置づけることが可能であるし[8]、ガリレオやニュートンは中世的思考法を保持した思想家としても、あるいは近代科学の父としても、いずれの仕方でも論じることができる[9]。

ここでは、近代という時代区分を考える際に重要になるメルクマールとして、近代というシステムを構成する諸サブシステムに注目してみたい。近代的システムの生成に対して、キリスト教、特にプロテスタント・キリスト教が決定的な寄与を行ったことについては、これまで様々な仕方で議論がなされてきた。マックス・ウェーバーは、プロテスタント（カルヴィニズム）の禁欲的エートスと資本主義の精神との関係を指摘し（ウェーバー・テーゼ）、リンゼイは、ピューリタンの教会会議の経験と議会制民主主義との積極的関わりを論じている（リンゼイ・テーゼ）。そして、マートンは、ピューリタンの科学者が近代科学の成立に重要な寄与をなしたと論じた[10]。これらのサブシステムの最初の生成の現場であるイギリスについて言うならば、17世紀から18世紀にかけての時期が、これらのサブシステムの成立期であって

　　参照いただきたい。
8　アウグスティヌスを中世に属するとしたハルナックに対して、トレルチはアウグスティヌスをキリスト教古代に位置づけている。この点については、高野晃兆の博士学位論文『E・トレルチの『キリスト教の諸教会と諸集団の社会教説』について――《社会学的基本図式》から見て』（京都大学、2008年、40-48頁）を参照した。
9　ニュートンの思想的特徴については、（芦名、2007）を参照いただきたい。
10　マートン・テーゼについては（芦名、2007、13）を、ウェーバー・テーゼについては（芦名、2007、170-174）を、またリンゼイ・テーゼについては、（芦名・小原、2001、17-23）を参照のこと。

──もちろん、厳密にはサブシステムの生成は連動しつつも同時ではない──、トレルチの言う古から新へのプロテスタンティズムの転換は、まさにこの時期に重なっている。

しかし、サブシステムがその後世界的規模で展開してゆく際に、それらの移動と定着について、サブシステム間にかなりの時間差が生じていることがわかる。一般に、近代科学の移動と定着はもっとも早く、それに資本主義的経済システム（市場経済）が続き、民主主義的システムはもっとも速度が遅いように思われる。こうしたサブシステム間の時差の存在はそれ自体興味深い研究テーマであるが、ここでは、どのサブシステムに近代のメルクマールを見るかによって、近代の始まりの時期が異なってくる点に注目したい。たとえば、日本はいつ近代化したと考えるべきであろうか。近代科学や教育システムに注目するならば、近代日本は明治のかなり早い時期に始まり、また資本主義経済システムをメルクマールにするならば、近代化の時期はやや後にずれ込むであろう（1880年代から90年代）。しかし、政教分離を含む近代議会制民主主義の確立という点から言えば、日本の近代化はさらにかなり後、たとえば、第二次世界大戦後と考えるべきかも知れない。

したがって、キリスト教思想の観点から近代あるいはポスト近代を論じる場合、近代のメルクマールをどのように設定するのか、またそのように設定する理由は何かが、明確化されねばならないのである。

以上の問題点を、セオドア・ウォーカーの議論によって確かめてみよう。ウォーカーは、大西洋を横断した近代奴隷制の成立こそが近代のメルクマール──「近代の歴史をそれ以前の歴史から区別する主要な出来事」──であることを、黒人神学（Black Theology）の立場から主張している。この論点を主張する際に、ウォーカーは、「近代は、17世紀のガリレオ的デカルト的ベーコン的ニュートン的科学から発展した世界観（worldview）である」（Walker, 2004, 3）というグリフィンらのポスト近代神学の提唱者たち──構成主義的タイプのポスト近代神学（the constructive type of postmodern theology）──に共有された見解を紹介する[11]。近代をこのように理解する

11　ここでウォーカーが言及しているグリフィンの議論は、この（Walker, 2004）が収められた「SUNY Series」（State University of New York Pressから出版の叢書）に対して、この叢書の編集者として、グリフィンが記した序文（Introduction to SUNY

場合、ポスト近代を主張することは、近代的世界観が生み出した破壊的側面を乗り越えることを意味する。「近代世界を乗り越えて進むことは、近代の個人主義、人間中心主義、家父長制、機械化、経済主義、消費主義、ナショナリズム、そして軍国主義を超越することを含意するであろう」(ibid., 4)。もちろん、こうした近代理解が一定の真理契機を有していることをウォーカーは否定しない――「近代性のしるし、つまり、科学と奴隷制、あるいはより正確には、近代科学と大西洋横断的な奴隷制」について、「黒人的な大西洋的思想は、科学と奴隷制の双方を認識している」(ibid., 16)――。しかし、ウォーカーが近代の決定的メルクマールと考えるのは、近代奴隷制なのである。なぜなら、人間と土地を商品化(commodification)する制度は、近代的な人間関係の理解にとって本質的なものであり、近代的なアイデンティティに決定的な影響を与えているからである。

> 「アフリカ的アイデンティティは植民地主義と大西洋横断的奴隷制の後に生じた」「同じことは他の近代的なアイデンティティにも妥当する。これらの他のアイデンティティには、ヨーロッパ的、ヨーロッパ―アメリカ的、白人的、黒人的、肌の赤い、アメリカ・インディアンの、そしてネイティブ・アメリカンのアイデンティティが含まれる。これらの色でコード化され土地に定位した語彙、そしてそれらに関連した諸理論は、大西洋横断的な発見、征服、奴隷、植民地主義に対する応答のなかで溶け合っている」(ibid., 11)。

大西洋横断的な近代奴隷制度に近代のメルクマールを求めるならば、近代は17世紀から18世紀の近代科学の形成期より遡ること数百年前の15世紀にその出発点を見いださねばならなくなる。なぜなら、「1444年8月8日、ポルトガルによってアフリカから235人の商品化された人間が売買のために積み荷として船積みされた」(ibid., 15)からである。また、この場合、「近代主義の克服とは、奴隷商人、奴隷保有者、そして近代的な経済的社会的関係から利益を得た他の人々によって共有された世界観の克服を意味する」

Series in Constructive Postmodern Thought)に基づいている。

(ibid., 10) ことになる。そして、奴隷制は古代ギリシャやローマの遺産ともいえる側面を有しつつも、「近代奴隷制は、キリスト教徒によって生み出され継続された」(ibid., 21) ことは、この近代をキリスト教との関わりでいかに理解するのかというわれわれのテーマにとっても、決して無関係ではないのである。

三　グローバル化と多元化

　次に、第二の問題、つまり、近代をキリスト教との関わりで論じる上での諸論点の確認へと議論を進めよう。これまでの議論からわかったことは、近代あるいは近代化とは、特定の地域や伝統内部の問題ではなく、いわば地球規模で進展しつつある動的プロセスであり、現在グローバル化と言われている動向と重なり合うこと——おそらく、1980年代以降論じられるグローバル化（第二の波）に対して、グローバル化の最初の波と言うべき動向が19世紀後半に指摘できることを考えれば、グローバル化はまさに近代的現象であることが了解できるであろう——、そしてこの動的プロセスの進展の程度や形態は地域や伝統において大きく異なり、多様な仕方での多元化を引き起こしていることである。したがって、近代とキリスト教との関わりを論じる際には、グローバル化と多元化という特性に留意しつつ、議論を進めることが必要になる。

(1) 近代化の動態

　近代化とは、地域を超えて地球規模で進展する歴史的動向である。もちろん、こうした広域規模の秩序の構築は、近代以前にも様々な仕方で存在していた。たとえば、古代ローマ帝国における地中海文化圏や東アジアの漢字・儒教文化圏などは、軍事や経済を含めた広域圏を形成し、現代のグローバル化の先駆的形態ともいえる。しかし、中世ヨーロッパにおけるラテン語文化圏（キリスト教的統一世界）の例を挙げるまでもなく、グローバル化とは単純な一元化・一様化ではない。農業と都市の発展に伴い、中世世界には商業的ネットワークが構築され、またラテン語を共通語とする学問世界（情報ネットワーク）が存在していたが、ヨーロッパ・キリスト教世界といっても、

西欧、中欧、東欧という区分が示唆するように地域における多様性（そして地域内部での多元性）は無視できない。実際、近代化についても、西欧、中欧、東欧の間における差異は、顕著である。[12] 同様の点を、東アジアの広域文化圏内での中国、朝鮮半島、日本の間に確認することは容易であろう。[13]

したがって、近代という歴史時代と近代化の動向を論じる場合、一方におけるグローバルな傾向を確認しつつも、多様性・多元性に対する正当な評価が必要になる。同様の事態は、伝統・民族やサブシステムについても指摘できる。たとえば、近代化への対応に関して（特に、19世紀において）、ローマ・カトリック教会とプロテスタント諸教派との間には明確な差異があり、それは、ヨーロッパ世界内部における近代化をめぐる多様性、あるいは国民国家内部での多元性を生み出した。[14] また、すでに指摘した近代的システムを構成するサブシステムの間には、その伝播速度に関して大きな差異がみられ、そのため、一つの地域や国家においても、サブシステムの近代化には時差が生じることになり、それは、サブシステムに関わる領域や階層における近代化のずれを帰結する——時差の関係で遅れて近代化した領域がようやく近代化を完成しようとするときに、早く近代化が進んだ領域ではすでにポスト近代へ移行しつつある、といった事態も発生する——。これは、農業と工業といった産業間の差異、都市と農村との差異、世代間の差異といった錯綜した

---

12 川崎（1998、51-58）においては、アーレントが「西欧型」ナショナリズムと「東中欧型」ナショナリズムの相違（アーレントによるネーションの定義があてはまるのは、前者の典型的な国民国家であること）、政党制におけるイギリス型と大陸型との違い（政党制におけるイギリス型の例外的性格）を意識していた点が論じられているが、これは、ヨーロッパ世界における地域的な多様性を示唆するものと解することができる。

13 この東アジアの多様性については、次の拙論を参照いただきたい。
　　芦名定道「東アジア世界における宗教的寛容と公共性」紀平英作編『グローバル化時代の人文学——対話と寛容の知を求めて（下）共生への問い』（京都大学文学部創立百周年記念論集）京都大学学術出版会、2007年、279-301頁。

14 たとえば、19世紀後半からワイマール期にかけてのドイツの宗教状況に関しては、ドイツの近代化への関わり方と関連して、教養市民の世界、社会主義労働者の世界、農民層などを基盤とした領邦教会に属する大衆の世界という三者からなる多元的状況を見いだすことができる（芦名定道『ティリッヒと弁証神学の挑戦』創文社、1995年、38-45頁）。野田宣雄は、『教養市民層からナチズムへ——比較宗教社会史のこころみ』（名古屋大学出版会、1988年）などにおいて、このドイツ・プロテスタント世界の状況をドイツのカトリック世界やイギリスと比較することによって、「なぜカントとゲーテの国でヒトラーが？」という問いに宗教社会学的に迫ろうとしている。

多元性となって現れる。「近代とキリスト教」という問題に取り組む場合、これらの多元性についての具体的で実証的な研究が参照されねばならないであろう。

(2) 国民国家とナショナリズム ——近代のメルクマールとして

　前節では、近代のメルクマールが近代を論じる側の視点に関係していることが確認され、特に、近代科学と近代奴隷制とが取り上げられた。もちろん、この二つのメルクマールを始めとして、設定される諸メルクマールは独立して論じ得るものではなく、実は相互に結びつけて考えられねばならないのである。ウォーカーも指摘するように、近代奴隷制とも結びつく、白人と黒人、ヨーロッパ・アメリカ的とアフリカ的、男と女、人間と自然といった様々な二元論・二分法は、近代科学（実証主義的機械論的）が提示した世界像と決して無関係ではない。また、近代的システムを構成するサブシステムに関しても、伝播速度の相違だけでなく、サブシステムの相互連関が問題とされねばならない。たとえば、17 世紀から 18 世紀にかけてのニュートン主義は、ニュートン的科学の担い手であると同時に、18 世紀に確立する中道的な議会制民主主義（穏健な立憲君主制・国教会体制）を支持するものとして機能し、[15] さらに産業革命の展開を促し資本主義経済の定着と植民地主義ともつながっていたのである。そこには、サブシステム相互の促進作用を確認することができる。したがって、近代という時代区分を論じる際には、サブシステムの相違だけではなく、その相互性あるいは全体性を考慮しなければならない。

　では、その相互性と全体性はどのように論じられるべきであろうか。この点に関しても様々なアプローチが考えられるが、ここで注目したいのは、「国家」「政治」の問題である。というのも、グローバル化の進展は、国民国家の意義を相対化し、政治に対して経済の一定の優位をもたらしたが——グローバル化において国家の論理と資本の論理との対立が顕在化してきていること——、近代という時代区分を考えるとき、国家や政治が、諸サブシステムをいわば統合する位置を占めていることは疑いもないからである。トレル

---

[15] これは、科学のレトリック性、あるいは科学のイデオロギー性として一般化できる問題であるが、この点については、(芦名、2007、154-161) を参照いただきたい。

チは、ルネサンスと宗教改革から 17 世紀までの古プロテスタンティズムと啓蒙的近代以降の新プロテスタンティズムとの区別を主張したが、これは、国家・政治という観点から言えば、18 世紀以前と以後における絶対王制と国民国家（近代ナショナリズム）との連関に対応させることができる。近代における絶対王政や国民国家・ナショナリズムについては、シュミットやアーレントの古典的研究から、大澤真幸の研究（『ナショナリズムの由来』）まで、参照すべきものは多く存在する。ここでは、ポイントのみを指摘しておこう。

シュミットは、『政治神学』（1922）において、「絶対君主制は、対立抗争する利害や同盟の闘いに裁定を下し、それによって、国家的統一を基礎づけた。国民が表す統一はこの決定主義的性格を有していない。それは有機的統一であり、その国家意識と共に、有機的な国家総体という表象が成立するのである」（Schmitt, 1922, 62）と述べているが、この絶対王政と国民国家（国民意識）との関係（転換）は、近代というシステムを理解する上で重要な意味を持っている。絶対王政を支える論理は、カントーロヴィチの言う「王の二つの身体」論（自然的身体と政治的身体）との連関で、[16] しかもその意味では、キリスト教神学との関わりで理解されねばならないが——「王の二つの身体についての教説が、ヨーロッパにおいてのみ、すでに述べたような二つの特徴を備えた完全なものになったのは、そのもっともあからさまな源泉がキリストの身体だったからだ」（大澤、2007、196）——、この絶対王政の特性は国民国家あるいはネーションにおける普遍主義と特殊主義の両義性（ibid., 393）、つまり国民国家の基本的特性へとつながってゆく。これは、アーレントが問題にした「国家」（法的制度）と「ネーション」（歴史的文化的統一体としての自己意識）との矛盾と結びつくものであるが、キリスト教に即して言えば、普遍的キリスト教会と特殊的キリスト教会との二重性と言うこともできる。現実のキリスト教は普遍主義と特殊主義との両義性によって規定されているのであり、この二重性が、ネーションの二重性と交差するところに、「近代とキリスト教」という問題の基本構造が見いだされねばならない。

16　エルンスト・H. カントーロヴィチ『王の二つの身体——中世政治神学研究』小林公訳、平凡社、1992 年。

(3) 近代の構造

「近代とキリスト教」を論じる上での第三の論点は、近代というシステムの構造上の問題である。ここでは、ギデンズの「再帰性」(reflexivity) 概念[17]——「Aについての言及が、A自体に影響を与えること」——に注目することによって、近代特有の構造について論じてみたい。

まず、問題の再帰性であるが、この概念は、ギデンズの議論によって初めて登場したのではなく、それ自体長い思想史的前史を有する概念であることに留意しなければならない。つまり、自己反省や自己参照という仕方で問題とされていた問題圏に、「再帰性」は属しているのである。特に、注目すべきは、反省や参照という概念は、人間存在の基本構造に関して使用され、精神や自己といった人間理解の基礎概念として位置づけられることである。この典型的な議論として、キルケゴールの次の有名な文章を挙げることができるであろう。

> 人間とは精神である。精神とは何であるか？　精神とは自己である。自己とは何であるか？　自己とは自己自身に関係するところの関係である、すなわち関係ということには関係が自己自身に関係するものになることが含まれている、——それで自己とは単なる関係ではなしに、関係が自己自身に関係するというそのことである（キルケゴール『死に至る病』斎藤信治訳、岩波文庫、20頁）。

17　ギデンズにおいて、「再帰性」の問題は、社会構造から、自己のアイデンティティ（存在論的安心、実存的不安）やライフスタイル、そして自己の再帰的プロジェクトの下で抑圧されたものの回帰と宗教まで、広範な問題領域において展開されている。再帰性、自己参照性、自己関係をめぐる同様に射程の広い議論は、システム理論を背景としたルーマンやドゥルーズといった他の現代の思想家にも見いだされるものであり、再帰性をめぐっては、今後、こうした現代思想の諸潮流における諸論の比較検討が必要になると思われる。たとえば、ルーマンそしてドゥルーズにおける、数学的システム論的な再帰性概念の社会システムへの適用と、ギデンズにおける、情報学的言語的な再帰性概念の人格的自己と行為系への適用という対比が可能かもしれない。なお、ルーマン（特にルーマンの宗教論）については、芦名定道『ティリッヒと現代宗教論』北樹出版、1994年、93-99頁、を参照いただきたい。また、ドゥルーズについては、『差異と反復』（財津訳、河出書房新社、1992年。Gilles Deleuze, *Différence et répétition*）が念頭に置かれている。

キルケゴールが問題にする「精神」「自己」としての「人間」は、「関係が自己自身に関係する」関係という仕方での自己関係、つまり自己参照性によって特徴づけられている。自己関係は、反省や参照（あるいは言及性）一般がそうであるように、自己自身に関係することによって、最初の自己関係を変化させ、そこに生成のプロセスを生起させる。これは変化における自己同一性あるいは自己同一性の変化、さらには自己言及のパラドックスなど、人間存在に特有の問題を派生させる。ギデンズが近代を論じる際に使用した再帰性とは、こうした人間存在の基本構造に根差しているのであるが、近代社会も人間存在の事柄であることを考えれば、これは当然のことと言えよう。

　しかし、ギデンズの再帰性は人間存在の基本構造に根差しながらも、そこに近代特有の現実性を施したものであり、それは、「制度的再帰性」という表現において確認することができる（人間存在の基本構造の近代特有の特殊的現実化・形態化）。つまり、再帰性が社会制度として存在すること、ここに近代的システム特有の問題が認められるのである。

　この問題は、社会構造から自己・人格性にまで及ぶ広い射程を有しているが、[18] 以下においては、制度的再帰性が近代的知のあり方を規定し、神学的知にもその反映を見ることができる点についてのみ、指摘するにとどめたい。

　近代的知の特性は、「モダニティでは根本的懐疑の原理が制度化されており、そこではすべての知識は仮説のかたちを取らざるをえない」（Giddens, 1991, 3）という点に現れている。これを典型的に示しているのが、近代科学における知の形態である。再帰的な知識とは、一度確立されれば不動の地位を獲得する知識、あるいは一切の懐疑をあらかじめ超越しているすべての知識の根拠といったものではなく、絶えず自己に参照的に関わることによって、繰り返し検証されることを自らの内に組みこんだ知識、つまり、「仮説―経験的検証（実験）」プロセスにおいて構造化された知識である。そして、こ

---

[18] この点については、(川崎、1998、46-51) を参照した。なお、この文脈で問題となる、国民、人民、民族、民衆、そして人種といった諸概念について論じる場合には、これらの虚構性に留意し、過度の実体化は避けねばならない（小坂井敏晶『民族という虚構』東京大学出版会、2002年）。

うした再帰的な知が、科学者集団という担い手によって制度化されているところに近代的な知が成立しているのである。

　こうした知の仮説性の意識は、それと一見対極にあるかに見えるキリスト教神学においても確認できる。ダルファースは神学的知の特徴について、次のように指摘している。「自己言及的な精神的活動」である「反省」あるいは「自己反省」は知一般を構成しているものであるが、これは神学にも妥当しており（Dalferth, 1988, 49）、「キリストにおける神の救済的な啓示は、常にキリスト教神学にとって中心的であり続けてきたが、近代神学においてはじめて、17世紀に提起された認識論的問題の圧力のもとで、啓示論が重要なものとなった」（ibid., 39）。つまり、近代における神学的知においては、知の内容をめぐる議論（神学体系の本論）に対して、知識の獲得の仕方や知の真理性の判定に関わる方法論的手続きについての議論（神学のプロレゴメナ）がしだいにより大きな比重を占めるようになる。これは、いわば神学的知における再帰的メカニズムの作用と言うべき事態であり――この背後には、パネンベルクが指摘している宗教戦争後の教派的多元性の状況が存在する――、その傾向はまさに制度化（大学と出版）されることによって現代に及んでいる。そして、パネンベルクやヒックにおいては、神学的知の仮説性がテーマ的に取り上げられるに至る[19]。このように、制度的再帰性が人間存在の再帰性の近代特有の具体化であることは、神学的知のあり方からも確認できるのである。

四　展望

　これまで本章では、「近代の時代区分」や「近代とキリスト教」について、論点をしぼって議論を行ってきた。では、以上より、ポスト近代については、

---

[19] パネンベルク神学については、近藤勝彦の研究（『キリスト教教義学　上下』教文館、2021/2022年）などを参照いただきたい。また、ヒックについては、小倉和一「ヒック宗教的多元論の科学論的構造」（『基督教学研究』（京都大学基督教学会）第19号、1999年、99-111頁）において、詳細が論じられている。なお、ヒック自身による議論としては、次の文献を参照のこと。
　　John Hick, *An Interpretation of Religion. Human Responses to the Transcendent*, Yale University Press, 1989, pp. 233-251.

どのような議論が展開できるのであろうか。

(1) ポスト近代は始まったのか

　近代が中世とポスト近代の間の時代区分であり、しかも時代区分する者の視点によっていつからいつまでが近代かについての議論が分かれることはすでに論じたとおりであるが、これはポスト近代にも基本的に妥当するように思われる。ウォーカーは、「ポスト近代は何らかの共通の一群の教説を指示するというよりも、むしろ広まった所感を指し示している」（Walker, 2004, 3）というグリフィンの言葉を紹介しているが、近代もポスト近代もいわゆる本質概念によって実体論的に規定できるものではなく、相互にゆるやかに結びついた諸メルクマールの流動的な集合体として捉えるべきものなのである。それゆえ、どのメルクマールに注目するかで、ポスト近代がすでに始まったか否かについて見解が分かれるのも当然と言わねばならない。

　たとえば、ポスト近代の震源地の一つである芸術について言えば、近代を特徴づける様式を規定し、それが解体し次の様式にとって代わられることにおいて、ポスト近代の開始を主張することは比較的容易である――自然主義や印象派などのモダンアートから、現代芸術の諸様式への移行など――。また、思想や科学を含む知についても、ポスト近代の始まりを確認することは困難ではない。ニュートン力学をモデルとした近代的科学のパラダイムから量子力学的な科学的知への移行、現代思想におけるポスト近代の流行など、実例は次々に追加することが可能である。では、近代は終焉しポスト近代が始まったのか。

　確かに、近代的システムとして特徴づけられてきたものは確実に変容しつつあり、その意味でポスト近代はすでに始まりつつある。しかし、ポスト近代と近代とは相互に重なり合っており、ポスト近代の萌芽と開始は近代の終焉を必ずしも意味しない。ポスト近代への予感と期待は存在するが、われわれは現にいまだ近代に生きている。こうした主張も決して間違いではない。なぜなら、本章で近代のサブシステムとして挙げた経済と政治について言えば、われわれ現代人はいまだ近代の内にいるからである。資本主義の市場経済は18世紀の古典的なシステムに繰り返し修正を加えつつ、現代も生き続けており、現代人のリアリティの中枢を占めている。また、議会制民主主義

の限界や空洞化といった言説が飛び交うにもかかわらず——経済システムと政治システムとの関係変化や、グローバル化による国民国家の相対化と存続を含めて——、われわれはいまだそれに代わるべきポスト近代の政治システムを捉えていない。ここから二つの解釈が可能になる。一つは、現代は動的に展開しつつある近代の一部分である、つまりポスト近代とは近代内部の自己超越的志向性である、というものであり、もう一つは、まだその全貌を顕わにしてはいないが、確かに18世紀から20世紀半ば頃までを規定していた「近代」はポスト近代へと移行しつつある、というものである。

キリスト教神学においても、様々な場面でポスト近代の神学が提唱されているが、これらに対しても以上と同じ議論が妥当するであろう[20]。そもそも、キリスト教神学には近代どころか、古代や中世の遺産も確かに働き続けているのだから。

(2) キリスト教にとってポスト近代はいかに評価できるのか

この問いについても、近代についてなされる議論がそのまま当てはまるように思われる。

たとえば、近代とキリスト教との関係については、次の二つの議論が存在する。一つは、キリスト教（特にプロテスタント・キリスト教）は近代の母体であり共犯者であるというものである。この立場からみれば、キリスト教は近代的システムと本質的に調和し合致することができる。実際、キリスト教とその神学が近代を特徴づける多くの事柄（民主主義も市場経済も、進化論的科学も、そしてナショナリズムと全体主義も）と共存可能であることは、キリスト教神学が近代聖書学と結合しうる点において確認できる。

しかし、もう一つの、まったく対照的な議論も可能である。つまり、18世紀の啓蒙的近代の確立期に遡るキリスト教における反近代の系譜の存在である[21]。これには、19世紀の自由主義神学を批判した20世紀の弁証法神学といったタイプのものから、進化論を批判する創造論者の議論まで様々なものが含まれるが、キリスト教がいわゆる近代なるものと異質であり、さらに

---

20 ポスト近代の神学に関しては、芦名定道『現代神学の冒険——新しい海図を求めて』新教出版社、2020年、などを参照。
21 この点については、芦名（2007、178-180）における議論を参照いただきたい。

は原理的に対立することが主張されている。このように、近代とキリスト教との関係といっても、その理解は多様であり、単純な集約を許さない——ローマ・カトリック教会という同一の伝統のなかに、100年を隔てずに、第1ヴァチカン公会議と第2ヴァチカン公会議が存在することが示すように——。

　以上のように、近代への関係性が多様であるということは、ポスト近代への関係性も同様に、あるいはさらにまして、多様であることを帰結せざるを得ないのではないだろうか。

　ここにおいても、研究者に対しては、どのような視点と立場に立つかが、問われざるを得ないのである。

…… 第 **3** 章 ……

翻訳の時代としての近代
シュライアマハーの翻訳論を中心に

一　問題

　哲学にとって聖書はいかなる意義を有するのか、哲学者はこれまで聖書といかに関わってきたのか。これは、西洋哲学の各時代において問われるべき問題と思われるが、本章ではそのなかでも注目すべきものとして近代哲学、特に近代ドイツの古典的宗教哲学に注目したい。これまでも、たとえば、ヨハネ福音書のプロローグがドイツ観念論の哲学者たちにとって重要な意味をもっていたことは、しばしば指摘されてきたところである。[1] この近代ドイツの宗教哲学と聖書の関わりに基礎を提供したのが、ルター訳聖書の存在だったことを考えるならば、聖書翻訳から、哲学と聖書との関わりを問うことは十分に可能な問題設定といえるであろう。しかし、本章の問題意識は、ルター訳聖書や近代ドイツ哲学にとどまるものではない。現代思想（現代哲学）において、翻訳は、多くの思想家が共有するテーマであり、それは、言語や解釈といった哲学的問題系と密接に関わりつつも、すでに独自の問題領域を形成している。まさに現代は、翻訳学が固有の学として形成されつつあ

1　中埜肇「ヨハネ福音書とルター――キリスト教」（中埜肇『ヘーゲル哲学の基本構造』以文社、1979 年、91-125 頁）。なお、ルターの翻訳論ともいえる『翻訳についての手紙（付 聖人の執り成しについて）』は、邦訳の『ルター著作集　第一集　9』（聖文舎、1973 年、333-363 頁）に収録されている。

る時代と言わねばならない[2]。本章において聖書翻訳が取り上げられるのは、こうした現代的な問題状況を念頭においてのことなのである。

　本章の議論は次のように進められる。まず、アントワーヌ・ベルマンを参照しつつ翻訳論の近代的でドイツ的な文脈をシュライアマハーを中心に検討し、さらに現代の翻訳をめぐる哲学的な問いについてベンヤミンを参照しつつ、ポール・リクールに従って定式化する。次に、キリスト教思想における聖書翻訳の基本原理を「適応の原理」として捉えた上で、現代哲学における定式と突き合わせる。そして最後に、以上の考察から明らかになる論点をまとめることによって、本章を結びたい。

二　近代哲学と翻訳──シュライアマハーの場合

　翻訳という営みをめぐる哲学的思索に関して、近代ドイツの哲学思想は決定的な位置を占めている。これは、翻訳論（翻訳の思想史）において優れた業績を残したベルマンが、翻訳論のドイツ的な文脈へ注目することによって議論を展開していることからもわかる。ドイツ啓蒙主義に続くドイツ・ロマン主義の時代に活躍したフンボルトの翻訳論とそれに対するヘーゲルの批判、そして何よりもシュライアマハーの翻訳論は、その後の翻訳論との関わりで大きな意義を有しており、ベンヤミン、ローゼンツヴァイク、ブーバー、リクールらによる現代の翻訳論へと継承されている[3]。それは、大航海時代を経た啓蒙期の近代西欧とそのなかで政治的な後進性ゆえに主体性を模索しつつあったドイツの精神的文化的状況が翻訳論の哲学的深化を求めたと解することができるだろう。ここではまず、シュライアマハーの翻訳論を概観し、翻訳が近代ドイツ哲学においていかなる問題であったかについて、考察を行うことにしたい。

　シュライアマハーは、1813年に、「翻訳のさまざまな方法について」と題

---

[2] これは、「翻訳はひとつの固有の知の主体かつ客体である」（アントワーヌ・ベルマン『翻訳の倫理学──彼方のものを迎える文字』晃洋書房、2014年、5頁）とのベルマンの主張にも表れている。

[3] Antoine Berman, *L'épreuve de l'étranger. Culture et traduction dans l'Allemagne romantique*, Gallimard, 1984（アントワーヌ・ベルマン『他者という試練──ロマン主義ドイツの文化と翻訳』みすず書房、2008年）.

する講演を行っているが、4 ベルマンは、この翻訳論を、「当時のドイツにおいて、翻訳への体系的かつ方法論的なアプローチとなりうるおそらくは唯一の研究」(Berman, 1984, 231) と評している。シュライアマハーは、近代プロテスタント神学の父であるにとどまらず、解釈学的哲学の祖とも位置づけられる思想家であるが、解釈あるいは理解という営みが包括する全領野のなかで翻訳が占める位置を明らかにし、翻訳の諸形態を論じている点で、その議論はまさに方法論的で体系的な翻訳論と言って過言ではない。たとえば、翻訳には一般化された翻訳と限定的な翻訳が区別される。前者は、「言説(Rede) がある言語から別の言語へ移し換えられる」(Schleiermacher, 1838, 207) 場合はもちろん、「一つの言語の領域を越え出ることなしに」出会える現象——個人の内的言語活動においても——をも包括する意味における「翻訳」であり、われわれが自分に向けられた言語を解釈する際につねに行っている活動である。一般化された翻訳は解釈学の領域と重なり合うだけの広がりをもつ。しかし、この一般化された翻訳に対して区別する必要があるのは、通常、翻訳という概念によって理解される異なる言語間における翻訳であり、聖書翻訳は後者に属している。こうした翻訳における二つの意味の区別により、翻訳は言語活動の諸形態全体と関連づけられるとともに、ほかの諸活動から区別された独自の言語活動であることが理解可能になる。

　シュライアマハーの体系的な翻訳論では、翻訳は様々な区分に従って論じられるが、これらの区分のなかでも特に重要なものとして、翻訳者と通訳者(Dolmetscher) の区別を挙げることができる。ここで注目すべきは、シュライアマハーが言語活動全般におけるのと同様に、翻訳を論じる際にも対話的言語使用（コミュニケーションあるいは言説）をモデルとしている点である。5 確かに、通常の区別で言えば、通訳は話し言葉・会話に関わり、翻訳は主として書かれたテキストに関わる言語活動である。しかし、後に見るよ

4　シュライアマハーの「翻訳のさまざまな方法について」からの引用は、Sämmtliche Werke, Abt. 3, Bd. 2 (Berlin, 1838, S. 207-245) =SW. から行われる。なお、シュライアマハーの翻訳論については、前注のベルマンの著書 (pp. 226-249) 以外に、三ツ木道夫『翻訳の思想史――近現代ドイツの翻訳論研究』（晃洋書房、2011年、43-74頁）も参照。

5　このシュライアマハー哲学（弁証法）の特質については、伊藤慶郎『シュライアマハーの対話的思考と神認識――もうひとつの弁証法』（晃洋書房、2013年）を参照。

うに、翻訳を説明する際にシュライアマハーは二人の人間の間の直接の言葉のやりとりを念頭においているのであって、したがって、通訳と翻訳との区別は話し言葉と書き言葉の相違というよりも、語りの主体と言語表現との関係における相違と考えられるべきであろう。つまり、通訳が主体から引き離してその内容の客体化が比較的容易な実務的な対話と考えられるのに対して、翻訳では発話内容が主体から分離困難な表現——言語は表象ではなく主体の表現である——、つまり、学問や芸術の領域における言語の営みが問題にされているのである。ここから、翻訳には本来的と非本来的の区別がなされることになる。シュライアマハーが論じるのは、この本来的な翻訳（真の翻訳）とそれを規定するアポリアにほかならない。

以上のような体系的議論を前提に、翻訳者の務め（本来の翻訳）は、自分のものでない言語（異なるもの・外国語）によって自らを表現している主体（作家）の精神に属するものを、翻訳者自身の言語（自国語・母国語）に移し替えることと規定され（Schleiermacher, 1838, 215）、シュライアマハーは、それを二人の人間（作家と読者）を相互に近づけることに例えて説明する。

> 本来の翻訳者（der eigentliche Uebersetzer）は、まったく隔たった人格である作家と読者というこれら二人の人間を実際に互いに連れてきて、読者を母国語の範囲から無理に連れ出すことなく、しかもできる限り正しく完全に前者を理解させ楽しむよう享受させようとする。そのために翻訳者はどんな道をとることができるだろうか。わたしの見たところ、二つの道があるだけである。作家はできるだけじっとさせておいて読者のほうを作家に向けて動かすか、あるいは読者はできるだけじっとさせておいて作家のほうを読者に向けて動かすかの二つのうちのいずれかである。……作家と読者が完全に行き違いにならないように、気を遣わなければならない。二つの方法の相違と両者が互いに対立関係にあることは直ちにわかるはずである（ibid., 218）。

これら二つの道のうち、第一の道は、外国の作家（外国語の作品）に忠実に、いわば外国語の異質性をそのままにした翻訳であり、読者に接近の努力を強いるものとなる。読者は母国語を捨て去ることはできないとしても、で

きるだけ柔軟に外国語の精神性を受け入れることによって、母国語を修正あるいは拡張することが必要になる。少なくとも、素朴な自民族中心主義は放棄することが要求される。それに対して、第二の道は、作者と外国語の異質性を無理に失わせ、読者（と母国語）になじみのある表現に同化させる翻訳、たとえば読者の母国語の言語表現に合わせた自由な意訳であり、読者はいわば何の努力もなしに作品を楽しむことができる。それぞれの道について検討した結果、シュライアマハーが選択するのは、前者の第一の道である。というのも、第二の道は次に見るような、当時のドイツの文化的状況における課題に応えるものではないからである。

　ベルマンは、シュライアマハーの翻訳論が置かれた当時のドイツの文化的状況について次のように指摘する。国民国家の形成途上にあったドイツは、一方で国民国家の基盤をなす母国語の固有の価値を肯定・承認しつつ（→民族主義的）、他方では翻訳を通した外国文化の導入によって文化を変革する（→近代的）という課題に直面していた——まさにこれは明治の近代日本が直面した課題と類似している——。シュライアマハーはこの課題に対して、翻訳を通じた母国語の拡張という第一の道を選択したのである。

　この第一の道を選択する場合、それは、次の二つの条件を前提にしている（ibid., 231）。一つは、国民において「外国作品を理解することが知られ望まれる状況にあること」、もう一つは、「母国語自体に一定の柔軟性（Biegsamkeit）が与えられていること」である。それは、民族が近代化を望み、かつそれを遂行できる精神性を備えていることを意味しており、この条件が満たされる場合にのみ、「異なるもの」の受容による母国語の拡張は実りあるものとなり得るのである。シュライアマハーの翻訳論は、このような国民国家レベルの文化形成（教養形成）をその歴史的文脈として展開されているのであり——翻訳は国語の形成にとって有益な働きをなし得るだけでなく、それによって国民精神の拡張にも貢献する（思考と言語は切り離し得ない）——、それは、「ひとつの言語への文学全体の移植」（ibid., 230）という大規模な企てとして構想される。もちろん、異なるものを媒介とした自己形成という構想には、無視できないリスクが伴っている。なぜなら、「異なるもの」は豊かな自己形成を可能にするだけでなく、自己の同一性を攪乱するものにもなるからである。これは、翻訳を規定するアポリアの一形態にほかならない。

三　ベンヤミンとリクールの翻訳論

　翻訳のリスクは先に見た翻訳者の務めに即して言えば、二人の人間（作家と読者）を近づけることに関わるリスクと言い換えることができる。すなわち、それは二人の人間の内の一方との関わりを重視することによって他方との関わりが損なわれる可能性であり、作家（原文・異なるもの）に忠実な翻訳を目指すあまりに読者にとって理解困難な訳文（異様な訳文）となるという危険と、逆に読者の理解が容易なように自由な意訳を行うことによって原文の意味を損なうあるいは異なるものの異質さが失われるという危険である。この「忠実か自由か」という問いは、古代から繰り返し論じられてきた[6]、「直訳か意訳か」という翻訳方針をめぐる問題であり、これは、現代の翻訳論でも継続して取り上げられるものにほかならない。ここでは、現代の翻訳論として、ベンヤミンとリクールの議論を取り上げることにしたい。

　まず、ベンヤミンであるが、「翻訳者の使命」（ボードレール『パリ風景』のベンヤミンによる翻訳の序文として書かれたものであり、1921年に成立）はきわめて独創的な翻訳論として有名であり、これまで多くの論者によって取り上げられてきた[7]。しかし、その読解は決して容易ではない。それは、現代の文芸批評における読者論とは一線を画しており、次のような文で始められる。

6　「忠実か自由か」という問いは、聖書翻訳の基本的方針にも表れている。「ルターは最初から聖なるテキスト（Heilige Schrift）のドイツ化すなわち Verdeutschung を目指した。」「ルターの課題とは、良いドイツ語（gute Deutsch）で書かれたテキストを信者のコミュニティに供すことだった」（ベルマン、2008、53）と言われるのに対して、ブーバーは、このルター訳聖書を意識しつつ、ヘブライ語聖書の言語的特性に忠実にそれをドイツ語で再現することをめざした。ルターについては、徳善義和『マルティン・ルター——ことばに生きた改革者』（岩波新書、2012年）、ブーバーについては、堀川敏寛『聖書翻訳者ブーバー』（新教出版社、2018年）を参照。なお、聖書翻訳の諸問題については、金香花『神と上帝——聖書訳語論争への新たなアプローチ』（新教出版社、2023年）において詳細に論じられている。

7　ベンヤミンの「翻訳者の使命」は、Walter Benjamin, *Gesammelte Schriften*, IV.I, Suhrkamp, 1991, S.7-21 から引用する（浅井健二郎編訳『ベンヤミン・コレクション 2　エッセイの思想』ちくま学芸文庫、所収の邦訳も参照された）。また、ベンヤミンについては、注4に示した三ツ木道夫著（166-207頁）のほかに、A. ベルマン『翻訳の時代——ベンヤミン「翻訳者の使命」註解』法政大学出版局、2013年を参照。

芸術作品あるいは芸術形式について考察しようとする際に、受容者を考慮することは、それらの理解にとって決して実りあるものとはならない(Benjamin, 1991, 9)。

受容者（読者）を考慮しない翻訳論が可能であるとすれば、そこでは、シュライアマハーが苦労した「二人の人間（作家と読者）を近づけること」など、初めから問題にならないであろう。しかし、シュライアマハーとの関連を含め、ベンヤミンの議論は決して単純ではなく、その論点を正確に辿ることが必要である。以下、要点を示してみたい。

芸術作品を受容者との関わりなしに論じるためには、その作品の翻訳を可能にする作品の意味自体に立ち返らねばならない。ベンヤミンが注目するのは、たとえすべての人が忘れてしまっても、作品は最良の意味を保持しうるという論点であり、問われているのは作品の意味が人間（受容者・読者）との関係づけに依存しないということはいかにして言いうるのかという問題である。ベンヤミンは、この問いに対して、二つの議論を組み合わせることによって答えようとする。一つは、原作と翻訳は生の連関（歴史的プロセスあるいはその発展的上昇的系譜）によって、しかも相互補完的な仕方で結びついているという議論であり、もう一つは、この生は歴史を超えたもの──「神の想起」あるいは純粋言語──を指示しているという議論である。これらはそれぞれかなり本格的な考察を必要とするものであるが、「翻訳者の使命」では次のように圧縮した仕方で説明される。

原作が翻訳可能であるということは、原作に内在する意味が翻訳可能性として顕わになることであり、ベンヤミンは原作に内在し原作と翻訳とをつなぐこの翻訳可能性を「生の連関」と呼ぶ。つまり、原作も翻訳も同じ生の展開プロセスのなかでそれぞれの位置を占めているのであって、確かに、「翻訳は原作に由来する」が、両者をつなぐ生は、原作の独占物ではない。なぜなら、翻訳とは、「原作の生からというより、その〈永らえる生(Überleben)〉に由来する」ものだからであり (ibid., 10)、それは原作の生の〈継続する生(Fortleben)〉の段階と言うべきものなのである。そしてまさに翻訳において、「原作の生はそのつねに更新された最終的でもっとも包括的な発展に到達する」(ibid., 11)。原作から諸翻訳を貫いて発展する生は、合目的的であり、

「より高次のもの」を求めるのである——まさに聖書翻訳はこのようなものとして理解できるのではないだろうか——。

　この原作と翻訳との間の生の連関は、さらに原作の言語と翻訳の言語との、つまり諸言語間の連関へと関連づけられる。つまり、原作と翻訳の連関は、「諸言語間の内的な関係」「隠れた関係」「親縁性」を明るみに出し、それは「力強く豊穣な歴史的プロセス」を形成する。ルター、フォス、ヘルダーリン、ゲオルゲは、この豊穣な歴史的プロセスのなかで「ドイツ語の限界を拡大した」（ibid., 19）のである。このリストには、プラトン翻訳者としてのシュライアマハーを加えることもできるだろう。以上に基づいて、ベンヤミンは純粋言語へと議論を進める。

　　諸言語間の超歴史的な親縁性のすべてが存立するのは、それぞれが全体をなしている諸言語においては、そのつど一つの、しかも同一のものが志向されている、という点に基づいている。しかしそれにもかかわらず、この同一のものとは、個別的な諸言語によって達せられるものではなく、相互補完的な諸言語の志向性の総体によってのみ到達できるのである。それが〈純粋言語（die reine Sprache）〉である（ibid., 13）。

　こうして翻訳家の使命は、「異質な言語の内部に呪縛されているあの純粋言語を自らの言語のなかで救済し、作品のなかに囚われているものを作り替えること（Umdichtung）によって解放すること」（ibid., 19）であることが明らかになる。では、この使命はいつ達成されるのだろうか。諸言語は相互補完的で上昇的なプロセスのなかで「純粋言語」を指し示すわけであるが、それはどのようにして完了するのだろうか。ベンヤミンは、ここで、歴史が「メシア的終末」に到達するときと答える。「そのとき翻訳こそが、諸作品の永遠の継続する生と諸言語の無限の活性化に燃えあがり、つねに新たに、諸言語のあの聖なる成長を検証するものとなる」（ibid., 14）、と。こうしたベンヤミンの思索の背後に、ユダヤ的伝統、特にユダヤ神秘主義の反響を見いだすことは困難ではない。これは、キリスト教的終末論とも親縁性をもっており、またエーコが描き出す、完全言語あるいは根源言語の探求の系譜にベ

ンヤミンを位置づけることも可能であろう[8]。しかし哲学的思惟は、ここでベンヤミンと袂を分かつことになると言うべきかもしれない。この点を念頭におきつつ、次にリクールの翻訳論へと考察を進めることにしよう。

　リクールは、『翻訳について』の第一論文「翻訳の挑戦と喜び」と第二論文「翻訳の範型」において、ベンヤミンに批判的に言及している[9]。この議論は、翻訳不可能性と翻訳可能性という理論的アポリアにどのように対処するのか、という問題の文脈に位置しており、批判されるのは、次のような主張である。言語の複数性（バベル以降）に基づいて主張される翻訳不可能性にもかかわらず、現に翻訳がなされている事実を考えるとき、言語の複数性には隠された構造が存在しなければならない、と。ここで登場するのが、完全言語あるいは根源言語の探求である。つまり、「その構造は、失われて再発見すべき根源言語の痕跡を保持しているか、あるいはまた復元できなければならないア・プリオリなコード、つまり普遍的またはいわゆる超越論的な構造から成るか、のいずれかである」（Ricoeur, 2004, 29）。後者は、完全言語（自然言語の不完全さを除去した人工的言語。たとえば、ライプニッツの普遍記号法）であるが、リクールは、前者の根源言語へのノスタルジーがベンヤミンの「純粋言語」の構想を生み出したと考える。

　　『純粋言語』は、翻訳する行為のメシア的な地平として現れる、……（しかし、）残念なことに、翻訳の実践は、終末論的待望に転じてしまったこのノスタルジーから、何の助けも受け取らない（ibid., 30）。

　リクールの翻訳論の意図は、忠実と自由、翻訳不可能性と翻訳可能性の間に設定される二者択一を、忠実と裏切り（fidélité/trahision）の実践的な二者択一に置き換えることによって、翻訳論のアポリアを乗り越え、翻訳が異質なものの「言葉のもてなし」（歓待、l'hospitalité langagière）であること

8　完全言語をめぐる思想史については、ウンベルト・エーコ『完全言語の探求』（平凡社、1995 年）が参照されねばならない。

9　リクールの翻訳論として本章で取り上げたのは、Paul Ricoeur, *Sur la traduction*, Bayard, 2004. であり、これは、三つの論考から構成される。そのうちの第二論文「翻訳の範型」は、久米博によって翻訳され、ポール・リクール『ポール・リクール聖書論集 2　愛と正義』（新教出版社、2014 年、204-229 頁）に収録されている。

を示すという点にある。そのために必要なのは、完全翻訳を断念し、同一性なき等価（une équivalence sans identité）を見いだすことなのである。

> 短く要約しよう。完全翻訳の理想を放棄すること。この断念だけが、……二人の主人、つまり読者と著者に仕えるという不可能性の実行を可能にする（ibid., 16）。

> よい翻訳は、論証可能な意味の同一性に基づくものではなく、推定される等価をめざしうるに過ぎない。同一性なき等価である。この等価は、探求され、練り上げられ、推定されるものでしかありえない（ibid., 40）。

原文の意味と訳文の意味との完全な等価を保証する翻訳の絶対的基準（意味の超越的な同一性）を断念し、そのつどの翻訳遂行における同一性なき等価——等価は実体ではなく出来事である——を待望すること、これはリクールにとってはベンヤミン的な「純粋言語」をも断念することであり、言語の複数性という現実、自国のものと異国のものとの乗り越えがたい相違を肯定することを意味している。この場合、翻訳とは、異国的なもののリスクのなかで、異国的なものに開かれた態度を保持することにほかならない。リクールの翻訳論は、この点で、先に見たシュライアマハーの翻訳論と合致する[10]。リクールにとっても、翻訳とは二人の主人に仕えること、作家と読者とを相互に近づける試みであり、それは、異質なものの受容によって母国語を拡張する作業——母国語のなかに「異なるもの」を見いだすこと——だからである。

> そしてまた、異国的なものの試練がなかったら、われわれはわれわれ自身の言葉の異国性を感じたであろうか。最後に、この試練がなかったら、自らの言葉による書物とだけのとげとげしいモノローグに閉じこもる危

---

10 本章ではシュライアマハーとリクールの翻訳論の類似性に注目したが、両者の翻訳論の間にはそれぞれの歴史的文脈の相違に対応した差異も存在する。単純化して言えば、シュライアマハーの翻訳論は民族・国民国家の問いと連動しており、リクールのそれは現代の多元的状況下における自己の問題と結びついている。

険はなかっただろうか。だから、言葉のもてなしに栄光あれ！（ibid., 52）

四　聖書翻訳と適応の原理

　シュライアマハー以降の翻訳理論は、翻訳をめぐるアポリア（理論における翻訳不可能性と現実の翻訳可能性）の解決をめざして展開してきたが、これは聖書あるいは聖書翻訳の問題とも密接に関係している。そもそもシュライアマハーもベンヤミンも、翻訳を問う具体的な場として聖書翻訳を視野に入れていることは明らかであり、リクールが、「二人の主人に仕えること」を忠実と裏切りとして実践的に定式化した点についても、そこに隣人愛（忠実）か自己愛（自由）かという問題を重ねるならば、言葉のもてなし（異国的なものの歓待）という回答は、「自分自身を愛するように隣人を愛する」という聖書的解決とも決して隔たっていないことがわかる。もちろん、現代思想における翻訳論は、聖書翻訳から自立した知的状況のなかに位置し、固有の学としての独立した翻訳学の構築を求めている。しかし、その背後に存在する聖書翻訳の歴史との関わりを再考することは決して無駄な作業ではないだろう。

　まず、聖書翻訳を動かすキリスト教固有の論理を、人間に対する「神の適応」として取り出してみたい。新約聖書の成立過程から古代のキリスト教父に到る過程で明確になったのは、超越的な神が人間によって経験され認識されるには、神が人間に自らを合わせることがその前提となるということであった。これが「適応の原理」と呼ばれるものであり、神と人間の諸関係はこの適応においてはじめて可能になるのである[11]。神の適応は、世界創造において開始され、歴史過程のなかで多様な形をとって現れるが（啓示、預言）、キリスト教はその中心にキリストの受肉の出来事を位置づける。これはきわ

11　「適応の原理」については、次の拙論を参照。芦名定道「キリスト教思想における『適応の原理』の射程」（京都大学キリスト教学研究室『キリスト教学研究室紀要』第6号、2018年、1-13頁）。芦名定道「宗教多元性と宣教——対話の意味を中心に」（日本宣教学会『宣教ジャーナル』第13号、2023年、4-24頁）。

めてキリスト教的な主張であるが、キリストが神のロゴス（言葉）として理解されることに基づいて、本章冒頭で論じたように、キリスト教的主張（神の適応）は、言語・言葉の問いとして哲学的思考にもたらされることになる。そして、この神の適応の規範的で典型的な事例が聖書なのである。聖書は、神が人間の言語に自らを適応させた結果、つまり、神の言葉の人間言語化にほかならない。問題は、このように考えるとき、翻訳とは何であるのかということである。

　適応から聖書翻訳を考える際のポイントは、神の適応は正典としての聖書の成立で完結するのではなく、神の適応（神の語りかけ）に直面した人間がそのプロセスを引き継ぐという点にある。つまり、神の適応（聖書）は人間相互の適応（聖書翻訳）を生み出すのであり、聖書翻訳は聖書に対する外的作業ではなく、聖書自体の内発的展開に基づくと考えられねばならない――ベンヤミン的とも言えるだろう――。この論理構造は、聖書自体においても確認できる。「あなたがたの内に働いて、御心のままに望ませ、行わせておられるのは神であるからです」（フィリピ二章一三節。日本聖書協会『聖書新共同訳』より）において、「働いて……行わせておられるのは神である」という部分は、「ホ・エネルゴーン・ト・エネルゲイン」の訳であるが、さしあたり直訳すれば、「はたらくことをはたらくお方が神である」となる。この「はたらきをはたらく神」について、水垣渉は、「パウロの句、『ホ・エネルゴーン・ト・エネルゲイン』がその特異な措辞と思想構造とによってキリスト教思想に無視しえない問題を提起している」と指摘する。[12] 問題は、「ホ・エネルゴーン」における「エネルゲイン」（A）と「ト・エネルゲイン」（B）との関係である。Aが神の働きであり、Bが人間における働きであるとすれば、これは神の働きと人間の働きとの関係の問題であり、またこれは神の働きと人間の自由意志との関わりをめぐる論争（ペラギウス論争など）の争点にほかならない。ここで、キリスト教思想の論争史に立ち入ることはできないが、キリスト教思想が、AとBとを「A→B」と関係づけていることを確認するのは困難でない。

12　水垣渉「『はたらきをはたらく神』（Deus operans operari）――『ピリピ人への手紙』二・一三の解釈序説」（水垣渉『宗教的探求の問題――古代キリスト教思想序説』創文社、1984年、378頁）。

改革者たちによる神の独占活動（Alleinwirken）や神の主権の強調は、AとBとの関係を単に人間の意志や行為の側からのみでなく、神の側からも問題にすることになるはずである（水垣、1984、362）。

　以上を本章の問題に適用するならば、神の適応（神の働き）は人間相互の適応（人間の働き）を引き起こす、つまり聖書から聖書翻訳へと向かうプロセス全体が神の働きによって起動されるということになる。これが聖書翻訳のキリスト教的な意味づけにほかならない。先に、隣人愛と自己愛との関係について言及したが、神の愛（神の人間への適応）を含めてまとめれば次のようになる。「神の愛」（A）→「自己愛と隣人愛の相互性・循環性」（B）。「純粋言語」を論じるベンヤミンは例外として、哲学的思惟や現代の翻訳理論のなかに「神の愛」に相当するものを適切な仕方で位置づけることは困難である。しかし、「自己愛と隣人愛の相互性・循環性」は現代の翻訳理論と十分に共有可能な一つの論点となるのではないだろうか。シュライアマハーの翻訳論にみられるように——ベンヤミンも同意するように——、翻訳は母国語の言語世界をその限界を超えて拡張するものであって、異質なものに開かれるというリスクは自己を豊かにする機会ともなるのである。

五　結び

　以上の考察より、近代以降の哲学的思惟と聖書翻訳との関係について、いくつかの論点が明らかになった。
　[1] 近代以降の哲学的翻訳理論と聖書翻訳は、様々なアポリアを生み出す問題状況を共有している。それは、一つの言語——完全言語であろうと根源言語であろうと——に還元できない言語の多元性という状況であり、それは聖書の物語に倣って翻訳理論においてもしばしば「バベル以降」と表現されるものである。この状況に対して、キリスト教思想からは、隣人愛と自己愛の動的な相互性という道が示され、聖書翻訳はその具体化として意味づけられるが、それはリクールの哲学的な翻訳理論で、「言葉のもてなし（歓待）」——異なるものを媒介した自己の拡張、「自らの言葉に書物とだけのとげとげしいモノローグ」からの脱出——として示されたものと合致する。

② しかし、聖書翻訳と現代の哲学的翻訳理論との間には、決定的な相違も認められる。それは、翻訳を支え促す「神の適応」「神の愛」が、現代の哲学的な文脈においては顕わには設定しがたいという点である。この相違は、ベンヤミンとリクールの間に見いだすことも可能であり、キリスト教と哲学との相違として単純化はできないが、神学と哲学の関係を規定する近代以降の問題状況をここに見ることはできるであろう。

③ 以上に基づいてさらに追究すべき問いは、次のようになる。キリスト教思想と哲学は、翻訳という共通基盤をめぐっていかに具体的な対論を展開することができるのか。また両者の相違を前にして、キリスト教思想は哲学に対して「神の適応」という事態をいかに説明するのか、哲学はリクール的な断念・放棄にもかかわらず翻訳の豊かな可能性をいかなる仕方で具体化しうるのか。[13]

13　本章では、「リクール的な断念・放棄」とまとめたが、リクール自身は、聖書テキストと聖書学に大いに関心をもった哲学者であったことを忘れてはならない。次の文献が邦訳されている。
　　『リクール 聖書解釈学』久米博、佐々木啓訳、ヨルダン社、1995 年。
　　『物語神学へ（ポール・リクール聖書論集 3）』久米博ら訳、新教出版社、2008 年。
　　『死まで生き生きと――死と復活についての省察と断章（ポール・リクール聖書論集 別巻）』久米博訳、新教出版社、2010 年。
　　『愛と正義（ポール・リクール聖書論集 2）』久米博ら訳、新教出版社、2014 年。
　　A. ラコックとの共著『聖書を考える』久米博・日髙貴士耶訳、教文館、2021 年。

第 二 部

近代ドイツ思想とティリッヒ

　第二部では、ティリッヒの視点から近代ドイツ思想(カント以降、19世紀前半の時代の哲学と神学)の諸思想家が取り上げられる。この近代ドイツ思想は、それに属する思想家が相互に意識し合い、影響を及ぼし合うことによって展開しており、その全体的な動きは、思想史研究の重要テーマとなる。たとえば、ヘルマン・ノールの「ドイツ的運動」(die deutsche Bewegung) は有名かつ代表的な議論であり──Herman Nohl, *Die Deutsche Bewegung: Vorlesungen und Aufsätze zur Geistesgeschichte von 1770-1830* (hrsg.v. Otto Friedrich Bollnow und Frithjof Rodi), Vandenhoeck & Ruprecht, 1970. ──、また、宗教思想を視野に入れた研究として、大橋良介の次の文献を挙げることができる。
『絶対者のゆくえ──ドイツ観念論と現代世界』(ミネルヴァ書房、1993年)。
　本書の第二部の議論は以上の点を主題的に扱っているわけではないが、以上の論点は今後の研究課題となる。

第 **4** 章

ティリッヒとカント
近代キリスト教思想の文脈から

一　問題設定

　本章で取り上げられる「ティリッヒとカント」という研究テーマには、次の三つの問題連関が重層的に含まれている。まずもっとも大きな連関は、宗教あるいは神学と哲学との関わりをどう考えるのかということ、つまり「神学と哲学」という問題であり、「ティリッヒとカント」はこの大枠の問題連関に対する典型的な事例として位置づけられる。第二のやや範囲を絞り込んだ問題連関として挙げられるのは、ドイツ・プロテスタント神学とドイツの古典的哲学（カントおよびドイツ観念論）との関係性という問題であり、「ティリッヒとカント」はこの思想史的問いを具体的に論じるための焦点となる。そして、最後のもっとも狭く絞り込んだ問題連関が、ティリッヒにとってのカントの意義、あるいはティリッヒのカント論である。以下においては、こうした三重の問題連関がすべて何らかの仕方で意識されているが、最後のもっとも範囲を絞り込んだ問題が主な議論の対象となることをご了解いただきたい。[1]

---

1 「宗教あるいは神学と哲学」については、次の拙論やパネンベルクの文献を参照。
　　芦名定道「キリスト教思想と神の問題」、日本シェリング協会編『シェリング年報』'02、第10号、晃洋書房、2002年、59-67頁。
　　W. Pannenberg, *Theologie und Philosophie*, Vandenhoeck & Ruprecht, 1996 (=Pannenberg (1996)).

ティリッヒのカント論に入る前に、この問題設定について必要な補足説明を行っておきたい。論題の副題に示したように、あるいはすでに第二の問題連関として示唆したように、近現代のキリスト教思想の文脈においてカントの影響は決定的な意味を有している。その影響の範囲は、いわゆるキリスト教神学における新カント学派とも言われるリッチュル学派に限定されない広がりを示している[2]。

たとえば、ボンヘッファーは『行為と存在』(1931年) の冒頭で、「神学の最近の発展は、行為と存在の問題についての合意の試みとして解されるように思われる」(Bonhoeffer, 1931, 7) と述べている[3]。ここに表明されたのは、

また、「ドイツ・プロテスタント神学とドイツの古典的哲学」について、本書著者は以下の一連の論考において考察を続けてきているが、本章はこれら一連の研究の一環といえる。

芦名定道「深みの次元の喪失」村上陽一郎・細谷昌志編『宗教——その原初とあらわれ』ミネルヴァ書房、1999年、75-92頁。

――――「ティリッヒとフィヒテ」『ティリッヒ研究』第9号、現代キリスト教思想研究会、2005年、45-62頁。

――――「前期ティリッヒとヘーゲル」組織神学研究所編『パウル・ティリッヒ研究』聖学院大学出版会、1999年、166-198頁。

――――「ティリッヒの根本的問いと思想の発展史」組織神学研究所編『パウル・ティリッヒ研究2』聖学院大学出版会、2000年、132-165頁。

――――「ティリッヒとシュライアーマッハー」『ティリッヒ研究』第2号、現代キリスト教思想研究会、2001年、1-17頁。

以上の諸論考のうち、2番目「ティリッヒとフィヒテ」から最後の「ティリッヒとシュライアーマッハー」までのものは、本論集の第5章から第8章に収録された。

2 ティリッヒのカント論を理解しようとする際に注意すべき点は、カント自身とキリスト教神学における新カント学派と言われるリッチュル学派との関係を、ティリッヒがどのように論じているのかという点である。

リッチュル学派がカント哲学の一面を継承していることはもちろんであるが、本章で論じるように、ティリッヒは、特に宗教論に関して、カント自身の思想が神学的な新カント学派によって一面化されるよりもはるかに複雑な内容を有していることを認めていた。ティリッヒの主要な論敵は、カント自身ではなく、カント以後の思想状況のなかで、神学の倫理化を推進し、神学的思惟から形而上学や存在論を放逐した、リッチュル学派であったのである。こうした考えは、次のような最初期の文献において、すでに確認可能であり、それはティリッヒの基本的立場といえる。

Paul Tillich, Welche Bedeutung hat der Gegensatz von monistischer und dualistischer Weltanschauung für die christliche Religion?, in: EW. IX, S. 28-34, 98-102 (=Tillich, 1908)

3 Dietrich Bonhoeffer, *Akt und Sein. Transzendentalphilosophie und Ontologie in der systematischen Theologie*, C. Bertelsmann, 1931 (=Bonhoeffer, 1931).

ここでボンヘッファーが提起している問題は、神学的な概念形成において、超越論的哲学の範疇を用いるべきか (すべての可能性に対する啓示の絶対的自由。啓示は聴

第4章 ティリッヒとカント | 55

啓示に関する行為的解釈と存在的解釈という二つの立場にキリスト教神学の動向を整理し、そのうえで、教会という社会学的範疇のなかで、これら二つの解釈が具体的な仕方で総合されることを示すという試みにほかならない。この際に、ボンヘッファーが啓示の行為的解釈の代表として取り上げるのはバルトであるが、注目すべきは、こうしたバルト神学の諸概念がカントの線上に位置するものと論じられている点である。つまり、「カール・バルトの概念世界は超越論的発端へと方向づけられている」（ibid., 36）のである。ここで指摘される超越論あるいは超越論的哲学とは、ヘーゲルらの観念論から区別されたカント哲学——もちろん、共通性を有しつつも——であり、ボンヘッファーの主たる意図は、バルトにおいて再度見いだされる「最初に露わにされた超越論的哲学の問題」、すなわち、「神が非対象的なもの、処理不可能なものへと後退する」（ibid., 69）という問題への批判にあると考えられるが、こうした19世紀から20世紀にかけての神学の問題状況を規定する決定的な要因の一つとして、カントは位置づけられているのである。

以上の点からも、宗教思想との関わりにおいて、カント哲学がきわめて多面的な内容を有していること、したがって、神学の倫理化などといった仕方で単純に把握できないということがわかる。カントの思想は、近現代の錯綜した宗教思想の状況を規定するものとして理解されねばならないのである。ティリッヒのカント論は、こうしたカント哲学の多面性を視野に入れた議論を行っており、キリスト教思想にとってカント哲学がいかなる意味を持つか

く人に起こるものであり、しかも各瞬間において、その関係を止揚する神の自由のなかで起こる。神は純粋な行為として理解される。→バルトの概念世界）、存在論的な概念を用いるべきか（啓示の存在に関する存在論的解釈は、原理的に意識を超越する「対象的なもの」として啓示を規定している。啓示の本質が教理として理解されるならば、啓示は存在概念に従って理解される。→カトリックと古プロテスタントの教義学）の選択の問題である。それによって、近代のキリスト教神学（特にドイツにおける）を規定する、行為と存在の弁証法を、キリストの信仰と教会の弁証法として神学的に認識することが試みられているといえる。

なお、バルトが自らの神学の方法論を構築するなかで（『アンセルムス書』→『教会教義学』）、こうした哲学と神学との関係という問題にいかに取り組んだかについては——「バルトが成し遂げたのは、ローマ・カトリックの実在論とプロテスタントの観念論とのアンチテーゼの背後へと進み、より高い統一に到達するような力強い総合を達成するということなのである。」（Torrance, 1962, 177）——、次のトランスの研究を参照。

T. F. Torrance, *Karl Barth. An Introduction to His Early Theology, 1910-1931*, SCM Press, 1962（=Torrance, 1962）。

を論じる上でも興味深い。

　以下においては、まずティリッヒのカント論の概要を把握した上で、ティリッヒの視点から見たカント哲学の宗教哲学としての可能性を論じ、最後に、今後の研究方向について展望を示したい。

二　ティリッヒのカント論の概要

　ティリッヒの「自伝」によれば、ティリッヒがカント（『純粋理性批判』）と出会ったのはギムナジウムの学生時代、つまり哲学者になることを志すようになったころに遡る。

> 哲学者になろうという望みは、ギムナジウムの高学年以来のものであった。わたしは偶然手に入れた哲学書を読むために自由な時間のすべてを使った。こうして、わたしはシュペングラーの『哲学史』を田舎牧師の書棚のほこりを被った片隅に、フィヒテの『知識学』をベルリンのとある通りで移動書店のワゴンの一番上に見つけた。そしてカントのレクラム版の『純粋理性批判』を、その分厚さに心をときめかせながら、一マルクで書店より購入した（Tillich, 1936, 30-31）。

　それ以来、生涯カントはティリッヒにとって最重要の思想家であり続けたのである。このようなカントの重要性にもかかわらず、ティリッヒに関する先行研究において、カントとの関連を論じたものは決して多くはない[4]。そ

4　ティリッヒ研究において、ティリッヒ思想の哲学的背景を比較的詳細に扱っている、ヴェンツやシュスラーの次の研究書でも、カントとの関わりについては、きわめて簡単に触れられるにとどまっている——主として、ヴェンツはシェリングについての学位論文との関連で、またシュスラーは、学としての形而上学批判あるいは「無制約的なもの」の概念との関わりで、カントとの関係に言及している——。

　　Gunther Wenz, *Subjekt und Sein. Die Entwicklung der Theologie Paul Tillichs*, Chr. Kaiser, 1979.

　　Werner Schüßler, *Der philosophische Gottesgedanke im Frühwerk Paul Tillichs (1910-1933)*, Königshausen+Neumann, 1986.

　　もちろん、「ティリッヒとカント」というテーマに関わる先行研究が皆無なわけではない。オメーラは「カントの影響は、認識論についてのティリッヒの見解において顕著である」（O'Meara, 1970, 32）と述べ、このテーマの重要性に言及しており、ま

れにはいくつかの理由が考えられるが、カントとの関わりの重要性はいわば研究者にとってあまりにも自明な事柄であって、特に研究においてテーマ化する必要性が感じられなかったと言うべきかもしれない。しかし、こうした研究史の現状にもかかわらず、カントとの関係はその中身を問う必要があるというのが、本章の主張である。なぜなら、カントとの関わりはティリッヒ

た、トンプソンも、「哲学と神学における同時代人の多くと同様に、ティリッヒはカントとカントが提起した問題に熱中した」(Thompson, 1981, 32) とあるように、ティリッヒをカントの問題連関に位置づけようとしている。オメーラとトンプソンの研究がティリッヒにとってのカントの重要性に言及するにとどまっているのに対して、アンナラの研究は、ティリッヒの存在論あるいは神論を、「カント―ハイデッガー」の連関に位置づけるという点で、本格的である。

 Thomas Franklin O'Meara, *Paul Tillich's Theology of God*, Listening Press, 1970.
 Ian Thompson, *Being and Meaning. Paul Tillich's Theory of Meaning, Truth and Logic*, The Edinburgh University Press, 1981.
 Pauli Annala, *Transparency of Time. The Structure of Time-Consciousness in the Theology of Paul Tillich*, Vammala, 1982, Vammalan Kirjapaino Oy.

以上のような研究状況は、さらに近年のティリッヒ研究でも大きな変化はみられない。たとえば、次のコルトハウスの研究では、従来未刊行であったティリッヒのテキストの最近の公刊に対応して、使用される文献の範囲はより広範になってはいるものの、「無制約的なもの」に関連したカントへの言及は、内容的に、ヴェンツ、シュスラーらの研究を超えるものではない。むしろ、新しい展開としては、さらに最近のヴェンツあるいはダンツの研究書が興味深い。

 Michael Korthaus, "Was uns unbedingt angeht" – *der Glaubensbegriff in der Theologie Paul Tillichs*, Kohlhammer, 1999, S. 42-46.
 Gunther Wenz, *Tillich im Kontext. Theologiegeschichtliche Perspektiven*, Lit Verlag, 2000.
 Christian Danz, *Religion als Freiheitsbewußtsein. Eine Studie zur Theologie als Theorie der Konstitutionsbedingungen individueller Subjektivität bei Paul Tillich*, De Gruyter, 2000.

なお、ティリッヒとカントとの関わりをめぐる最近の研究としては、次の研究文献に重要な洞察が含まれている（後期ティリッヒにおけるティリッヒの近代論をテーマ的に論じている）。

 鬼頭葉子『時間と空間の相克——後期ティリッヒ思想再考』ナカニシヤ出版、2018 年。

特に、補論に収録された比較研究 1「ティリッヒとカント——道徳の宗教のあいだ」(150-167 頁) は示唆的である。

また、ティリッヒの思想形成とカントあるいは観念論（フィヒテ、シェリング）との関係を論じたものとして、次のボスの論文も興味深い。

 Marc Boss, Which Kant? Whose Idealism? Paul Tillich's Philosophical Training Reappraised, in: Russell Re Manning and Samuel Shearn (eds.), *Returning to Tillich. Theology and Legacy in Transition*, De Gruyter, 2018, S. 13-30.

の思考の枠組み自体を規定するものだからである。

　たとえば、ティリッヒが後期シェリングに関する博士論文を書いた際の枠組みとなった、神秘主義と罪責意識（同一性の原理と断絶の原理）の緊張関係とその統合という問題設定は、後の思想史講義で、「カントとスピノザの総合」と言い換えられるように（Tillich, 1967, 371）、カントの提起した思想的課題に対応したものだったのであり、ティリッヒの宗教思想の全体は、カント哲学——人間の有限性と理論理性による無限者への到達不可能性の認識——以降の思想状況において、いかにしてキリスト教神学は可能なのかという点をめぐっていたと解釈することもできるのである[5]。

　こうして、ティリッヒのカント論は、近代キリスト教思想史におけるカントの意義を、多面的なカントの全体像に即して論じるという形をとることになる（＝カント論1）。このタイプのカント論の典型として、まず初期ティリッヒにおけるシェリングについての博士論文中のカント論（Tillich, 1912, 28-43）をあげることができる。ここには、カント以前の形而上学とカントとの関連性の議論、そして『純粋理性批判』（カントの認識論と限界概念としての物自体、神の存在論証批判、無制約的なものの概念）、『実践理性批判』（自律と同一性、二つの自由概念、最高善、徳と福の一致）、『単なる理性の限界内の宗教』と理性宗教、『判断力批判』（自由と必然性との同一性、美的なものと崇高性、有機体と無機物）というカントの三批判書についての比較的まとまった論述が含まれており、ティリッヒがカントをどのように理解していたかを知る上で重要な内容となっている。

　　〈物それ自体〉、根本悪、無機的なもの。これら三つの概念は、観念論的
　　運動の前半においては放逐されたが、その後半においては、いっそう大
　　きな激しさによって、軌道を突破し、理性の同一性の体系を解体したの
　　である（ibid., 43）。

5　ティリッヒの宗教思想の基本的問題とカントとの関わりは、すでに初期ティリッヒにおいて確認できる。たとえば、「一元論的世界観と二元論的世界観との対立は、キリスト教的宗教にとっていかなる意義を有するか」（Tillich, 1908, 42-44, 107）における「二元論」を代表するのが、カントの批判哲学であることは明瞭である。

第 4 章　ティリッヒとカント

　ティリッヒは、カントのなかに、ドイツ観念論との関わりで、両者の共通の核（意識一般、道徳的な世界秩序、有機的なもの）と異質な志向性の両面を見ているのである。これはシェリングの自由概念を論じる上で重要な視点となる。こうした思想史的連関におけるカントの全体像についての論述としては、後期ティリッヒのキリスト教思想史講義におけるカント論をあげることも可能であり、これらの文献を手がかりに、ティリッヒのカント論のポイントを知ることができる[6]。

　こうしたカント論に対して、われわれは、もう一つの特徴的なカント論を、ティリッヒの組織神学、たとえば、1920年代になされたマールブルク講義や、

6　ティリッヒの思想史講義のカント論は、ティリッヒがカント全体を論じたものとして、もっともまとまった文献である。
　　Paul Tillich, *Perspectives on 19th and 20th Century protestant Theology*, in: *A History of Christian Thought* (ed. by Carl E. Braaten), Simon and Schuster, 1972, 320-325, 360-366, 370-371.
　カント宗教哲学についての研究は、きわめて多くの数にのぼり、優れた研究も少なくない。そのなかで、ティリッヒの議論と様々な点で共通性がみられるのが、波多野精一のカント論である。波多野はカント哲学こそ宗教哲学が辿るべき「正しい道」であるという認識から自らの宗教哲学を構想した。カントは、「歴史においてその具体的内容を実現する文化の諸領分に関して、その理性における根拠、その各に一定の意味、一定の価値を与える原理を研究する」（『時と永遠　他八篇』岩波文庫、279 頁）という批判主義の根本精神を、まず認識論において確立し、「次第に道徳や美的生活の領域へ、同じ態度、方法の適用を広めていった」が、まさにカントの「批判主義の宗教哲学は、主理主義の形而上学や超自然主義のそれと異って、宗教の対象の哲学的考察ではなく、宗教そのものを対象とする哲学である」（『宗教哲学序論・宗教哲学』岩波文庫、280 頁）。カント哲学に伝統的な神学から近代的な宗教哲学を見いだす点で、波多野はティリッヒと同じ見解を共有している。なお、ティリッヒのカント論については、次のリクールのカント論を参照して、機会があれば、さらに展開してみたい。
　　ポール・リクール「宗教の哲学的解釈学——カント」（1992 年）（ポール・リクール『愛と正義』新教出版社、2014 年）。
　この論考でリクールはカントの宗教哲学を「宗教の哲学的解釈学」として展開しようとしており、それは希望の哲学的解釈学と言うことができる。「希望は宗教の哲学的解釈学に特有の対象であるといえる。それは解釈学であって、批判ではない。なぜなら悪の表徴と再生の表徴との絡み合いは、それ自体第二度の「歴史的」現象であって、それが実定宗教の文化的歴史性と悪への「性癖」の実存的歴史性とを組み合わせるのである。こうした複雑な意味において、カントの宗教哲学は「希望の哲学的解釈学」と呼ばれることができる。」（リクール、2014、12）。これはモルトマンを想起させるものであるが、ティリッヒも「待望の政治哲学」を構想しており、カント、リクールの問題系を共有している。

後期ティリッヒの時期の三巻本の『組織神学』に見ることができる[7]。この後者のカント論（＝カント論2）の特徴は、カントの全体像や思想史的な位置づけというよりも、神の存在論証との関わりでのカント、あるいは宗教哲学の可能性という点に集中したカント解釈にある。たとえば、マールブルク講義（あるいはドレスデン講義）では、§29において「神の存在論証」が扱われ、そのなかでカントの神の存在論証批判への言及がなされるが、その取り扱い方は、次の引用からもわかるように、人間存在の分析（本質存在あるいは被造物の存在の記述）としてであって、神自体についての議論（神論）としてではない。

> われわれは、神の存在論証を、神についての教説ではなく、被造物についての教説のもとで取り扱っている。これは、次のような判断を含んでいる。すなわち、神の存在論証の核心にあるのは、その名称が語っているもの、神論の諸要素、あるいは神の現実存在の論証などではない。そうではなく、それは被造性の表現形式なのである（Tillich, 1925b, 139、Tillich, 1925/27, 144）。

カント論2とは神の存在論証をめぐる問題連関におけるカント論である。それは1950年代の『組織神学』においても確認することが可能であって、ティリッヒ自身の根本問題にほかならない[8]。しかしこのカント論2が、カントの批判哲学以降の思想状況で宗教哲学あるいは神学はいかなる仕方で可能なのかという近代キリスト教思想の根本問題を直接テーマ化したものであ

---

[7] 1925年のマールブルク講義（＝Tillich, 1925b）の内容については、次の文献によって知ることができるが、最近これに連続する1925年から1927年のドレスデン大学での講義（ドレスデン講義＝Tillich,1925/27）が刊行され、より精密な校訂版が利用可能になった。今後は、二つのテキストをつきあわせた上で、厳密な議論を行うことが必要になるものと思われるが、今回は、そこまでは立ち入らずに、マールブルク講義として一括し、引用については、二つのテキストの頁を併記することにしたい。

Paul Tillich, *Dogmatik. Marburger Vorlesung von 1925* (hrsg.v. Werner Schüßler), Patmos, 1986.

Paul Tillich, *Dogmatik-Vorlesung* (*Dresden 1925-1927*), in: EW. XIV (hrsg. v. Werner Schüßler und Erdmann Sturm, 2005)

[8] この点については、本書第6章を参照。

ることから考えれば、厳密には、ティリッヒにおいて、以上述べたカント論1とカント論2とは相互に切り離すことは不可能である。ティリッヒは、カントの思想を多様な問題連関あるいは観点から扱っているのであり、ティリッヒのカント論を十全に論じるにはこうした取り扱いの全貌を視野に入れねばならない。本章で、カント論1とカント論2とを区別したのは、将来的な課題として残されているこうした十全なカント論のいわば予備作業として、あくまでティリッヒのカント論の特徴を浮かび上がらせるために過ぎない。実際、次節で展開される考察は、カント論2として提示した宗教哲学の可能性という観点からのティリッヒのカント論に限定されたものなのである。

なお、ティリッヒのカント論の概要を締めくくるにあたって、ティリッヒのカント論が、次の二つの側面からカントを捉えている点を確認しておきたい。

一つは、人間存在の有限性を論じ、神の存在論証を批判する批判哲学におけるカントであり、思想史講義で述べられたスピノザに対するカントである。それに対してもう一つのカントは、人間理性にとっての無制約的なものという理念の意義を論じるカント（無制約者の命題）であり、ドイツ観念論へと展開するカントである。カントがこうした二つの側面を有していることは、たとえば、形而上学についてのカントの議論を理解する上で重要な意味を有しており[9]、多面的なカント哲学を単純に一面化しないためにも、常に念頭に置くべきものと言えよう。

三　カントと宗教哲学の可能性

近代以降のキリスト教思想は、神の問い、超越の問いはどこから始め得るのかという点について、大きな壁に突き当たることになった。カント批判哲学の影響によって、人間の有限な理性能力では神の存在に到達不可能であるという認識（神の存在論証の不可能性の認識）が広く共有されることとなり、伝統的な形而上学あるいは自然神学に依拠した神学的思惟の基礎づけは困難

9　この点については、次の拙論を参照。
　　芦名定道「キリスト教思想と形而上学の問題」京都大学基督教学会『基督教学研究』第24号、2004年、1-23頁。

なものとなった。こうした思想史的状況の帰結の一つが、先に述べた神学のカント主義といえる自由主義神学における神思想の倫理化だったのである。もちろん、こうした状況に対して、キリストの出来事における特殊啓示の事実性から議論を始めるという方向性も可能である。たとえば、バルト神学はこうした神学の典型と解することができるかもしれない。

> 『教会教義学』は、その対象たる神の言葉の自由（Freiheit der Wortes Gottes）のゆえに、何らかの根本原理によって組織されることを自ら拒み、むしろ、自覚的に伝統的な「ロキ」（loci theologici）の方法に従いつつ、神の啓示そのものの構造に則して整序される。啓示は、しかし、神の自己啓示にほかならないから、その構造は神の存在様式そのものに対応するのであって、したがって、三位一体的神の存在を反映する（abbilden）。そこで、三位一体論（Trinitätlehre）がこの教義学の序説を構成すると同時に、そのことによって教義組織全体を整序することになる（大崎節郎『恩寵と類比』新教出版社、1992年、27頁）。

こうしたバルトの『教会教義学』は、神の自己啓示の構造自体を神学の根本原理とするという点で、自由主義神学あるいは神学の倫理化に対する一つの批判的な神学的応答といえるものであるが、前節で見た神の存在証明の取り扱いからもわかるように、ティリッヒが取った道は、しばしば主観的な独断論に陥りがちなこうした方向性ではなく[10]、むしろ、それとは別の仕方でキリスト教思想の出発点を見いだそうとする試みだったのである——ティリッヒのマールブルク大学あるいはドレスデン大学での「教義学」講義は、同時期に影響力を拡大しつつあった「新正統主義」への批判を意図していたのである（Tillich, 1925b, 13）——。ティリッヒはもう一つのカント哲学の側面に注目することによって、神学の倫理化に対する批判的対論を行っているのであり[11]、それは、カント以降における形而上学再考の試みともいえるも

---

10 こうした見解の実例としては、パネンベルクの次のバルト批判をあげることができる。Wolfhart Pannenberg, *Wissenschaftstheorie und Theologie*, Suhrkamp Verlag, 1977, 266-277.

11 ティリッヒによる、リッチュル学派（神学の新カント学派）における神学の倫理化に対する批判——価値概念から意味概念への転換と存在論の再評価を伴った——は、

のである。バルトが神学の倫理化を啓示の事実性において克服しようとしたのに対して、ティリッヒは存在論（人間存在についての基礎的存在論）によって同様のことを試みたと言えよう。

本節では、1946年の「宗教哲学の二つの類型」と題された論文によって、以上のティリッヒの議論を跡づけてみたい。

1946年の論文で、ティリッヒは神認識の可能性（超越への道）、すなわち、宗教哲学の可能性に関して、次の二つの類型を指摘している。第一の類型は宇宙論的類型であり、経験的事実から推論によって神に遡及するという仕方における神認識の道である。その代表としては、トマスの自然神学が挙げられる。それに対して、第二の類型は存在論的類型と呼ばれるものであり、「人間は神を発見するときに、自分自身を発見する」と言われるように、そのポイントは、無制約的なものが直接的に媒介なしに知性・魂の内に現れるという事態から神認識を開始するという点にある。

> 神は神についての問いの前提である。これが宗教哲学の問題の存在論的な解決である。神は、もし対象であって、基盤でないとするならば、決して到達することができない（Tillich, 1946b, 290）。

ティリッヒは、この類型に属するものとして、アウグスティヌスの真理論[12]からアンセルムス、デカルトを経てドイツ観念論に至る思想的系譜を指

様々な箇所で行われているが、たとえば、Tillich（1959b）などを参照。

12　アウグスティヌスの真理論は、「わたしが欺かれるなら、わたしは存在する」（Si fallor, sum）との有名な言葉とともによく知られ、アウグスティヌス研究の中心テーマの一つと位置づけうるものである。ティリッヒのアウグスティヌスについてのまとまった議論は、アメリカ時代の『キリスト教思想史講義』のほかに、1923年の冬学期のベルリン講義（Paul Tillich, *Berliner Vorlesung II*（1920-1924）, in: EW.XIII, 475-504）をあげることができる。しかし、ティリッヒが自らの著作で繰り返し取り上げるテーマは、アウグスティヌスの真理論──懐疑論に対して、真理はあらゆる哲学の議論の前提であり、真理は神であると主張する──であり、本章の問題はまさにこの点に関わるものといえる。

　ティリッヒのアウグスティヌス解釈の適切性については、以下に挙げるような専門的なアウグスティヌス研究を参照することが必要になるが、おおむね了解可能な解釈といえるであろう。

　　山田晶『アウグスティヌスの根本問題』創文社、1977年、特に139-226頁。
　　片柳栄一『初期アウグスティヌス哲学の形成』創文社、1995年。

摘する。このように、宗教哲学の二つの類型は、通常自然神学における神の存在論証の二つの類型と言われるものにほぼ対応している。[13] しかし注意すべきは、ティリッヒの意図が、神の存在を合理的に論証する方法の類型化にあるのではなく、神認識の可能性のあり方（神を問う問いのあり方）の類型化という点にある、ということである。[14] ここに、カントの批判哲学以降の思想状況、つまり理論理性による神の存在論証の不可能性の承認を見ることができよう。さらに言い換えれば、神から宗教への、神の存在から人間の宗教性への問題の転換──「カントの純粋理性批判における神の形而上学的機

---

[13] この対応関係については、慎重な議論が必要になる。特に、次のような用語の対応関係には十分留意する必要があるだろう。まず、カントの『純粋理性批判』では、「神の存在論証」に関して、存在論的（der ontologische Beweis）／宇宙論的（der kosmologische Beweis）／物理神学的（der physikotheologische Beweis）という区分がなされ、この順序で議論が進められる──これは、存在論的論証がもっとも根本的で、他の二つはこれに依拠するという意味であり、ティリッヒはこのカントの議論を受け入れている──。これに対して、ティリッヒが宗教哲学の可能性として論じるのは、存在論的／宇宙論的という区分であり──目的論的論証とも言われる物理神学的論証が宇宙論的に包括されると考えれば、ティリッヒとカントの議論は用語レベルでは一致する──、また内容的に見て、「存在論的」の実例としてアンセルムスやデカルトが、「宇宙論的」の実例にはトマスが挙げられ得るという点でも、一見、ティリッヒとカントとは一致しているように思われる。しかし、問題は、ティリッヒの「存在論的」のなかにカントが含まれているという点である。もちろん、神の存在論証という意味での「存在論的」ということであれば、それにカントを含ませることは不可能であり──カントは『純粋理性批判』でこの「存在論的」の不可能性を論じていることから判断して──、もし、ティリッヒの議論が神の存在論証についてではなく、宗教哲学の可能性についてのものであることを見過ごすならば、彼の議論はまったく理解不可能になるであろう。

　そして、さらに問題を複雑にするのは、「存在論的」と「道徳的」の関係である。本章で指摘するように、ティリッヒが、宗教哲学の可能性としての「存在論的なタイプ」として、アウグスティヌス（真理論）とカント（実践理性批判で扱われる無制約的な定言命法）を挙げることによって、「存在論的」と「道徳的」とは結合されることになる──もちろん、本章で示したように、「道徳的」は「存在論的」と「宇宙論的」のいずれかに解釈できる、あるいは解釈されねばならない、わけであるが──。他方、注11で示唆したように、存在論・形而上学と倫理・道徳（あるいは倫理化）とは対立的に捉えられており、一見すると議論が混乱しているように感じられるかもしれない。しかし、ティリッヒの意図は、倫理に対して存在論の根源性（学的議論としては、存在論は倫理の前提であり、存在論は倫理に還元できない）を主張する点にあったと考えるべきであろう。

[14] これは、パネンベルクがカントにおける問いの枠組みの人間学への転回として指摘する事態に対応するものであるが、これについては、Pannenberg（1996, 184-195）を参照。

能の人間学化」(パネンベルク)——と言うことも可能である。

> われわれの経験についてこのようになされた解釈の結果は、次のようなことであった。すなわち、それまでは神思想と結びつけられ、それによって構成されていた世界経験の関連枠について、今や人間の主観性の表現として、それゆえに人間学的に解釈の変更がなされたのである (Pannenberg, 1996, 185)。

　では、宗教哲学の可能性の問いとは、神の存在論証の方法論ではないとして、一体いかなるものなのであろうか。それは、ティリッヒが、「神の存在」「われわれの精神のなかにおける神の現臨」は「あらゆる思考の前提」であり、存在論的類型は、宇宙論的類型を含めたあらゆる「宗教哲学の基礎」である、また「〈神は存在そのものである〉(deus est esse) という命題は、あらゆる宗教哲学の土台である」、と述べている点に明確に表れている。まさに神の存在論証とは、次のような意味において解釈されねばならない。すなわち、無制約的なもの[15]——実定的な宗教の宗教的象徴の指示対象としての「神」ではなく、思惟する自然＝心あるいは世界概念一般と同様に、純粋理性の理念としての神——は、確かに合理的な存在論証の事柄ではない。しかし、人間の合理性あるいは有意味性自体が成立し、根拠づけられるためには、無制約的なものが要請されねばならない、と。これは、「理性が要求するところの無制約的なものは必然的に経験と一切の現象との限界を超えることをわれわれに強要する」とカントが述べているとおりである[16]。このように、宗教哲学の可能性として問題にされているのは、経験の一対象としての「神」ではなく、経験自体の構造において直接的に現前している無制約的なものについての気づき (awareness) なのである (Tillich, 1946b, 296)。言い換えれば、

15　「無制約的なもの」は、ティリッヒの形而上学の中心概念であり、まさにカント以降の思想史的文脈のなかで理解されるべきものである。したがって、ティリッヒ研究でこの概念を論じた研究はかなりの数にのぼるが——注4で扱った研究文献を含め——、ここでは、次の拙論を指摘するにとどめたい。
　　芦名定道『ティリッヒと弁証神学の挑戦』創文社、1995年、111-118頁。
16　この『純粋理性批判』からの引用は、通常の表記に従って行われる。つまり、A.XX の A は第一版、XX はその頁数を意味する。

人間はそれ自体の存在の内に、超越的なものへの開けの可能性を有しているということにほかならない[17]。この無制約的なものへの開けにおいてこそ、キリストの特殊啓示は人間の認識の事柄となりうるのである。具体的な宗教あるいは信仰は、この可能性としての開けを宗教的象徴において具体化したものと言えよう。

　ここで、ティリッヒのカント論をまとめておこう。まず、ティリッヒが伝統的に神の存在論証として展開されてきた議論を、神の存在についての論証ではなく宗教哲学の可能性（神の問いの可能性）として解釈した際に、この「神の存在の論証ではなく」という点に、カントの批判哲学のいわば消極的影響が現れている。しかし、ティリッヒにとってのカントの意義はそれにとどまらない。それは、存在論的な神の存在論証に対するカントの批判にもかかわらず、カントの議論が、積極的に、「宗教哲学の可能性として解釈できる」という点に現れている。まさにここで、（意外にも）カントはアウグスティヌスを代表とする存在論的類型に結びつけられることになるのである。

　　宗教哲学の道徳的類型（カントのいわゆる道徳的な神証明にさかのぼる）は、一つの新しい類型を表しているとしばしば言われてきた。しかし、実情はそうではない。道徳的論証は、宇宙論的に、あるいは存在論的に解釈されねばならないのである。それが宇宙論的に解釈されるときには、道徳的判断という事実が、最高存在に至る推論の基礎となる（ibid.,

---

[17] 超越的なものへの開け──これ自体は隠喩的な表現にとどまっているが──という問題は、現代の宗教哲学において、様々な論者が追求しているものであり、参照すべき議論は少なくない。ここでは、こうした問題をめぐるティリッヒの独自性として、次の点を指摘するにとどめたい。まず、注目すべきは、超越的なものへの開けの議論が、ティリッヒの言う存在論（人間存在の存在構造についての基礎的存在論）において遂行されており、それは「神の問い」の「可能性」として論じられている点である。つまり、これは「宗教」がいかにして可能なのかという点を人間（あるいは人間の経験）のあり方から解明しようとするものであり、宗教の現実性や現実化についての議論とは区別されねばならない。この現実性や現実化の問題は、啓示論あるいは宗教的象徴論を必要とするものであるが、本章との関連で言えば、「気づき」または「開け」と表現される事柄は、いわば同一の事態（一つの出来事）──ティリッヒの言う啓示相関（Offenbarungskorrelation）──の両面なのである。

　「超越的なものへの開け」の問題は、ティリッヒの後にパネンベルクにおいて展開された。これについては、近藤勝彦『キリスト教弁証学』（教文館、2016年）の第一部「人間学」で詳細な議論がなされている。

294-295)。

　この道徳的判断の事実性こそが、有限性を超える一点とでも言うべきものとなるわけであるが、ティリッヒは、すでに示した神の存在論証についての見解――神の存在論証の核心は、神論という点にあるのではなく、被造性の議論という点に認められる――からもわかるように、それを宇宙論的に解する立場、すなわち、最高存在の実在性への合理的推論とみなす解釈を採用しようとはしない。あくまで、ティリッヒの関心は、人間存在へと向けられている。

> 道徳的論証が存在論的な仕方で解釈されるときには、道徳的命法がもっている無制約的な性格の経験は、直接的に、推論によらず、絶対的なものの気づき（awareness）となるのである（ibid.）。

　このように、道徳的論証についての二つの解釈の可能性（宇宙論的あるいは存在論的）のうち、ティリッヒが後者の解釈をとっていること、つまり、カントの言う道徳法則の無制約性、あるいは無制約的なものの経験の直接的な確かさという事柄を、存在論的類型の文脈で理解しようとしている点は、『組織神学』第一巻で、アウグスティヌスの真理論（懐疑論に対する論駁）に続いて、次のように述べられていることからも明らかである。すなわち、

> カントも類似した仕方において、倫理的内容に関する相対主義が、倫理的形式、すなわち定言的命法に対する絶対的尊敬と、倫理的命法の無制約妥当性の承認とを前提としていることを示した（Tillich, 1951, 207）。この点までは、カントもアウグスティヌスも反駁され得ない。というのも、彼らは論証していないからである。彼らはただ実在との出会いすべてにおける無制約的要素を指し示しているのである（ibid.）。

　無制約的なもの、あるいは神は、最高存在や最高価値という仕方であろうと、実体化されるべきものではなく、むしろ、人間の意味経験の質として、理解されねばならないのである。道徳的判断の事実性は、無制約的なものに

対する指示機能——これは、先に「気づき」と言われ、開示と表現された事柄にほかならない——という点から、つまりその象徴機能から捉えられているのである。[18]

以上の分析によって、ティリッヒのカント論は、カントを一方において神の存在論証への批判者（批判哲学）と捉えると共に、他方ではカントの無制約なものの理念あるいは定言命法の無制約性の議論が宗教哲学の可能性を論じる基礎となり得ることを示すという仕方で、これら二つの側面からカント哲学を解釈していることが明らかになった。これは、先に論じたように、神の存在から人間の宗教性へという転換の必要性と可能性の両面と解することも可能である。こうしたティリッヒのカント論は、カントの宗教論についての定石的な解釈に対して、[19]カントの影響下にある近現代哲学における宗教

18　前注でも論じたように、「気づき」「開示」は象徴の問題と密接に関連している。つまり、神の問いの可能性の議論は宗教的象徴論と結びつくことによってはじめて、現実の信仰の問題（神の問いの現実性についての問い）へと展開されることになるのである。しかし、これによって、「宗教哲学の二つの類型」（1946年）の最後の部分においても指摘されるように（Tillich, 1946b, 299-300）、「神の問い」は、経験自体の構造に組み込まれた直接的な確かさの領域から、不確かさ、懐疑、冒険の領域に移行することになる。こうした議論の展開は、すでに本章でも論じた、初期ティリッヒにおける「神秘主義と罪責意識」という問題にその発端を有するものといえるであろう。

19　現在のカント研究の視点から、ティリッヒのカント論はどのように評価できるであろうか。福谷茂によれば、「カントの宗教哲学はカント研究上もっとも安定した、また斬新な知見のもっとも出しにくい分野」「言わば定石がすでにできあがっているように見える」研究領域である（福谷茂「カントにおける神の問題」関西哲学会『アルケー』No.12、2004年、111-124頁）。通常、『純粋理性批判』で「神の存在論証」（特に、存在論的論証）が否定されることによって、理論理性の範囲における神あるいは超越への道は完全に閉ざされることになり、神の問いは理論的認識の領域から実践的領域へと移されたと考えられており——19世紀の自由主義神学における神学の倫理化はこれに連関している——、ティリッヒ自身、このようなカント理解に立っているように思われる。したがって、こうしたカント理解に従うならば、カントの存在論的な神の存在論証批判を存在論的タイプの宗教哲学の可能性の提示として解釈するというティリッヒの議論は、カントの議論からの逸脱と言わねばならないであろう。

　しかし問題は、神をめぐるカントの思想全体と『純粋理性批判』との関係、つまりカントの思想は『純粋理性批判』で尽くされているのか、またもしカントの神をめぐる思索の全体という連関で見たときに、上記の通常の『純粋理性批判』の解釈は十分なものといえるのか、という点である。ここでこうしたカント論に踏み込むことはできないが、カントの遺稿（Opus postumum）をめぐる最近の議論（福谷茂「カントの《Opus postumum》の哲学史的位置について」京都哲学会『哲学研究』第578号、2004年、121-145頁）が、こうした議論を行う余地を示している点を指摘しておきたい。本章で述べたように、一方でティリッヒは、近代キリスト教思想史を「カントと

あるいは神の問いの意味を論じる上で、特にそこに神について問う別の可能性が見いだされる点を明らかにすることに関して、一定の寄与を行うものと言えよう。もちろん、ティリッヒのカント論全体（特にカント論1）は、カントの自由概念や根本悪の問題をも視野に入れたものであり、その全体を論じるには、より包括的な分析が必要になる[20]。しかし、これまでの限定された範囲における議論からも、ティリッヒにとってのカントの意義は十分に明らかであろう。

四　展望

最後に、「ティリッヒとカント」という問題設定が現代の宗教論に対して有する意義について簡単にコメントすることによって、本章を締めくくりたい。

ティリッヒのカント解釈の意義としてまず確認すべき点は、ティリッヒが近現代の思想状況において神や超越を問う可能性として、人間存在あるいは人間の経験自体における無制約的なものの現前という事態を位置づけたとい

スピノザの総合」という観点から解釈しようとしているが、しかし他方、「われわれはカントとスピノザの関係をカント自身の眼を通して知るのである。カントは明らかにスピノザ的実体との接近を自覚している」(ibid., 142) という観点から、ティリッヒの議論はもう一度再検討するに値するものといえるであろう。

[20] 宗教哲学・宗教論を含めたカント哲学の全体的な理解をめざした研究は、これまでも、シュヴァイツァー（Albert Schweitzer, *Die Religionsphilosophie Kant's von der Kritik der reinen Vernunft bis zur Religion innerhalb der Grenzen der bloßen Vernunft*, 1899）やピヒト（Georg Picht, *Kants Religionsphilosophie*, Klett-Cotta, 1985）の研究書、あるいはわが国でも、量義治のカント研究（量義治『宗教哲学としてのカント哲学』勁草書房、1990年）などが存在しており、確かに一方でカント研究は専門化細分化しつつあるとしても、他方ではカントの全体的理解について繰り返し問わざるを得ないという問題状況がみられる。こうしたカントの専門研究に比べ、ティリッヒのカント論は、決してまとまった形で提示されているわけではなく、それは、いくつかの中心的なカントへの言及を核として、様々な思想家やテーマとの関連で存在する断片的な議論から、研究者が再構成すべきものなのである。先に、「ティリッヒとカント」というテーマについての先行研究の状況を説明したが、その研究の現状は、以上のティリッヒにおけるカント論のあり方にも関係があると言えよう。

うことであるが、[21] 特に、ティリッヒが神の存在論証を神の存在の問題ではなく、人間存在における宗教性の問題として捉えなおした点については、本章を含め、これまでのティリッヒ研究において指摘されてきたとおりである。[22] 本章がこうした先行研究に対して強調したのは、神の存在論証をめぐるティリッヒの議論がカント以降の思想史の展開のなかで有している意義と、またそれがティリッヒの宗教思想の基本的立場の形成に関わっていたという点である。実際、神の存在論証をめぐる問題は、ティリッヒ自身の宗教論──特に後期ティリッヒの時期の『組織神学』──において、人間存在の存在構造に神の問いが内在しているという議論、神の問いは人間存在にとって本質的であるとの認識として、つまり、神の問いを人間存在の基礎構造から解明するという仕方で具体化されることになる。こうした議論の展開は、前期ティリッヒの思索において、無制約的なものをめぐる議論が、意味概念の分析（意味経験の論理的構造分析）、つまり、「意味の形而上学」として提示されたこととも無関係ではない。[23] 後期と前期の思索は、その定式化においては大きく異なっているものの、両者には「意味の問い」が通底しており、こうした観点を通して、カント以来、キリスト教思想史において重要な位置を占めることになる無制約的なものという概念は、より明確な概念規定にもたらされたと評価できるのではないだろうか。

　こうした議論の展開は、ハイデッガーのカント論と関連づけうるものであり──ティリッヒの存在論的人間学は、カントからハイデッガーへ至る思想的な系譜の上で理解できる[24]──、またより最近では、パネンベルクの宗教論（人間学から宗教へ、そして神学へ）においても確認可能である。

　以上の点から見て、本書で論じた「ティリッヒとカント」というテーマは、カント以降の近現代の宗教論の系譜を再検討し、そしてさらなる宗教論の可

21　近現代の思想状況において神や超越を問う可能性という観点から、20世紀のドイツのプロテスタント神学を詳細に論じた最近の研究としては、次の文献が挙げられる。
　　近藤勝彦『キリスト教教義学　上下』教文館、2021/22年。
22　芦名定道『ティリッヒと弁証神学の挑戦』創文社、1995年、262-264頁。
23　意味の形而上学（1923年の『学の体系』における）については、次の拙論を参照。
　　芦名定道『ティリッヒと弁証神学の挑戦』創文社、1995年、172-183頁。
24　この点については、次の拙論を参照。
　　芦名定道『ティリッヒと弁証神学の挑戦』創文社、1995年、252-261頁。

能性を探求する上でも、重要な意味を有するものと言えよう。今後、ティリッヒの宗教思想をドイツの古典的哲学以降の文脈に位置づけるという作業をさらに押し進めてゆきたい[25]。

---

25 すでに注1で示したように、本章は「ドイツ思想史の文脈におけるティリッヒ」とでも言うべき研究プログラムの一環として位置づけうるものであり、今後の研究の方向性としては、本章を第一論文あるいは序論として、この研究プログラムの全体の構成を再確認し、さらに個々の部分の議論をこの全体構成に即して仕上げてゆく、ということになる。こうした議論のなかから、現代の文脈におけるキリスト教思想の問題についてのより適切な理解の枠組みを見いだすことが期待できる。
　この注は本章の初出論文（2006年）のものであるが、本書はこの「ドイツ思想史の文脈におけるティリッヒ」と呼ばれた研究プログラムの具体化の一つの試みにほかならない。

…… 第 **5** 章 ……

ティリッヒとフィヒテ

一 問題

　ティリッヒの宗教思想にとって、ドイツ観念論が決定的な意義を有していることは、多くの研究者が指摘している点であり、すでに少なからぬ研究の蓄積が存在する。[1] そのなかで、問題となるのは、ドイツ観念論に属すると

---

1 「新プラトン主義にその根源を持ち、ドイツ観念論を通してティリッヒへと到達した基本旋律が神の問題を貫いている」とのシュスラーの指摘にあるように、ティリッヒの宗教思想はドイツ観念論の思想系譜に密接に関わっている。それは、ティリッヒ研究の古典ともいえるアダムズの研究書においてすでに確認できるように、ティリッヒ研究のいわば常識に属していると言えよう。
　　Werner Schüßler, *Der philosophische Gottesgedanke im Frühwerk Paul Tillichs (1910-1933)*, Königshausen + Neumann, 1986, S.4
　　James Luther Adams, *Paul Tillich's Philosophy of Culture, Science, and Religion*, Harper & Row, 1965.
　しかし、ここで注意する必要があるのは、ティリッヒが理解するドイツ観念論とは、単なる哲学思想史の事柄に限定されたものではなく、それよりも遙かに巨大な精神運動を意味しているという点である。それは、1936年の『自伝』(「境界に立って」)において言及される観念論が、「観念論とマルクス主義の境界」(Tillich, 1936, 60-67)における観念論であることからもわかることであるが、こうしたドイツ観念論の理解は前期ティリッヒの「ドイツ観念論とプロレタリアートの運命」(1932年)からの次の引用においても明確に確認できる。
　「観念論の運命は次の三つの時期において経過している。1.革命的開始の時期、2.保守的成就の時期、3.新しい革命的な攻撃を前にした敗北の時期。したがって、これらは、戦いつつある観念論、勝利した観念論、そして打ち破られた観念論、あるいはま

される諸思想家との個別的な関係をより精密に論じることによって、ティリッヒの宗教思想を近現代の思想史の文脈の内に、的確に位置づけることである。それは、ティリッヒとシェリング、あるいはティリッヒとヘーゲルといったティリッヒ研究のテーマ設定となって現れている[2]。しかし、こうした個別的な思想史的連関においてティリッヒを論じるという研究動向のなかで、本来取り上げられるべき思想家であるにもかかわらず、まだほとんど取り上げられていない何人かの思想家が存在する。その一人が、フィヒテであり、本章で「ティリッヒとフィヒテ」というテーマを設定したのは、こうした事情に基づいている。

しかし、これまでのティリッヒ研究でフィヒテが主題的に取り上げられてこなかったのは偶然ではない。ティリッヒにおいては、初期と前期の時期をのぞいて[3]、フィヒテについてまとまった議論がみられないからである。たとえば、後期ティリッヒが自らの思想を思想史のなかに位置づけている『キリスト教思想史講義』でも、カント、ヘーゲル、シュライアマハー、シェリングに関しては、それぞれかなりの分量における議論がみられるのに対して、フィヒテに関しては、独立した章が当てられていない[4]。このことは、どの

た、その批判的で合理的な時期、古典的でロマン主義的な時期、そして解体の時期ということができる。この最後の時期の叙述において、プロレタリア的な運命が観念論の裁き手という役割を演じつつ登場するのである。」(Tillich, 1932, 453)
　この第一の時期には、レッシング、フィヒテ、若きヘーゲルが位置し、第二の時期には後期フィヒテとシェリング、ヘーゲルが、そして第三の時期にはマルクスが属している。

2　ティリッヒをシェリングやヘーゲルとの関係で論じた先行研究、特にシェリングとの関係を扱ったものは、かなりの数にのぼる。こうした点については、本書の第6章、第7章を参照いただきたい。

3　ティリッヒ思想の発展史の諸段階に関しては、拙論『ティリッヒと現代宗教論』北樹出版、1994年、39-48頁、を参照。

4　先行研究がほとんど存在しない点については、相互に関連しあった次の二つの理由が考えられる。第一の理由は、テキスト上の制約である。本書で取り上げた初期や前期ティリッヒにおけるフィヒテ論が利用可能な形で公にされたのは、1998年以降のことであり、従来、初期のティリッヒがフィヒテをいかに論じたのかについては、二つの学位論文からのわずかな情報しか存在しなかった。その結果、第二の理由として、ティリッヒの思想にとってのフィヒテの意義については、いわばシェリングやヘーゲルの陰に隠れる形で、ほとんど注目されないという研究状況が生じたのである。実際、ダンツ編集の最近の研究論文集――ティリッヒの神学あるいは宗教哲学の背景について、ヒルシュとの関わりを論じたシュッテ論文やジンメルとの関わりを扱ったシュトゥルム論文が含まれており、全体として水準の高い論文集である――でも、フィヒ

ように解釈すべきであろうか。本章は、こうした問題に関連して、次のような見通しの下で、議論が進められる。それは、ドイツ観念論を本質主義哲学と規定し、その真理性と限界とを論じるティリッヒの議論を正確に理解する上で、フィヒテ論は一つの重要な手がかりを与えてくれる、という点である。

本章は次の順序で進められる。まず、初期あるいは前期ティリッヒにおけるティリッヒのフィヒテ論を分析し、ティリッヒが自らの思想形成においてフィヒテといかに取り組んでいるかを明らかにする。次に、後期ティリッヒにおいてフィヒテへのまとまった論述がみられない点も含めて、ティリッヒのフィヒテ論のティリッヒ自身にとっての意味を検討する。この際に、フィヒテとカントあるいはシェリングとの対比が重要な鍵になるものと思われる。そして、最後にそれまでの議論を踏まえつつ、ティリッヒとドイツ観念論との関連を整理し、今後のティリッヒ研究の方向を展望したい。

二 初期・前期ティリッヒのフィヒテ論

1936年に刊行された『自伝』のなかで、ティリッヒは、最初にふれた哲学書として、カントやシュペングラーと並んで、フィヒテの『知識学』をあげている[5]。また、初期ティリッヒにおいては、フィヒテを主題とした文書が残されており、これはそれ以降の思想展開の時期と比べ、初期ティリッヒの特徴といえる。つまり、フィヒテはティリッヒの思想形成期において重要な意味を有していた思想家の一人であり、ここにティリッヒとフィヒテの関わりを取り上げる研究上の理由があるのである。この章では、まず1910年

テについては十分な論究がみられない。
Christian Danz (Hg.), *Theologie als Religionsphilosophie. Studien zu den problemgeschichtlichen und systematischen Voraussetzungen der Theologie Paul Tillichs* (Tillich-Studien 9), Lit Verlag, 2004.
なお、本書(特に第二部)においては、初期ティリッヒの文献を多く取り上げることになるが、初期ティリッヒについての本格的な研究は、現在も決して多くはない(基本的には、将来に残された研究テーマである)。この研究状況で、初期ティリッヒを論じた貴重な研究として、次のものが存在する。本書の議論と合わせれば、初期ティリッヒについてかなりの理解が可能と思われる。
近藤剛『哲学と神学の境界――初期ティリッヒ研究』ナカニシヤ出版、2011年。

5　Tillich (1936, 30-31).

のフィヒテ論によって、ティリッヒのフィヒテをめぐる議論の内容を確認し――1906年の論文[7]は次節においてその詳細を論じることにして、本節では簡単に触れるにとどめたい――、さらに、前期ティリッヒ（特に1920年代前半）にとってのフィヒテ哲学の意義を考察することにしたい。

1910年前後に、ティリッヒはシェリングをテーマとした二つの学位論文を執筆しているが、[8]これは、フィヒテについてもまとまった論考を残している時期である。1910年のフィヒテ論とは、1910年に哲学学位の取得をうけて行われた学位授与講義（同年）であるが、以下その内容を概観してみよう。その要点は、①カント・ドイツ観念論の思想展開におけるフィヒテ、②カントの継承・徹底化とシェリングとの差異、という二点にまとめることが可能であり、これは、学位論文でのフィヒテ理解、あるいはその後のフィヒテ論とも一貫した内容となっている。[9]

6　Tillich (1910c): Die Freiheit als philosophisches Prinzip bei Fichte. Breslauer Promotionsvorlesung, in: EW.X (Religion, Kultur, Gesellschaft. Erster Teil) 1999, S. 55-62.
　　このフィヒテ論の成立前後の事情について、パウクのティリッヒ伝は簡単な説明を行っている。
　　　Wilhelm & Marion Pauck, *Paul Tillich. His Life & Thought Volume1: Life*, Harper & Row, 1967, pp. 34-35.

7　Tillich,1906: Fichtes Religionsphilosophie in ihrem Verhältnis zum Johannes-evangelium, in: EW. IX（Frühe Werke）1998, S. 4-19.
　　この1906年のフィヒテ論の成立事情――1905年冬学期のフリッツ・メディクスの演習（フィヒテについて）における演習レポート（Seminar-arbeit）であることなど――については、編集者（Gert Hummel und Doris Lax）の解説を参照（ibid., S.1-3）。

8　二つの学位論文とは、次のものである。
　　　Tillich（1910b）: *Die religionsgeschichtliche Konstruktion in Schellings positiver Philosophie, ihre Voraussetzungen und Prinzipien*, in: EW. IX
　　　Tillich（1912）: *Mystik und Schuldbewußtsein in Schellings philosophischer Entwicklung*, in: MW.1

9　二つの学位論文の内、まずTillich（1910b）についてであるが、この哲学学位論文のテーマは、後期シェリングの宗教論であり、ティリッヒはこの問題連関ではフィヒテについてほとんど言及しておらず、フィヒテはドイツ観念論の一思想家という扱いにとどまっている。それに対して、Tillich（1912）では、前期と後期のシェリング全体が、カント以降の哲学思想史の展開過程のなかにおいて、「神秘主義と罪責意識のアンチノミー」（キリスト教史全体を貫く宗教的思惟の根本テーマ）という観点から論じられているが、このなかでフィヒテについても一定の叙述がなされている。しかし、ここでもフィヒテへの論究は、後期シェリングを扱った第三部にはみられず、カントから前期シェリング（自然哲学、同一哲学）までの展開を扱った第二部に基本的

まず、ティリッヒは、フィヒテ哲学の基本的立場を、カント哲学の徹底化（これは一面化でもあるが）と捉える。すなわち、

> 批判哲学は経験主義と独断論に対する二重のアンチテーゼから理解できる。フィヒテの仕事は、カントにおいて残っていた経験主義的そして独断論的な残存物を完全に克服することであった。それゆえ、われわれはフィヒテの自由概念の成立を次の二つの方向で考察する。1. カントの反経験主義の徹底的貫徹として、2. カントの反独断論の徹底的貫徹として（Tillich, 1910c, 56）。

第一の反経験主義の徹底という面であるが、これは、カントの批判哲学の基本に関わっている。なぜなら、「批判的方法の本質は、それによって原理的に把握される。それは理性の活動性の妥当性をその心理学的発生に遡ることなく確定しなければならない」（ibid.）からである。こうした経験的事実から独立し、原理からのみ出発して哲学的思惟を構築するという要求――「道徳的な法則定立の理性自身の外にある物質的な動機に対するあらゆる依存性は、それの廃棄である」（ibid., 57）――を満たすことは、カントでは十分になされなかった理論理性と実践理性との統合を意味しており、フィヒテは、倫理的な自律（＝「超感覚的で超個人的な最高原理としての実践理性の自己規定」（ibid.））によって、この徹底化を試みたのである。つまり、

> 実践理性からはじめて、フィヒテは理性の活動性の全体に対する統一的な根本定式を獲得した。……自由とは自己措定と同一でなければならない。理性の純粋で行為的な自己規定は原理そのものであって、そこにおいて、理論理性と実践理性とは統合されるのである（ibid.）。

このように、ティリッヒが注目するのは、理性の自己定立としての自由と

に限られており、議論の内容は、カントの継承（道徳主義）と相違（非合理性の排除）、そしてシェリングとの関係（自我の自己措定、知的直観）といった諸点に限定されている。以上より、学位論文のフィヒテについての議論は、本書で Tillich（1910c）に基づいて取り出したフィヒテ理解にほぼ合致していると結論できる。

いう自由概念(「自我の自己定立は、第一の絶対的な事実ではなく事行であり、そこに他のすべてが包括されるのである」(ibid.))である。この自由概念は、カントにおいては問題となった「格律の恣意的な採用の能力としての自由の要請」と対立しており、この恣意的自由概念はフィヒテにおいては消滅する。ここに、フィヒテの立場がカント哲学の徹底化であると同時にその一面化であること、そしてフィヒテがそぎ落としたカントの一側面は、むしろドイツ観念論のもう一人の思想家であるシェリングによって継承されたことが明らかになるのである。[10]

> それ(格律の恣意的な採用の能力としての自由概念。引用者補足)は、シェリングの非合理主義の基盤においてはじめて、再び前面に現れ、シェリングの第一ポテンツにおいて、その体系的で理論的な形成を獲得した。シェリングはこの決定的な点でフィヒテよりカントに近い。……観念論の遂行者たちをその自由概念に対する立場に従って分類するとすれば、フィヒテはヘーゲルと共に一方の側に、カントはシェリングやシラーと共に別の側に立っているのである(ibid., 58)。

この引用から見て、ティリッヒは、フィヒテの自由概念がヘーゲル哲学に

---

10 自由概念におけるカントとシェリングとの関係性——「しかし、なにゆえに世界が存在するのかは、そもそも論証不可能である。すなわち、必然的に演繹されるものでなく、非合理的である。しかし、カントの要請論、とりわけ思惟としての自由の把握においては、非合理的なものを事実性の領域から自由と行為の領域へと高める可能性が与えられている。知解可能な堕罪というカントの教説は、この思想遂行の最初の試みであり、シェリングの宗教哲学と哲学的な経験論は、自由概念における非合理的なものを原理的に中心に置いた最初の体系である」(Tillich, 1910c, 61f.)——については、後期ティリッヒのシェリング論(Tillich, 1955a)でも同じ見解が繰り返されており、この論点(人間存在における非合理的要素への洞察におけるカントとシェリングの親近性と、両者とフィヒテとの相違)はティリッヒにおいて一貫しているといえる。
 Tillich (1955a): Schelling und die Anfänge des existentialistischen Protestes, in: MW.1, S. 395f.
 なお、カントとシェリングとの関係をめぐる最近の研究としては、次のものを参照(特に、264-277 頁では、シェリングによる「ヨハネ福音書」プロローグ解釈が論じられている)。
 諸岡道比古『人間における悪——カントとシェリングをめぐって』東北大学出版会、2001 年。

よって展開されると考えているように思われるが、フィヒテとヘーゲルとの関わりは、次の点からも説明することができる。つまり、「批判主義の原理としてのフィヒテの自由概念は弁証法的方法において実現される」(ibid., 59) が、この「弁証法的方法の肯定は必然的に心理学から歴史学への移行を帰結する」(ibid.)。こうして、フィヒテの自由概念の展開はヘーゲルの歴史哲学における弁証法的方法へと至ることになり、ここに、自由概念に関して、フィヒテとヘーゲルを同じグループに位置づけることが可能になるのである。

以上のティリッヒのフィヒテ論は、フィヒテをカントからドイツ観念論へと辿られる思想展開の内に、ドイツ観念論の一つの典型例として位置づけるものであり、それは同時にフィヒテをシェリングとの差異によって理解するものであるとまとめられるであろう。実際、ティリッヒはこの講義を次のような仕方で締めくくっている。

> 二重の自由概念という二つの焦点のまわりに、観念論哲学はいわば楕円形に分類される。一つの焦点には、フィヒテとその体系原理である理性の自己定立としての自由が位置する。もう一つの側には、シェリングとその宗教哲学、つまり自己に矛盾しうる力としての自由が位置する。一方の側には、弁証法的方法、文化哲学、合理主義が、他方の側には、哲学的経験論、自然哲学、非合理主義が存在し、一方には本質の説明、すなわち消極哲学が、他方には事実の説明すなわち積極哲学が存在する。しかし、これら二つの側面は行為としての自由の原理によって統一されるのであり、これがフィヒテの行ったことなのである (ibid., 62)。

この引用の最後の部分のフィヒテ評価は、フィヒテとシェリングとの対立という議論へのさらなる反省を要求するものであり、この点、ティリッヒのフィヒテ論は必ずしも単純ではない[11]。しかし、フィヒテ対シェリングとい

11　次節でみる 1906 年のフィヒテ論で、ティリッヒはフィヒテの宗教哲学における三つの発展段階（カント主義、カント主義の徹底化＝克服、ヨハネ的時期）を区別して論じており、後期フィヒテ（ティリッヒの言う 1804 年の『知識学』以降のヨハネ的時期）が倫理主義的神理解として単純化できないことをティリッヒも十分に承知している。この点はティリッヒのフィヒテ論を理解しようとする場合に、十分に注意すべき事柄

う図式は、ティリッヒ思想の発展過程において基本的に維持されていると言えよう。

　次に、第一次世界大戦以降の1920年代のティリッヒ（前期ティリッヒ）とフィヒテとの関わりへと議論を進めることにしよう。前期ティリッヒの思想の基本構想は、ティリッヒが大学という場で最初に本格的に行った講義（ベルリン講義）のなかに見ることができる[12]。そこには、後のティリッヒの中心テーマとなる文化の神学や宗教社会主義論の原型が見いだされると共に、ティリッヒの思想的基盤といえる哲学的神学的な思想史講義が含まれている。特に、フィヒテとの関連で注目すべきは、ティリッヒの体系構想、つまり、「学の体系」論である[13]。

　まず、ティリッヒの学の体系論とフィヒテとの関係は、学の体系の基礎に置かれる知の原理（「思惟、存在、精神の三原理」）とそれに基づく諸学問の体系的区分（思惟科学、存在科学、精神科学）という体系論の骨子において

　　であるように思われる。もちろん、本論でも論じたように、思索の発展段階における深まりを認めつつも、フィヒテの宗教哲学が倫理性をその特徴としているということがティリッヒの基本見解であって、その点では次のハルトマンの見解と同様である。
　　「プロティノスやドイツ神秘主義を想起させる後期の諸草稿は、最終的に神に向かう感受性の生き生きとした世界感情に全体として支えられている。フィヒテはこうした一般的な発展段階をシェリングやヘーゲル、そしてたいていの哲学の同時代人らと共有している。彼の宗教理解に特徴的なものは、まさに倫理的なものとの密接な結びつきのなかに認められる。その点で、フィヒテはほかのだれよりもカントに近いのである」（Nicolai Hartmann, *Die Philosophie des deutschen Idealismus. 1. Teil: Fichte, Schelling und die Romantik*, Walter de Gruyter 1923, S.115）。

12　ベルリン講義（ティリッヒがベルリン大学私講師として行った講義）に関しては、最近ドイツ語版ティリッヒ全集の補遺遺稿集として刊行された下記のテキストによって、その全貌を知ることができる。ここに収録された1919年夏学期から1920年にかけての諸講義からは、1920年代のティリッヒ思想の基礎となる、社会理論、神学と宗教哲学、学問体系論などが集中的に講義されていることがわかるが、1921年以降のものとして収録された諸講義は、アメリカ時代の『キリスト教思想史』として有名な思想史講義にも匹敵する、古代ギリシャから近代に至る思想史講義（哲学と神学を含む）となっている。特に、注目すべきは、ここに前期ティリッヒ哲学の基礎をなす「内実―形式」という枠組みが形成されたあとをたどることができる点であろう。
　　Berliner Vorlesungen I (1919-1920), in: EW.XII (De Gruyter, 2001)
　　Berliner Vorlesungen II (1920-1924), in: EW.XIII (De Gruyter, 2003)
13　*Das System der Wissenschaften nach Gegenständen und Methoden*, in: MW.1
　　この学問論（学の体系論）の詳細については、拙論『ティリッヒと弁証神学の挑戦』（創文社、1995年）を参照。

確認できる。[14]

> 多様な定式化において、これらの諸概念（純粋思惟、純粋存在、精神。引用者補足）は哲学史において繰り返し現れるが、おそらくもっとも厳密な仕方で現れたのは、フィヒテの知識学においてである。フィヒテの知識学が理解可能になるのは、空想的な形而上学的思弁としてではなく、生きた知の自己直観として解釈されるときである（Tillich, 1923a, 121）。

　しかし、学の体系論におけるフィヒテとの関わりは、さらに体系の内実（Gehalt）の議論にも認められる。ティリッヒの学の体系論の特徴は、学の体系が完結した全包括的な体系（閉じた体系）として構想されているのではなく、歴史のプロセスにおいて繰り返し構築されるべき開かれた体系として考えられている点にある。この歴史への開放性、つまり体系の歴史性を端的に示すのが、体系の内実である。

> 現実の体系が作り出されるところにおいて、単なる形式以上のものが形式の内に顕わにされる。体系の生きた力が体系の内実であり、体系の創造的立場、体系の根源的直観なのである。すべての体系はそこに体系が根拠づけられそれによって体系が構築される原理から生命を与えられるのである。しかし、あらゆる究極的原理は究極的な現実直観の、根本的な生の態度の表現である。それゆえ、あらゆる瞬間に、学の形式的体系を通して、一つの内実が持ち込まれるのであり、それは形而上学的なも

14　トンプソンは、ティリッヒの 1923 年の学問論について、ヘーゲルのエンチクロペディーとの比較にかなりの頁を割きつつも、フィヒテの体系論との関係について、次のように指摘している。「ティリッヒにとっては、ヘーゲルにとってと同様に、諸学の体系は体系の構成的そして統制的原理の基盤また源泉としての論理学には基礎づけられていない。ティリッヒの立場は、フィヒテの知識学により類似しており、論理学に対しては、無制約的なものに基礎づけられた一般的な〈意味の哲学〉のなかに、従属的な位置が与えられている」（Ian E. Thompson, *Being and Meaning. Paul Tillich's Theory of Meaning, Truth and Logic*, the Edinburgh University Press, 1981, 178）。ティリッヒの学問論が、フィヒテ、シェリング、ヘーゲルらによって共有されたドイツ観念論の学問論的伝統に、その主要な源泉の一つを有していることは明らかであって、そのなかで、ティリッヒにとって、フィヒテの知識学は中心的位置を占めていたと言えよう。

の、すなわち、あらゆる個別的な形式と形式全体との彼方にあるのである（ibid., 118）。

このような観点から見ると、フィヒテの知識学はまさに繰り返し構築し直されつつ展開されており、[15] その点で、ティリッヒが学の体系として構想するものと合致している。しかも、ティリッヒの体系の開放性の基礎に置かれた内実とは、フィヒテの知識学の用語でもあるのである。[16] フィヒテにおける内実概念とティリッヒのそれとの関係については、今後の研究を待つ必要があるが、ティリッヒにおける体系の非完結性、歴史性の議論が、フィヒテの知識学と関わっていることは、ティリッヒにとってのフィヒテの意義を論じる上で、考慮すべき論点であると言えよう。

しかし、こうした初期から前期にかけてのフィヒテとの関わりは、その後のティリッヒの思想的展開過程のなかで、しだいに背後に退いて行く。前期ティリッヒにおける学の体系論（知の枠組みとしての）の後退と共に、[17] フィヒテへの言及がまれになるということは、以上に見た前期ティリッヒとフィヒテとの独特な関連性を裏づけるものともいえるが、問題は、なぜフィヒテとの関わりが論述の前面から見えなくなって行くのかということ、またそれをいかに評価すべきなのかということである。これらの点については、次節

15　フィヒテの知識学が繰り返し改訂されたことは、知識学を規定する諸循環の存在から理解できる。すなわち、知識学の叙述と知識学において目指される「人間精神の体系」との間には循環が存在しており、この「自覚は、フィヒテに於ては、一方では『知識学の叙述』の絶えざる『完全化』（Vervollkommenung）への努力となつて現れて来るとともに、他方では『知識』従つて亦『知識学』も人間にとつて最後の事柄ではないといふ知識学の限界の自覚となつて来る」（辻村公一『ドイツ観念論断想Ⅰ』創文社、1993年、77頁）。

16　内実（Gehalt）概念は、フィヒテの知識学のなかに重要な位置を占めている。前注で引用した辻村公一の指摘によれば（辻村、1993、65-69）、「知識」とは「形式と実質との綜合」（「実質」とは、本書で内実と訳したGehaltである）であり、「真なる知識」「確実なる知識」は、命題として確定することによって、その存立を確保する。知識、命題は、形式と内実（実質）との綜合、つまり共定立であるがゆえに、「自己定立」でなければならないという主張は、フィヒテの知識概念の基礎をなすものと言えよう。ただし、フィヒテにおける「命題の実質」（Gehalt des Satzes）とは、「知識の内に取り容れられた限りでの最も広い意味に於ける『有るもの』である」（ibid., 66）と言われるように、直ちにティリッヒの言う内実と合致するわけではない。

17　この点に関しても、注13で挙げた拙論を参照。

で考察することにしよう。

三　ティリッヒにとってのフィヒテの意義

　本節では、ティリッヒにおけるドイツ観念論とキリスト教神学との関係論という観点から、そのフィヒテ論を位置づけ、ティリッヒにおける哲学と神学との関わりを理解する上での手がかりを探りたい。そのために取り上げられるのは、ヨハネ福音書と対比しつつ論じられた1906年のフィヒテ論である。また、前節で述べたフィヒテへの言及の後退という問題も合わせて論じることにする。

　まず、1906年のフィヒテ論である「ヨハネ福音書との関連におけるフィヒテの宗教哲学」の内容をまとめることにしよう。

　ティリッヒは、フィヒテとヨハネ福音書を比較するにあたって、「主知主義対主意主義」という枠組みの設定から議論を開始する。それは、人間精神を構成する思惟と意志という二つの構成要素に基づいて次のように提示される――思惟に優位を置く主知主義と意志に優位を置く主意主義――。

> 人間の精神的生は二重のものとして、つまり、思惟と意志として叙述される。両者の完全な合致という理想はきわめてまれにしか達成されない。一般に、ある一つの面が多少とも優位を占めるのである（Tillich, 1906, 4）。

　キリスト教に先だつ宗教史思想史は、この主知主義と主意主義の関係性をめぐる思想の展開過程として解釈され、キリスト教はこの過程に決定的なものを付け加えたとされる[18]。なぜなら、「キリスト教において」「完全に新しいものが世界に到来した」からであり、「神はキリストにおいて恩恵と真理

18　ティリッヒは、主知主義と主意主義との対立（二つの方向性）という問題をキリスト教と結びつける前に、その前史として、ギリシャとユダヤに簡単に言及している。「歴史においては、ユダヤ人とギリシャ人が二つの方向性の古典的な代表であった。歴史的発展において、両者の一面性の有する先に導出された欠点と危険が明らかにされたのちに、それらの真理契機はキリスト教において結合された」（Tillich, 1906, 4f.）。

の神として啓示された。二つのものはキリストにおいて完全な調和の内に一つになっている」（ibid., 5）からである——恩恵と意志、真理と思惟という対応——。

　以上の枠組みを設定した上で、ティリッヒは、「宗教一般に対するフィヒテの立場についての短い概観」（ibid.）を行う。フィヒテ宗教哲学に関しては、三つの発展段階が区別されるが、その第一段階は、カント主義の段階である。すなわち、

> フィヒテはカント学派の出身である。カント哲学に対しては、かなりの程度において、神思想の主知主義的で道徳主義的把握と呼ばれるものが当てはまる。それに従えば、宗教とは純粋に主観的に基礎づけられた道徳法則の帰結である（ibid.）。

　このフィヒテ理解は、前節で扱った1910年の講義におけるフィヒテ解釈に合致している。しかし、フィヒテはこの段階を超えてさらに思索を深めていく——「しかし、フィヒテはカントを超えた」（ibid., 6）——。次の第二段階は、知識学を中心とする体系構想によって開始された。「1794年の『全知識学の基礎』によって、フィヒテは根本的な仕方で自らの独立した哲学的観点を叙述した」（ibid., 7）。ここにおいて、「カント的な主観主義と懐疑主義とは克服されて」（ibid.）おり、これは前節でカント主義の徹底化として論じた事柄である。

　そして、「1804年の『知識学』において、この方向へのさらなる発展はフィヒテの宗教哲学における第三の最終時期、すなわちヨハネ的時期へ至る」（ibid., 8）ことになる。「ここでフィヒテは実定的宗教の土台の上に立とうとしている。それは常に主観的側面と客観的側面とを有している」（ibid.）のであって、フィヒテとヨハネ福音書との比較が十分に意味ある仕方で可能になるのは、[19] この第三段階においてなのである。ティリッヒは、「フィヒテと

---

[19] フィヒテを含めたドイツ観念論とヨハネ・プロローグという問題については、これまで多くの議論がなされてきた。特に、フィヒテの場合を論じたものとして、次の文献を参照。
　　中埜肇『ヘーゲル哲学の基本構造』以文社、1979年、99-100頁。
　　岡田勝明『フィヒテ討究』創文社、1990年、151-159頁。

ヨハネとが一致あるいは相違しているかどうか、そしてどの程度そうなのか、がはっきり述べられねばならない」(ibid., 9) という課題に対して、つまり、「フィヒテの宗教哲学の主要な思想を解明し、ヨハネ福音書と比較すること」に関して、次の三つの観点を挙げ、順次考察を行っていく。

> 三つの観点。第一部では、神と世界、そして両者の相互関係といった形而上学的基礎を扱う、第二部では、キリストとキリスト教の歴史的意義が、第三部では、倫理的―宗教的帰結が扱われる (ibid.)。

以下、第一の観点に属する神論について、ティリッヒが行う比較論を見ることにしよう。

ここで、フィヒテとヨハネ福音書の比較のために用いられるのは、このフィヒテ論の冒頭で導入された「主知主義と主意主義」という枠組みである。つまり、

> 死んだ存在と恣意的な支配者との中間に、人格的で生きたキリスト教徒の神が存在するのであるが、それはすでに見たとおりである。われわれにとって、人格的な神とは、われわれの人格性との類比によってのみ思惟可能なのであって、それゆえ、われわれの精神的生の二つの側面である思惟と意志が神に認められねばならない (ibid.)。

> ヨハネにおいては、フィヒテの場合と同様に、神は生の総体である。生は、知的側面に従えば光、概念として表現され、ヨハネもフィヒテもこれらの表現を等しく用いている。また意志の側面に従えば、生は愛と表現されるが、この名称をフィヒテはこの意味においては神について使用しない。それに対して、ヨハネの神概念にとって愛は本質的なものである (ibid., 10)。

　なお、中埜肇も言及しているシュルツェの論文は (中埜、1979、98)、バルトやブルンナーらの神学におけるドイツ観念論や神秘主義に対する批判という問題連関のなかで、このドイツ観念論とヨハネ福音書プロローグとの関わりを論じたものであり、興味深い。
　Wilhelm A. Schulze, Das Johannesevangelium im Deutschen Idealismus, in: *Zeitschrift für philosophische Forschung*, Band XVIII, 1964, S. 85-118.

キリスト教的神論は神を人格的存在者として論じるものであるが、人格的神は人間精神との類比において理解されるという点から見ると、神論は主知主義に対応するタイプと主意主義に対応するタイプの二つのものに大別されることになる。まず、フィヒテとヨハネとの共通性は、両者が主知主義的要素を指示する「光」の象徴を神的生に対して適用しているという点に認めることが可能であり──「神がその絶対的内容を意識することによって、絶対知が実現するのであるが、フィヒテはそれを光を呼んでいる」(ibid., 11)──、それに対して両者の相違は、フィヒテには登場しない「愛」（主意主義的要素を指示する）を、ヨハネが使用している点にある。すなわち、「ヨハネは哲学者ではない」のであって、「ヨハネに従えば、光と愛は神的生の構成要素なのである」(ibid.)。そして、この「ヨハネの愛思想は、ここでより立ち入って説明される必要がある。愛思想には、悪を裁く神の怒りの直観が必然的に対応しているのであるが、この思想に対してフィヒテはとりわけ非共感的である」(ibid., 11f.)。

　このフィヒテとヨハネとの関係が、次のように、いわば哲学と宗教との関係へと一般化されることによって、以上のフィヒテ論は締めくくられる。

> 　この相違は、神思想に根拠を持ちそこから始まって、彼らの思想と感情の全体に、神、世界、人間、キリスト教、人倫性についての直観まで貫いている。それは、一方における主知主義的世界観と他方における宗教との対立であり、前者では、一切が思惟によって規定され、後者は人間の全体をそのすべての側面に従って神の下に置き、それによって、すべてのものを正当なものとするだけでなく、すべてのものを完全な調和と完成へと導くのである (ibid., 18)。

　特に注目したいのは、以上のフィヒテ論におけるフィヒテとヨハネの関係論が、後のティリッヒにおける哲学と神学の、観念論とキリスト教の関係論の原型をなしている点である。1927年にティリッヒは、「キリスト教と観念論」という書評論文において、[20]「キリスト教と観念論」との関係性について

20　Tillich (1927a): Christentum und Idealismus. Zum Verständnis der Diskussionslage (F.Brunstäd, E.Brunner, W. Lütgert, E.Hirsch), in: GW.XII.

まとまった見解を示しているが、そこにおいてティリッヒは、1906年のフィヒテとヨハネ福音書との関係論——自律と神律という対概念がすでに登場している[21]——を、まさにこの自律と神律の関係として具体的に展開し、両者の弁証法的関係（単なる対立でも同一性でもない関係）を論じるなかで、両者の相違を明確化し、自らが神律の立場に立っていることを示そうとしている[22]。神律的な神理解は、神の「無制約的—人格的な自己把握」「啓示」を中心としているが、この「啓示は、精神の自由への展開以上のものである。それはこの展開の突破、揺り動かし、転換である」（Tillich, 1927a, 224）。この精神の自由への展開とは、まさにドイツ観念論的な自律的思惟の特徴であり、この「観念論を信仰哲学の地位に高める試みは神的超越の無制約性を破綻させることなのである」（ibid.）。したがって、

---

21 「フィヒテに従えば、宗教は純粋に主観的に根拠づけられた道徳法則の帰結である。自分の義務遂行を自律の観点のもとに置こうとするのか、あるいは神律の観点のもとに置こうとするかは、個々人の恣意に任されるにとどまっている」（Tillich, 1906, 5）。この引用中の神律（Theonomie）概念は、1906年のフィヒテ論では唯一の用例であり、その意味内容は必ずしも明示的に示されているわけではない。しかし、神律とは道徳や文化における自律性との対概念として理解されていることは明らかであり、ともかくも、後にティリッヒ思想のキーワードの一つとなる神律概念が、ティリッヒの思索の最初期においてすでに登場している点は、注目に値するであろう。同じく、初期ティリッヒにおける神律概念としては、1908年の草稿「一元論的世界観と二元論的世界観との対立は、キリスト教的宗教にとっていかなる意義を有するか」（Welche Bedeutung hat der Gegensatz von monistischer und dualistischer Weltanschauung für die christliche Religion?, in: EW.IX, 24-93/94-153）において、「神律は他律と自律の総合である」（ibid., 70/130）として端的に論じられている —— S.130の脚注によれば、メディクスは、これに対して「否、神律はむしろ自律の完成である」と欄外注をつけているとのことであるが、これはティリッヒの神律概念の形成過程を理解する上で重要な鍵となるであろう——。

22 以下のTillich（1927a）からの引用よりわかるように、神律とは、啓示・揺り動かし・突破、人格、逆説などの諸概念との連関において導入された概念であり、これは、前注のTillich（1908）ですでに確認することができる——宗教的段階へと高められた存在論的また目的論的な一元論（ティリッヒのめざす立場）は、啓示、人格、逆説、恩恵という諸概念によって示されている（たとえば、ibid., 144-151）——。次に挙げる一連の前期ティリッヒの啓示論はこうした観点から解釈されるべきであろう。

Religionsphilosophie（1925a), in: MW. 4, S.160-162.
Dogmatik. Marburger Vorlesung von 1925（hrsg.v. Werner Schüßler), Patmos, 1986, S. 37-95.
Die Idee der Offenbarung（1927b), in: MW. 6, S. 99-106
Offenbarung: Religionsphilosophisch（1930c), in: MW. 4, S. 237-242.

観念論の決定的な限界は次のとおりである。すなわち、観念論が観念的な本質性の領域において活動していること、観念論が歴史についてのその悲観的な深い見方にもかかわらず歴史を高めてしまうこと（そして、それによって歴史を一つの過程へと変化させ、歴史としては廃棄する）、観念論が実存のデーモン的な両義性を真剣に受け取らないこと、そして観念論が歴史の永遠の超越的完成に目を向けず、デーモン的なものとの時間的で徹底的な闘いを意志しないことである（ibid., 234）。

　以上のような、観念論とキリスト教との、あるいは自律と神律との決定的相違（単純な対立ではないが）についての認識は、初期のフィヒテ論における哲学と宗教との関係理解にその発端を見ることができるのであって、その際にフィヒテは哲学的思惟の典型としての意味を有していたと言えよう。
　しかし、前節で述べたように、初期と前期におけるこうしたフィヒテとの関連性は、その後のティリッヒにおいては次第に後退して行き、特に、ドイツ観念論への批判の深まりに伴って、フィヒテへの言及もほとんどみられなくなる。この事態はいかに解釈すべきであろうか。ティリッヒにとって、フィヒテは過去のすでに乗り越えられた思想家になってしまったのであろうか。もちろん、こうした側面が存在することは否定できないであろう。しかし、これがティリッヒのフィヒテ理解のすべてであろうか。以下、この点について若干の考察を行ってみたい。
　この問題を考える一つの手がかりは、晩年期のティリッヒのキリスト教思想史講義において、ティリッヒが本質主義（ヘーゲル的な）と実存主義のいずれを取るのかという問いに対して、「半々である」（fifty-fifty）と答えている点に見ることができるように思われる。[23] この問いは、直接には、ヘーゲルを典型とする本質主義とキルケゴールらヘーゲル批判者の実存主義とのいずれを選ぶのかという点に向けられていたが、これまでの議論において確認したように、自由概念に関してフィヒテとヘーゲルが同じ立場にあると言われていたこと、そして本質主義哲学である観念論の典型的な思想家として

23　Tillich（1967）: *Perspectives on 19th and 20th Century protestant Theology*, in: *A History of Christian Thought*（ed. by Carl E. Braaten）, Simon and Schuster, 1972（1967）, p.541.

フィヒテが位置づけられていたことを考えれば、フィヒテに対しても「半々である」との議論は十分に成り立つといえるのではないであろうか。実存主義への強調点の移行に伴って、元々自由概念に関しては同じ立場に分類されていたヘーゲルとフィヒテのうち、実存主義との対比という点で——特に、後期シェリングのヘーゲル批判という点で——ヘーゲルへの言及がもっぱら目立つようになり、さらにヘーゲルは、総合の思想家として、また生の現実の動態論という観点で、[24] ティリッヒにとって最後まで最重要の思想家であり続けた。それに対して、フィヒテは、観念論という点に純化していたという点で、独立して言及されることが少なくなり、むしろ次第にティリッヒ自身の思惟の不可欠の構成要素として内面化されていったといえるのではないだろうか。ティリッヒ自身が自覚しているかは別にしても、フィヒテ的思惟は主題化される必要がないまでに、ティリッヒの内部に深く根を下ろしていると言うべきかもしれない。それは、前節で見た体系的思惟の歴史性に関わる内実概念において、そして初期にフィヒテを論じる論点であった自由概念において確認できるように思われる。

　前節で見たように、1910年の講演の最後で、ティリッヒは、理性の純粋な自己定立というフィヒテ的な自由概念とシェリング的な恣意的な力としての自由概念とを対比しつつ、両者の対立が行為としての自由概念によって、まさにフィヒテ自身によって乗り越えられている点を示唆していた。後期ティリッヒにおいては、1951年の『組織神学』第一巻の自由概念にみられるように、自由は、人間存在の基礎構造（自己—世界構造）を構成する両極性の一つとして、「自由—運命」の両極性のなかで論じられるようになる（Tillich, 1951, 182-186）。この両極性は人間存在の本質構造という点では本質主義的思惟に属しているが、また同時にこの人間存在の構造が現実的な人間（つまり実存）に関して記述されたものであるという点では、実存主義的であって、まさに「半々である」と言うべき複合的な思考構造を示しており、単純に初期や前期の思惟と比較することはできない。しかし、理性の自己定立としての自由と恣意的力としての自由とをいわば緊張の内に両極的に包括している「行為としての自由」（現実の自由）は、自由と運命との両極性か

---

[24] これは、『組織神学』第三巻（1963年）の「生の現象学」における「生の動態」の議論のなかで明瞭に確認できる。この点については、本書の第7章と第10章を参照。

ら成る人間存在と本質的なつながりを有しているように思われる。というのも、運命と両極性を成す自由とは、思惟と意志、あるいは合理性と非合理性とを包括した現実の自由にほかならないからである。1910年の講演での行為としての自由の議論は、直接的には展開されることなく、忘れ去られたかに見えるが、ティリッヒにおいてはティリッヒ自身の思惟として受け継がれ、後の思想展開を準備していたというのは、十分に可能な解釈なのではないだろうか。この推論に一定の根拠があるとするならば、フィヒテはその名前への言及が少なくなるにもかかわらず、ティリッヒ自身にとってその重要性を保持し続けたといえるであろう。

四　まとめ

　これまで、初期と前期の思想を中心に、ティリッヒにとってフィヒテ哲学がいかなる意味を持っていたかについて考察を行ってきた。そこから浮かび上がってきたことは、フィヒテ哲学の問題は、単にフィヒテ個人の思想の評価にとどまらず、ドイツ観念論とキリスト教の、あるいは哲学と神学の関係理解の核心に位置していたという点である。実際、ティリッヒにおいては、ドイツ観念論をめぐる議論は、神学と哲学との関わり（関係と相違）という問題の中心に位置している。

> 　キリスト教と観念論の関係をめぐる神学の論争は、前世紀（19世紀。引用者補足）にきわめて先鋭化した仕方で勃発したが、その意義は次の点に認められる。この論争において、観念論という概念は、その認識論的─哲学的な基本的意味を遙かに超えて、ドイツの古典的─ロマン主義的時代の精神状況一般の名称となっているのである（Tillich, 1927a, 219）。
> 　つまり、キリスト教と観念論との問題は、「キリスト教と哲学の、啓示と自律一般の関係の問い」（ibid.）なのである。

　第三節では、この関係について、キリスト教と観念論との相違という点から、ティリッヒの見解を紹介した。しかし、これはティリッヒの見解の反面

であり、ティリッヒはキリスト教に対する観念論の意義を十分に認識している——前節で触れた「半々である」という表現はまさにこの事態をよく表している——。しかし、これはティリッヒだけの見解ではない。たとえば、波多野精一はこの点に関して次のように論じている。[25] 波多野によれば、「自然的存在を否定化し象徴化し従つて意味化するのが宗教の本質的特徴である」（波多野、2012［1935］、246）が、まさに、「すべてのイデアリスムの哲学は何等かの形に於て自然的存在への訣別、それよりの解放を要求した。ここに先ず吾々は哲学に於ける宗教的契機を認め得るであろう」（ibid., 248）。すなわち、

> 宗教の世界はイデア性（Idealität）観念性のそれでなければならぬ。ここに吾々は宗教と哲学——イデアリスムスの哲学との本質的一致を発見する。吾々はすでに、自然的実在よりの自由が文化と宗教との共通点であること、そこよりして両者の混同や文化主義の立場よりの宗教の理解（場合によっては曲解）などの来ることを見た（ibid., 247）。

この宗教的世界と観念論哲学との共通性である、自然的存在への決別としての観念性・イデア性とは、先に見たカント哲学の徹底化としてのフィヒテ哲学の特徴にほかならない。

そこには、文化と宗教との「混同」や文化主義の立場よりの宗教の「曲解」といった問題点があるものの、同時に宗教的思惟にとって不可欠な洞察が存在していることは否定できない。ヨハネ福音書との比較論が示すように、ティリッヒにとって、フィヒテとはまさにこうしたキリスト教にとって相違性と類似性との両面での関係が問われる観念論の典型としての意味を有していたのである。「現代に生命を保つ神学潮流のいずれも、観念論を避けて通ることができないということが、観念論の偉大さを示す一つの徴しである」「われわれは観念論のもとで壮健にならねばならない」という点は、フィヒ

---

25 波多野精一『宗教哲学』（1935年）は『波多野精一全集 第四巻』（岩波書店）に収録されているが、本書では次の岩波文庫版から引用する。波多野精一『宗教哲学序論・宗教哲学』（岩波文庫、2012年）。また、波多野宗教哲学とティリッヒとの関連については、次の拙論も参照。芦名定道「アガペーとエロース——ニーグレン・波多野・ティリッヒ」（京都大学基督教学会『基督教学研究』第33号、2013年12月、23-41頁）。

テまたは観念論について、ティリッヒが終生変わらずもっていた見解といえるであろう。[26]

26　Tillich（1927a, 238）
　　なお、キリスト教思想にとってのドイツ観念論の意義に関連して、ティリッヒに続く世代の神学者のなかで、パネンベルクは次のように述べている。
　　「19世紀のドイツ・プロテスタント神学はドイツの民族的事件であるだけでなく、模範的かつある意味では古典的な意義を獲得した。それは、17世紀オランダのデカルト主義に、18世紀のイギリスの理神論やそれとの神学的討論あるいはフランス啓蒙主義に匹敵する仕方においてである。確かに、古典的な意義という点について、19世紀のドイツ神学の場合は、理神論やフランス啓蒙主義におけるような仕方で近代的思惟全般に対して妥当するわけではないとしても、しかし、それにもかかわらず、世界いたるところのキリスト教神学に対しては妥当するのである」（Wolfhart Pannenberg, *Problemgeschichte der neueren evangelischen Theologie in Deutschland*, Vandenhoeck & Ruprecht, 1997, S.16）
　　この19世紀のドイツ・プロテスタント神学の模範的で古典的な意義に関して、本書で論じたドイツ観念論は決定的な役割を担っているのである。

第 6 章

ティリッヒとシェリング
ティリッヒの根本的問いと思想の発展史[1]

一 問題

　本書の目的は、ティリッヒの宗教思想——神学あるいは宗教哲学と限定せずに両者を包括するものとしての宗教思想——を、その中心的かつ根本的な問いから理解することである。そのために本章で選ばれたのが、ティリッヒとドイツ観念論、特にシェリングとの関係というテーマである。なぜなら、ティリッヒの宗教思想はルター派の神学とカント以降のドイツ古典哲学という二つの思想的伝統をその基盤としており、そのなかでもシェリングは中心的な位置を占めているからである。

　　わたしの研究生活の開始と彼の死んだ年との間には50年の隔たりがあるにもかかわらず、彼はわたしの師であった。わたし自身の思想の発展において、シェリングに依存していることをわたしは決して忘れることができない（Tillich, 1955a, 392）。

　この言葉は、ティリッヒが半世紀ほどもさかのぼる自分の思想的営みの発

1　本章のもとになった初出論文は1999年3月23日に聖学院大学で行った講演「ティリッヒの宗教思想の発展と根本問題」を圧縮し、自然哲学に関連した部分を中心に書き改めたものである。

端を振り返って述べたものであるが、これはシェリングに対する大げさな外交辞令ではない。ティリッヒの宗教思想の発展過程とその発展を突き動かしている根本的問いをシェリングとの関わりで論じることは、ティリッヒ研究の中心テーマに属している。当然のことながら、シェリングとの関連をあつかった研究は少なからぬ数にのぼる。ここではこうした諸研究を参照しつつ考察が進められるが、[2]本論に入るに先立って、以下の考察の前提となる方法論を説明し、議論の道筋をあらかじめ示しておくことにしたい。

---

2 シェリングとの関わりをめぐるティリッヒ研究は、ティリッヒ研究においてかなりの蓄積がみられるテーマであり、次のモクロシュ研究文献は、古典的ともいえる。

Reinhold Mokrosch, *Theologische Freiheitsphilosophie. Metaphysik, Freiheit und Ethik in der philosophischen Entwicklung Schellings und in den Anfängen Tillichs*, Vittorio Klostermann, 1976.

モクロシュ以来の研究状況については、次の文献を参照。

Hannelore Jahr, *Theologie als Gestaltmetaphysik*, De Gruyter, 1989, S.20-26.

ヤール自身のシェリングとの関わりについての議論としては、この1989年の著書のほかに、次の論文が存在する。

Hannelore Jahr, "Der Begriff der "Gehalt" als Schlüssel zur Metaphysik im Frühwerk Paul Tillichs", in: Gert Hummel (ed), *God and Being. The Problem of Ontology in the Philosophical Theology of Paul Tillich*, De Gruyter, 1989.

次の著書でダンツはフィヒテも含めてティリッヒのシェリング論を論じている。

Christian Danz, *Religion als Freiheitsbewusstsein. Eine Studie zur Theologie als Theorie der Konstitutionsbedingungen individueller Subjektivität bei Paul Tillich*, De Gruyter, 2000.

また、初期ティリッヒにおけるティリッヒの思想形成を詳細にたどる最近の研究として、Samuel Andrew Shearn, *Pastor Tillich. The Justification of the Doubter*, Oxford University Press, 2022. が挙げられるが、第5章 (5. Schelling and History (1909-11), S. 75-103) でシェリング論(第4節でフィヒテへ言及される)が論じられている。

ティリッヒとシェリングの関係はティリッヒ研究において繰り返し論じられてきたテーマであり、日本におけるティリッヒ研究でも、これまで少なからぬ研究がなされてきた。たとえば、次の研究である。

簡単な言及にとどまっているが、藤倉恒雄『ティリッヒの神と諸宗教』(新教出版社、1992年)、第五章「具体的な神的霊性の宗教」(230-238頁) の議論は重要である。また、近藤剛『哲学と神学の境界——初期ティリッヒ研究』(ナカニシヤ出版、2011年)では第二章「初期ティリッヒのシェリング解釈——神秘主義と罪責意識」(43-61頁)でティリッヒの神学学位論文(1912年)が取り上げられており、菊地順『ティリッヒと逆説的合一の系譜』(聖学院大学出版会、2018年)では「逆説的合一」という視点から、第5章「初期ティリッヒにおける二つの原理と総合への道」(163-198頁)においてティリッヒの初期思想が論じられている。

まずティリッヒ研究の方法論について次の三つのポイントを指摘したい[3]。
①批判的読解（発展史と根本的問い）

本章で留意する方法論の第一のポイントは、ティリッヒの思想の変遷（発展史）と統一（体系性）の両面を整合的に理解し、そこからティリッヒの宗教思想の核心へ迫るという方法論的態度である。それはティリッヒのテキストの批判的読解と言い換えることができる。つまり、無反省に外部視点を設定し、それによってティリッヒにレッテル――神学の存在論化など――をはったり、一定の立場を読み込んだりしない、しかもティリッヒの単なるパラフレーズにとどまらない、という条件を自覚するという方法論的態度である。これは、研究者自身を規定する解釈学的循環をできるだけ意識化しつつテキストの分析を進めることを意味しており、そのためには、ティリッヒのテキスト自体からティリッヒ解釈のための諸概念や枠組みを取り出し、それがティリッヒにおいて明証的にあるいは整合的に使用されているかを批判的に吟味し（ティリッヒの示す定義と実際の用法との比較）、その後で主題となっている事柄に対するティリッヒ思想の妥当性を具体的に検証するという手順が踏まれねばならない。これは、相関、神律、存在論などのティリッヒ思想の基本概念を分析する際の手続きにほかならない。また、ティリッヒ自身の自己理解を尊重しつつもそれに引きずられないように注意する必要がある。ティリッヒが自らを常に適切に理解しているとは限らないからである。たとえば、第一次世界大戦の体験がティリッヒの思想に対していかなる意味で、あるいはいかなるレベルで影響を与えたかについては、ティリッヒ自身の言葉を慎重に検討する必要がある。こうした方法論的態度を保持するためには、様々な立場からなされている先行諸研究を相互に比較検討し、自らの研究の位置づけを常に再確認しなければならない。

---

3 ティリッヒ研究の現状と方法論とに関しては次の拙論を参照。なお、以下の方法論は、本書著者によるティリッヒ研究の方法論とご理解いただきたい。
　芦名定道『ティリッヒと現代宗教論』北樹出版、1994年、18-48頁。

②思想の発展史的研究という方法論について[4]

ティリッヒの思想の発展史を再構成しそのなかにこれから解釈すべきテーマを位置づけることが、発展史的研究の目標となる。それは次のように進められる。

・思想の諸発展について、次の三つのレベルを区別しつつ、それらの相互連関に留意する。ティリッヒ自身の現実理解（歴史的状況の理解など）のレベル／ティリッヒの思想の方法論・枠組みのレベル／個別的問題や概念のレベル
・思想の発展史について、過去、現在、未来という時間発展の三つの契機を区別し、そのなかにティリッヒの思想発展を位置づける。つまり、歴史一般（近代史・ドイツ史）と思想史（近代から現代、哲学思想＋神学）、ティリッヒの思想の形成史とその展開過程（ティリッヒの現在）、そしてティリッヒの影響史（ティリッヒの未来）、という時間発展の諸連関のなかでティリッヒの思想を理解する。

③根本的問いについて

ティリッヒの根本的な問いから、ティリッヒは誰だったのか——ティリッヒの思想をその共時的レベルで体系的に理解することを可能にしている焦点となる事柄——を解釈する。これは、ティリッヒの思想的営みの全体を一つの連関へと統合し支えていたものは何かという問題であり、たとえば、ティリッヒをキリスト教の弁証家と理解することや、意味の問い（さらには意味への信仰・信頼）からティリッヒの諸思想を体系的に論じることなどが、この問題圏に属している。

---

[4] 本書では次のようなティリッヒの思想発展の時代区分を念頭において考察が進められる。
   初期ティリッヒ： -1918 （思想形成期）
   前期ティリッヒ： 1919-1933
     前半： 1919-1924 （体系構築1）
     後半： 1925-1933 （移行期1）
   中期ティリッヒ： 1934-1945 （移行期2）
   後期ティリッヒ： 1946-1959 （体系構築2）
   晩年期ティリッヒ： 1960- （移行期3）

以上の方法論的態度に従って、本章の考察は進められるが、その順序は次のようになる。まず、ティリッヒのシェリング論の基本的主張を解明し、それとの関わりでティリッヒの根本的問いを、初期ティリッヒの諸文献に即して明らかにする（二）。続いて、こうして明らかになった根本的問いに基づいて、初期のシェリング論から後期の組織神学に至る思想発展の線を具体的に取り出す(三)。そして最後に、今後のティリッヒ研究の展望を論じる(四)。

二　ティリッヒの根本的問いとシェリング

(1) ティリッヒのシェリング論

まずティリッヒのシェリング論の要点を確認してみたい。

①実存主義との関連──ヘーゲル批判の文脈
　ティリッヒはシェリングをカント以降のドイツ観念論の文脈に位置づけると共に、特に後期シェリングの思想をヘーゲル的な本質主義に対する批判としての実存主義の起点と捉えている[5]。ティリッヒの言う実存主義は、それがそのもっとも典型的な思想家であるキルケゴール（狭義の実存主義）を含むのは当然であるが、キルケゴールに限定されない。すなわち、後期シェリング、フォイエルバッハ、マルクス、ニーチェから、さらにはディルタイ、ベルグソンなどの生の哲学やウィリアム・ジェームズのプラグマティズムまでを包括する「広義の実存の哲学」(in a larger sense) として論じられる。このような実存主義の思想史的理解は必ずしも一般化しているわけではないが、ここで確認しておきたいのは、人間の現実や実在を本質存在から区別された「実存」（現実存在）──この実存の内容をどう理解するのか、つまり実存の基本的メルクマールを何にするかについては様々な立場が存在する

5　シェリングと実存主義との関係をいかに理解するかについては、研究者の間でも意見が一致しているわけではない。ビーチは後期シェリングについての次の論考のなかで、ハーバーマスとシュルツェのシェリング論を比較しつつ、シェリング研究における実存主義との関係をめぐる論争に触れている。
　　Edward Allen Beach, *The Potencies of God (s). Schelling's Philosophy of Mythology*, State University of New York Press, 1994, pp.163-176.

――として規定し、人間存在の生きた現実を合理的に把握可能な諸本質とそれらからなる論理学の体系とから演繹することはできないとする思想的立場を実存主義と解している点であり、またこうした論理体系において合理的に演繹される諸本質から人間を理解する立場（ヘーゲルに典型的にみられる汎論理主義）を哲学思想に広くみられる主要な思想的動向と捉え、こうした本質主義への反抗の起点として後期シェリングを位置づけている点である。

　今日、実存哲学と呼ばれている特別な哲学の在り方は、ワイマール共和国下のドイツ思想の主流の一つとして現れた。その指導者にはハイデッガーやヤスパースといった人が数えられる。しかし、その歴史は少なくとも１世紀、1840年代まで遡る。その主要な論争はシェリング、キルケゴールそしてマルクスといった思想家による、ヘーゲル学派の支配的な〈合理主義〉あるいは〈汎論理主義〉への鋭い批判において定式化されたのであり、次の世代では、ニーチェとディルタイがその提唱者に加わるのである（Tillich, 1944a, 354）。

こうした思想史的理解について次の二点を指摘しておきたい。
　まず第一点であるが、ティリッヒによれば、シェリング哲学の実存主義的性格は、絶対者において自己矛盾あるいは非合理的契機を認める点に端的に現れている。「〈絶対我〉（das absolute Ich）の原理をシェリングはフィヒテから受け継ぎ、この原理からシェリングの思索は開始されたのであるが、はじめからそれは、シェリングにとって、フィヒテにとってとは別のことを意味していた」「フィヒテが自我は自我であるという自我の自己措定の原理から絶対者の道徳的自己実現（Selbstverwirklichung）の一元論を導き出したのに対して、シェリングは彼の初期の著作において絶対者の哲学すべてが内的矛盾を持っていることを見ていた」（Tillich, 1955a, 395）。フィヒテにとって自由は絶対者の自己実現として、本質論的に捉えられており、絶対者には自己矛盾は存在しない。しかし、シェリングは自由のなかに恣意性、つまり自らの本質への離反の要素、本質的なもの（Essentielles）から実存的なもの（Existentielles）への移行の可能性を認めている。絶対者が自由な存在であるならば、それは内的矛盾を抱え込まざるを得ない。後に見る哲学学位論

文でティリッヒが詳細に分析しているように、この絶対者における諸原理の内的緊張の問題は、中期以降の思索において再度思索の中心に浮上してくることになる。

　ティリッヒの捉える「広義の実存哲学」の第二の特徴は、それに属するとされた諸思想家において確認される近代的な自己意識の明証性への懐疑あるいは批判に見ることができる。人間の意識が、無意識、階級性、力への意志など直接的には意識化されない要因によって根本的に規定されており、自己は自己自身にとって不透明であるという議論は、19世紀後半から20世紀にかけての現代思想の有力な潮流を形成している。ティリッヒの議論はこの思想史的文脈において理解されねばならない[6]。

②消極哲学と積極哲学の相補性

　ティリッヒにおいては、前項①で見た本質主義（ヘーゲル）と実存哲学（後期シェリング→キルケゴール）の関係が、シェリングの言う消極哲学と積極哲学の関係に重ね合わされている。しかし、ヘーゲルとシェリングの関係は、ティリッヒによれば決して単純ではない[7]。

> ヘーゲルの死後長い間、彼はヘーゲルの最大の批判者であった。……しかし、シェリングはヘーゲルと自らが行ったこと（同一哲学）を廃棄しなかった。彼は本質の哲学を保持した。これに対して、彼は実存の哲学を対置した。実存主義はそれ自身の足で立つことのできる哲学ではない。それは常に、現実の本質構造のヴィジョンに基づいている。……この意味でそれは本質主義に基づくのであり、それなしには生きられないので

---

[6] ティリッヒのシェリング論においては、シェリングを実存主義と関連づけるだけでなく、主意主義の系譜に位置づける議論もみられる（Tillich, 1967, 487f.）。これは、『カイロスとロゴス』（Kairos und Logos, in:MW.1, 269-272）において、西欧精神史の主流（Hauptlinie）——方法論的流れ、神秘的な形而上学の流れ、数学的プラトン主義的流れ、イギリス経験論的流れ——に対する傍流（Nebenlinie）と呼ばれた思想系譜である（中世末期やルネサンスの神秘主義・自然哲学→スコトゥス、ルター→ヤコブ・ベーメ→ロマン主義→シェリング→生の哲学）。これは、ティリッヒが理解するシェリングの思想史的位置づけであるのみならず、ティリッヒを現代思想の文脈で論じる際にも、重要な論点であるように思われる。

[7] この点については、本書の第7章を参照。

ある。……シェリングの後期においては、実存主義に主要な強調点が置かれていた。しかしながら、本質主義は展開されなかったものの、その前提とされていたのである（Tillich, 1967, 438）。

　確かに、後期のシェリング自身が自らの前期の同一哲学を消極哲学に分類しており、こうした前期と後期の間に存在する変化を解明することがシェリング研究の重要なテーマである点は疑いもない。しかし同時に、消極哲学と積極哲学との間には緊密な連関が存在することも否定できない。ティリッヒはシェリングにおける後期思想の意義を高く評価するが、しかし、その場合に、ティリッヒは消極哲学、特に初期からのポテンツ論の展開が後期の積極哲学の神話・啓示論の前提であることを忘れない。後に見るように、学位論文において後期シェリングにおける神話と啓示を含む宗教史が分析される際に、議論はポテンツ論の発展史から開始されている（学位論文・第一部）。これは言い換えれば、シェリング哲学を動機づけていた事柄が最初からフィヒテやヘーゲルと異なっていたこと、積極哲学への展開の可能性が思惟の発端から存在していたことを意味する。すなわち、シェリング哲学を後期の実存論的転換（積極哲学）へと導いた諸動機は思想の発展過程で突如現れたものではなく、思想の発展過程に一貫して内在していた、という理解である（Tillich, 1955a, 393）。後期シェリングにおいて、消極哲学と積極哲学とは相補的に位置づけられるべきものなのである。

（2）ティリッヒの根本的問い

　多くの研究者あるいは読者がティリッヒの思想から受ける第一印象は、そこで扱われるテーマの驚くべき広がりと多様性であろう。ティリッヒはこの多様なテーマにおいて何を追究していたのか、ティリッヒにとって根本的問いとは何だったのか。これはティリッヒ研究の根本問題にほかならない。ティリッヒは実存主義者であったのか、あるいは本質主義者であったのか、という問題も、このティリッヒが追究した根本的問いから論じられねばならない。

　この点に関して、本章では次の仮説に基づいて考察を行ってみたい。それは、ティリッヒにおいてはその長い思想発展と思索の広範な広がりにもかか

わらず、根本的問いがその思想発展の最初期の段階ですでに明確に示されており、この問いが思想の発展史の全期間と多様な思想内容を根底で支えそれらに統一性を与えている、という仮説である。具体的に言えば、聖職叙任の第一次神学試験のために用意されたと言われる「一元論的世界観と二元論的世界観との対立はキリスト教的宗教にとっていかなる意義を有しているのか」という論文（1908）における「一元論と二元論」という問題設定、あるいはまたハレ大学に提出された神学学位論文「シェリングの哲学的発展における神秘主義と罪責意識」（1912）における「神秘主義と罪責意識」という問題設定によって示された根本的問いである[8]。特にこの「神秘主義と罪責意識」というテーマが初期ティリッヒの中心的な関心事であったことは、ベルリンのモアビット（労働地区）での副説教師時代（1912-14年）に友人リヒャルト・ヴェーゲナーらと行った「理性の夕べ」（Vernunft-Abend）における討論テーマとしてこの問いが登場することからも容易に想像することができる[9]。

　　神秘主義と罪責意識、絶対者との統一の感情と神との対立の意識、絶対的精神と個別的精神の同一性の原理、聖なる主と罪深い被造物の間の矛盾の経験、これら二つのものの間のアンチノミー、これが教会の全時代にわたってこれまでの宗教的思惟がその解決のための努力を続けてきた、そしてまた今後繰り返し努力しなければならないアンチノミーなの

8　1908年のテキストの成立事情に関しては、ドイツ語全集版補遺遺稿集第9巻の編集者による解説（EW. IX, S. 20-23）を参照。なお、このテキストからの引用は、この補遺遺稿集に収められた初稿版（S. 24-93）と清書版（S. 94-153）の双方の頁を併記することによって行うこととする。また、このテキストについてのまとまった研究書としては次の文献が存在する。

　　Anton Bernet-Strahm, *Die Vermittlung des Christlichen. Eine Theologiegeschichtliche Untersuchung zu Paul Tillichs Anfängen des Theologisierens und seiner Christologischen Auseinandersetzung mit Philosophischen Einsichten des Deutschen Idealismus*, Peter Lang, 1982.

9　副説教師時代のティリッヒの思想的関心については次の研究書を参照。

　　Wilhelm & Marion Pauck, *Paul Tillich. His Life & Thought. Volume 1: Life*, Harper & Row, 1976, pp. 30-39.

　　Werner Schüßler, Die Jahre bis zur Habilitation (1886-1916), in: R. Albrecht／W. Schüßler, *Paul Tillich. Sein Werk*, Patmos, 1986, S. 18ff.

である（Tillich, 1912, 28f.）。

　つまり、「神秘主義と罪責意識」という問題は、単なるキリスト教思想の個別的な研究テーマとしてではなく、神と世界の関係、あるいは神と人間の関係という、まさにキリスト教思想の中心的問いとして設定されており、ティリッヒの宗教思想はこの問いを巡って展開されていると言って過言ではない。以下、この問いがどのように追求されるかを、1908年の論文によって確認してみよう。

　この論文の意図はその表題に端的に表れている。つまり、この論文は哲学的世界観とキリスト教神学あるいは信仰との積極的な関係づけ（前者は後者にとっていかなる意義を有するのか）をめぐるものであり、これはティリッヒにおいて繰り返される議論（哲学と神学、存在論とキリスト教の関係など）の原型といえる。ティリッヒの宗教思想を弁証神学という観点から見るとき、ティリッヒの方法論の特徴は、キリスト教思想を哲学的世界観あるいは形而上学との積極的関係において再解釈する点に認められる。なぜなら、絶対的なものの概念はキリスト教神学にとって必然的であり、キリスト教は形而上学と関わらねばならないからである[10]。その点でティリッヒは最近のパネンベルクのドイツ観念論に関する諸著作の問題意識と類似していると言えよう[11]。これはティリッヒの文脈で言えば、19世紀の自由主義神学において顕著な反形而上学的神学（リッチュルを含めた広義の新カント主義）へのアンチ・テーゼと解することができ（Tillich, 1908, 28ff./98ff.）、まさに本章の問題であるティリッヒのシェリング論は直接この点に深く関わっている。1912年の神学学位論文では、神と世界あるいは神と人間の関係をめぐる問いが、同一性の原理と両者の矛盾・対立という二つの立場のアンチノミーとして提出されているが、これは1908年の論文でいう「一元論と二元論」の対比に

10　ティリッヒの後期の思想において、この問題は神学における存在概念の必要性あるいは存在論と神学との関係性という観点から繰り返し論じられる。
　　Biblical Religion and the Search for Ultimate Reality, 1955, in: MW. 4
　　Systematic Theology. Volume2, The University of Chicago Press, 1957, pp.10-12.
11　この点については、パネンベルクの次の論文集の諸論などを参照。
　　Wolfhart Pannenberg, *Metaphysik und Gottesgedanke*, Vandenhoeck & Ruprecht, 1988.

ほかならない。

　ティリッヒはまず思想史の概観（古代ギリシャからドイツ観念論まで）を行い、神と世界の関係をめぐる議論を一元論と二元論の類型にまとめ（ibid., 34-60/102-121）、続いて、一元論と二元論の関係とそれらのキリスト教神学に対する意義を体系的に検討して行く（ibid., 60-91/121-152）。そのアウトラインは次のようになる。「物質的一元論→二元論的批判→精神の目的論的一元論→目的論的一元論の高次の宗教的段階」。つまり、大きく一元論と二元論という二つの類型を設定した上で、前者は物質的あるいは自然的一元論（素朴な実在論的一元論）と精神的あるいは目的論的一元論にわけられる。そして、キリストのペルソナ理解（キリスト論）にふさわしい形へと、つまり高次の宗教的段階へと精神の目的論的一元論を変革するという課題が提示されるのである（この文脈で神律概念が登場する）。次に、説明を補いながらティリッヒの議論をまとめて見よう。

　1 中心問題あるいは根本的問い。「世界に対する神の関係についての一般的な問いは、問いの本性に従って、次の二つに分けられる。つまり、広義の自然に対する神の関係と人間の人格的生に対する神の関係である」（ibid., 47/109）。一元論がすべての個別的現象を最高の原理から必然的なものとして演繹するのに対して、二元論は二つの独立した原理の根本的必然性を承認する。こうした一元論と二元論という二つの類型で展開される絶対者と世界の関係の問い（形而上学的問い）は、西洋の思想世界においてははじめから神思想との結びつきのなかに置かれていた。しかし、その場合、広義の自然と神との関わりと、人間の人格性と神との関わりのいずれに焦点を当てるかによって、議論はさらに細分化されることになる（物質的・存在論的・実在的・自然的と精神的・目的論的・歴史的）。問題は、こうした一元論と二元論という対比がキリスト教神学にとっていかなる意義を有するのかということになる。

　2 キリスト教の創造論（無からの創造）は、世界（の存在）の神的意志への依存と、神の世界からの分離(Geschiedenheit、神と世界との質的差異性、断絶）という二つの契機から構成されるが、まず一元論は世界が神的本性（神の永遠性）に与っていることを手がかりとして、神との同一性へと論を進める。それに対して二元論は世界の神的本性（永遠性）への非依存性、あるい

は両者の分離や対立から、二つの根本原理の措定に向かう（たとえば、神の精神性と世界の物質性との二元論や、神の善性と世界の物質性・悪との二元論など）。ティリッヒは、こうした整理に基づいて、「キリスト教的世界創造の思想は、原理的に一元論と二元論との中間に立つのではなく、二元論に反対して一元論の側に立つ」と述べる（ibid., 48/110）。これがティリッヒの基本的スタンスであって、それは世界が神的実体に対立する（あるいは独立した）形而上学的実体性を有しないという主張にほかならない——ここから悪の存在をいかに説明するのかという難問がティリッヒに対しても生じることになる——。

3 ここで重要になるのは、自然一般と人間（あるいは人格、歴史）との区別である。自然一般と神との関係という問題を一元論的に論じる場合、思想史的にはまず物質的一元論と呼ばれるものが登場する。これは素朴な一元論という言い方で示唆されるように、もっとも古いいわば一元論の原形であり、自然神学（宇宙論的）などはこの議論に属し、また汎神論（スピノザ）もこの系譜に入る。ティリッヒは中世思想において緻密に展開され近代へと受け継がれた自然神学、つまり物質的一元論を退ける。それは、自然神学によっては「神と世界」の関係についてのキリスト教の議論（創造論）の適切な理解に至ることはできないということを意味する（ibid., 53f./114f.）。これを哲学的文脈で説明するならば、神と世界を因果関係によって結合し（この結合が一元論の特徴となる）、世界の存在から神の存在を論証する宇宙論的な神の存在論証がカントの批判哲学（カントの立場は二元論となる）によって決定的に論駁され、それによって、もはや物質的一元論は哲学的な妥当性を失ったということにほかならない。悪の存在や罪責意識に現れた神と世界との深刻な断絶や対立は、二元論が主張するように、物質的一元論では説明できない。

4 しかし、二元論も神と世界の関係を論じるには不適当である（ibid., 57ff./118ff.）。たとえば、精神的な魂の実体と身体的実体を人間の人格性における二つの独立した実在性として区別する心理的二元論は、人間の可死的部分と不死的部分の二元論を帰結する点で不適切な人間理解と言わねばならない。これは身体が十全な意味における人格性に必然的に属していることを指摘することによって克服されねばならない。この二元論の問題性は、後の

ティリッヒの思想においては、宗教的な超自然主義の批判として展開される。つまり、精神と自然（魂と身体）との二元論的対立を神と世界に適用するとき、自然から質的に区別される神は超自然的存在者として把握され、自然の諸連関や歴史のプロセスとは無関係にいわば世界の外に存在し、そして世界の様々な事象との関わりなしに突如世界に干渉してくるということになる。こうした神と世界の関係を二元的対立で捉える超自然主義によっては、歴史において働く神との人格的関係を核心とするキリスト教信仰は表現不可能である。

⑤ 物質的一元論に対する二元論の批判を経て、そこからもう一つの別のタイプの一元論が生じてくる（ibid., S.61ff./120ff.）。ここでティリッヒの念頭にあるのはドイツ観念論であり、こうして議論はスピノザの一元論からカントの二元論を経て、シェリングの一元論へといたる。この二元論的批判に耐えうるものとして構想された一元論は、神と世界との関わりについての問題の焦点を、自然の領域から歴史・精神の領域に移すことによって成立する。つまり、自然一般から人間の人格的生への議論の転換である。実際、ドイツ観念論においては、絶対精神の展開過程としての世界史のプロセスを通じた神と人間との和解（ヘーゲル）、あるいは宗教史のプロセスにおける神と世界・人間との対立の克服（後期シェリング）というように、神と世界（特に人間）との関係は歴史という人間の行為や活動の領域に即して論じられ、二元論の強調する対立性は歴史のプロセスを通して和解に向かうと考えられている。これは歴史において働く神と救済史というキリスト教信仰の主張に対して、これまでの諸立場よりもふさわしいものと言えよう。しかし、この思想の発展史の初期の段階においてすでにティリッヒはドイツ観念論の問題性を鋭く捉えている（ibid., 73f., 80f., 82ff., 89f./134f., 141ff., 144ff., 150f.）。ドイツ観念論に対するティリッヒの不満は、神と人間の関係を「にもかかわらず」という逆説性において捉える義認論的信仰、あるいはこの逆説性において捉えられる信仰の主体性と神との人格的関係を、したがって、キリストのペルソナの本質を、ドイツ観念論が適切に捉えていないという点に向けられる。これは先にヘーゲルの本質主義に対する実存主義的批判と述べた事柄にも関連している。

⑥ 以上のように、ティリッヒの基本的な問題意識（根本的問い）はこの

初期の文献においてすでに明確に示されている。つまり、神と世界、神と人間との関係を、歴史のプロセスという人間の活動領域に定位した一元論によって捉えると共に、この一元論をキリストの人格性、逆説性、あるいは神の恩恵にふさわしく転換するという課題である――前期の言い方を借りるならば、逆説の宗教＝恩恵の宗教の問題――。この思索が神学思想として結実するのは初期の諸文献より15年あまり後の前期ティリッヒ（特に1925年の宗教哲学とマールブルク講義）においてであり、さらに一般にそれが認知されるようになったのは初期の思想から半世紀も後の後期ティリッヒ（『組織神学』）においてであった。本書第10章で論じるティリッヒの「生の次元論」は、この長い思索の到達点に位置する。こうしたなかでティリッヒが提出するものの一つが、たとえばキリスト論における「新しい存在」の概念である。ドイツ観念論の場合と同様に「新しい存在」は歴史のプロセスにおいて進展し人間の精神性あるいは人格性において現実化する。しかし同時に、歴史のプロセス内部における新しい存在は終末の先取りとして断片的なものにとどまり、逆説性は解消されないことが繰り返し主張される（Tillich, 1963a, 140-141, 150, 156, 158, 160）。こうした根本的な問いは後期の思想、たとえば次の『組織神学』の議論においても確認できる。

> ここで示唆されている人間論は人間の本性の二元論的理解に対立する〈一元論的〉理解を含意している。人間は全体としての人間（wholeman）である。その本質的存在は夢見心地の無垢という性格を有しており、またその有限的自由は本質から実存の移行を可能にし、その目覚めさせられた自由は人間を自己喪失の脅威となる二つの不安の間におき、その決断は夢見心地の無垢の保持に反対して自己実現へ向かうのである。神話論的に言えば、誘惑の木の実は感覚的であるとともに精神的なのである（Tillich, 1957a, 36）。

このように後期の思想でも初期の「一元論と二元論」という根本的問い――この『組織神学』の引用は、内容的には先の④に対応する――は反復されている。以上のように、「一元論と二元論」「神秘主義と罪責意識」として提起された神と世界あるいは神と人間の関係理解をめぐる根本的問いは、

二元論的批判を一元論（あるいは神秘主義）に基づいて統合しさらにそれを高次の宗教的段階へと高めるというプログラムに従って追究されるのである[12]。これをどのようにして理論化するかは思想発展の各時期によって異なった形態が示されているが、問いと答えの基本的方向づけはほぼ一貫していると言ってよいであろう。前期ティリッヒにおいては、この問いと答えは「意味の形而上学」に基づく神律的な宗教哲学として展開され、また後期ティリッヒにおいては、存在論的人間学（人間存在の存在論）に基づいて追究される。たとえば、50年代の思惟において登場する「参与と距離の両極構造」は先に見た「一元論と二元論の統合」を後期ティリッヒの思想の枠組みにおいて表現したものであり、宗教哲学の二つの道（存在論的と宇宙論的）の統合も同様に解釈できる[13]。

以上から明らかになった「一元論と二元論の統合と高次の宗教的段階への移行」というこのプログラムの神学的なポイントは、「創造論②③→キリスト論⑤⑥」の展開に認められるが、これがシェリングの「消極哲学→積極哲学」に形式的に対応するのは決して偶然ではない。この点に留意しながら、次にティリッヒの初期のシェリング論に向かいたい。

三　ティリッヒ思想の発展史とシェリング

(1) 初期ティリッヒのシェリング論

ティリッヒに対するシェリングの影響は様々な点で確認できるが、以下においてはシェリングの積極哲学についてなされたティリッヒの哲学学位論文

12　このプログラムが組織神学において具体化された最初の記録として、1913年の「組織神学草稿」を挙げることができる。「思惟、体系、概念、絶対的宗教、神秘主義」（絶対的立場）と「反省、懐疑」（相対的立場）の対立を克服する「逆説─義認─キリスト」という図式は、まさにここで見た1908年のプログラムときれいに対応している。
　　Systematische Theologie von 1913, in: EW. IX, S. 278-434.
13　参与と距離、宗教哲学の二つの道については次の文献を参照。
　　Participation and Knowledge. Problems of an Ontology of Cognition, 1955, in: MW. 1.
　　The Two Types of Philosophy of Religion, 1946, in: MW. 4.

の内容を紹介することにしたい[14]。なお、ここではティリッヒのシェリング解釈のポイントをポテンツ論と神論にしぼって説明を進める。このテーマに関してティリッヒが採用する方法論は、本章で最初に述べた発展史的方法（Entwicklungsgeschichte）であり、この点で本章の方法論はティリッヒ自身のシェリング解釈の方法論と一致している（Tillich, 1910b, 158ff.）。ティリッヒは、まずシェリングの思想（ポテンツと神という思想の基礎概念）の発展史の分析から議論を開始し（第一部）、次に宗教史の全体像（第二部）と宗教概念と歴史概念の解明（第三部）を試みるのである。それゆえ、以下のシェリングのポテンツ論と神論をめぐるティリッヒの議論の分析は、初期シェリング、中期シェリング、後期シェリングという順序で進められることになる。なお、シェリングのテキストからの引用は、ティリッヒが学位論文で参照している版からティリッヒの表記に従って行いたい[15]。

①初期シェリングの思想（Tillich, 1910b, 160-165）

「精神は根源的な意欲（Wollen）である」（1. I, 395）と主張されるように、ティリッヒによればシェリングにとって意志こそが実在の究極原理であり、これはシェリングの初期・前期から後期までの一貫した基本的立場である。それゆえ、初期のフィヒテ的観念論（先験的観念論）から自然哲学への思想の展開、さらに両者を統合する同一哲学においても、実在は互いに対立し拮抗する意志的諸原理の活動において捉えられている。自然は活動性（Tätigkeit）自体、創造的意志、意識への戦いであり、意識なき活動性に対する意識的活動性の前進的勝利にほかならない。つまり、自然には、「意識なき活動性＝実在的（reelle）で拡張的」と「意識的活動性＝観念的（ideelle）で

14　この哲学学位論文の成立事情については、パウクやシュッスラーの伝記的研究（注9参照）のほかに、ドイツ語全集版補遺遺稿集第9巻の編集者による解説も参照（EW. IX, S.154f.）。また、この学位論文の構想は次の未刊行テキストからも知ることができる。

　　Gott und das Absolute bei Schelling, in: *Religion, Kultur, Gesellschaft. Erster Teil*, 1999（EW. X/1), S. 9-54.

15　ティリッヒによるシェリングからの引用は次の版によって行われている。
　　F.W.J.Schelling, *Sämmtliche Werke*（Hrsg.v. K.F.A.Schelling). Erste Abtheilung, 1856-1861, Zweite Abtheilung, 1856-1858, Stuttgart/ Augsburg.
　　シェリングからの引用は、Abtheilung, Band, Seite の順で、1. I. 395 などと表記する。

牽引的」、あるいは主観的と客観的と言われる二重の意志、二重の原理が存在しているのである。この「自然哲学的定式はシェリングの宇宙生成論とロゴス論の根本思想をもっとも明瞭に含んで」おり、「フィヒテ的時期においては諸活動性の抗争は観念的活動性の優位の下で、また自然哲学の時期には実在的活動性の優位の下で考察されている」(Tillich, 1910b, 163)。こうした活動性の二つの形態のいずれが優位にあるかによって特徴づけられる自然過程の発展の諸段階（Stufen）がポテンツと呼ばれるものであり（展層、勢位としてのポテンツ）、ポテンツの進展は自然の意識化の上昇的な諸段階にほかならない。

②中期シェリングの思想（Tillich, 1910b, 166ff.）
　中期の『自由論』では、「意志自体のなかに非合理的契機、自己自身との対立が認められる」(ibid., 166)。つまり、実在の基本原理としての非合理性の主張にこそ『自由論』の議論の特徴が存在するのであって、この場合、自由はこの自己矛盾の力（Macht）として理解される。それは神における三重のポテンツの議論として展開される。
　(1) 第一のポテンツ
　これは非合理的なもの、自己を生み出そうとする一者の憧憬であり、先に実在的活動性・力と言われたものにほかならない。[16] この第一のポテンツ（神の内なる自然）は次の二重性によって特徴づけられる。つまり、非合理的なものは闇を克服して自らを現実存在にもたらす意志であると共に、いっさいの形態が存在できない混沌（飢え・狂気）でもある。
　(2) 第二のポテンツ
　これは、観念的な力、不定形なものに形を与え、自己を顕現する原理であり、第一のポテンツに対して、観念、悟性、言葉、あるいは光の原理と呼ばれる。「世界過程における両ポテンツの戦い、第二のポテンツによる第一のポテンツの段階的な克服と変容を、シェリングはベーメ的神知論の色彩を帯び

16　中期の『自由論』における自由は自己自身との矛盾する力・ポテンツであり、この点では、非合理的なものこそがもっとも卓越した意味におけるポテンツである。したがって、この意味における最高のポテンツは第一のポテンツに属することになる。しかし、初期・前期における発展の諸段階という意味では、この第一のポテンツは最下位に位置するのであって、ここにポテンツ概念の展開がみられる。

た自然哲学のカテゴリーにおいて物語る」(ibid., 167)。観念的なもの、つまり言葉が発せられるときに初めて、混沌は形態の分開へと、被造物へと至る。

(3) 第三のポテンツ

人間においては、以上の二つの対立的な諸原理の統合（Vereinigung）としての精神という新しい原理が現れ、それによって、人間はこれら二つの原理から自由になる可能性を獲得することになる――これは人間における悪の可能性を意味する――。これが第三のポテンツである。他方、それは先行する二つの原理を結び合わせる愛の原理であり、「精神は最高のポテンツにおける自由であり、目標のポテンツである」（ibid.）。

以上がティリッヒが示す『自由論』におけるポテンツ論の概要であるが、二つのポテンツの対立（実在的活動性と観念的活動性）こそが実在を規定するものであるとする点では、初期からの思索がその前提とされていることは明らかであり、またこの対立と対立の克服が世界過程・プロセスとして叙述される点で後期の思索への大きな転換がみられる。世界過程は第三のポテンツの現実化という目標をめざし進展する第二のポテンツによる第一のポテンツの漸進的な克服と変容のプロセス（個別化・意識化＝意識と無意識との統合）であり、このプロセスのなかに悪の現実性と宗教史を核とする歴史過程が含まれるのである。

③積極哲学・後期シェリングの思想（Tillich, 1910b, 168-172）

中期シェリングにおける三重のポテンツという議論は後期においても反復される[17]。まず中期から後期のシェリングの思索の展開を論じるティリッヒの議論を補足説明を加えながらまとめてみよう。確かに、『自由論』は後期

---

17 ティリッヒによれば、同じ三重のポテンツの議論でも、中期と後期においては、明らかな相違がみられる。つまり、『自由論』では、神の精神性がいわば世界過程に組み込まれているのに対して、積極哲学では、神の精神性が世界過程の思想とは独立に議論される（内在的三位一体論の強化！）。世界過程の展開に先立って、神の内なる永遠の生成の概念において生じる質的な時間概念がシェリングの後期の体系には存在しており、これを基礎として神の自由が理解されるのである。「神が精神であり、人格性であることは現実の世界過程を通して始めてそうなのではなく、未来の過程の諸ポテンツを通してすでにそうなのである」(Tillich, 1910b, 177)。

思想のいわばスケッチとして、あるいは後期思想のプログラムとして読むことができると思われるが、しかし後期の積極哲学では経験的アプリオリズム——「もの」が在るという「こと」の論理（「こと性」）をアプリオリに解明する——という立場が明確に表明され（単なるプログラムでなく）、そのうえで議論が組み立てられて行く。つまり、後期シェリングの思想的課題は、哲学的経験論という仕方で表明された「汎論理主義批判」（特にヘーゲル批判）とカント以降のドイツ観念論において共有された「観念論」（アプリオリズム）という二つの異なったモチーフをいかに統合するかにあったのである。[18] ここで問題とされているのは、存在するもの（das Seiende）が思惟に先立って現に存在しているということを論理の問いとしていかに分析するのかということであり、具体的にはそのために次の三重の原理が取り出される。なお、この論理構造は人間存在においても神的存在においても同型であり（『自由論』の場合と同じ）、したがって、精神的存在者であるためには、神も人間のその存在も三重のもの——主観、客観、精神（主観—客観）の三つのポテンツ（ibid., 169）——として措定されねばならない。

(1) 可能的存在 (das Sein-Könnende)

第一のポテンツ——存在するものが「ある」という「こと」を成り立たせる第一原理——は、現実的存在 (wirkliches Sein) に対して、「あり得ること」「ただ偶然にあること」と言われる。現実的存在者はその実在の根底（実存的な意欲）において、つまり「あり得ること」に基づいて存在しているのである。これは『自由論』においてなされた実在の神と神の内なる自然との区別にほかならない。存在するものはまず無定形な意欲 (Wollen)、何かを生

18　後期シェリングの思想的課題について、ティリッヒは次のように論じている（ibid., 168f.）。存在するもの（das Seiende）はもっとも根源的で包括的かつ必然的な理性（思惟）の内容であるが、それは対象一般の概念からは演繹されない（＝経験論、事実主義。思惟に先立つ「もの」が「ある」という事実）。しかし、思惟（合理的哲学）は存在の無限のポテンツの内に互いに継起する諸ポテンツの内的組織（eine inneren Organismus aufeinanderfolgender Potenzen）の発見を目指すのであって、この継起する諸ポテンツの内的組織（主観・客観・精神）とは理性の内的組織にほかならない。すなわち、「この組織を顕わにすることが合理的哲学の事柄」(2, III, 76) であり、この手段が知的直観と呼ばれる純粋な思惟経験（Denkerfahrung）にほかならない。こうした哲学的経験論と合理的分析との統合はきわめて困難な課題であり、ここに後期シェリングの難解さの一因がある。これは体系的思想の提示という点ではいわば破綻を予感させるものといえるかもしれない。

まんとする意欲であり、これは形在る存在である現実存在の基体（Subjekt、ヒュポケーメノン）であるが、それ自体はこれから何かになろうとする可能性にすぎない。このポテンツは実在の有無についてはまったくの無差別であり、メー・オン（絶対的な無としてのウーク・オンではなく、相対的非存在。あり得てまだないという不安の無）である（ibid., 170）。これは在ることもないこともできるという意味で、恣意的で根源的な自由、無限の可能性（die unendliche Möglichkeit）とも言われる。

(2) 必然的存在（das Sein-Müssende）

第一のポテンツを含め、すべてのポテンツは実際には意志（Wille）にすぎない（意志＝ポテンツ）。つまり、「意志は意欲することへと移行しなければ、ポテンツにとどまる」。しかし同時に、「意欲することは意志にとって本性的であり、意欲することは意志の本質である」（ibid., 2, III, 206ff.）。意志はそれ自体としては未だ論理的可能性のようなものであるが、しかし、今やそれは単なる可能的存在ではなく、その本性に従って現実存在へ向かう動性のなかに見いだされねばならない。つまり、可能的存在は単なる無限の可能性から外へと踏み出し（ekstatisch）、混沌から形態へと進展せざるを得ない。ここに、可能的存在から現実存在への移行があり、それを突き動かしているのは、「せざるを得ない」（müssen）という意欲である。この「在らねばならない」「在らざるを得ない」（ein Sein-Müssendes）という事実（Faktum）が、第二のポテンツとしての必然的存在の意味である。存在するものは単なる可能的存在ではなく現に在るものとならねばならない。しかし、これはなおもポテンツである。つまり、存在するものが在ることの一般的な規定（存在の位相）であり、これ自体は現実存在そのものではない（ibid., S.171）。これら二つのポテンツの間で、主観性のポテンツ（第一のポテンツ）が客観性のポテンツ（第二のポテンツ）の基礎、担い手であるかぎり、絶対的同一性の安定性は持続するが、主観性のポテンツ自体が前面に現れ、客観性に取って代わろうとするとき、すべての差異（Differenz）が現れる。これが、相対的非存在である第一のポテンツからの個別的世界（理念世界として）の創造（無からの創造）にほかならない。

(3) 当為的存在（das Sein-Sollende）

存在するものが在るということ、あるいは神の創造行為は、それが精神の

働き、つまり人格的行為として捉えられるためには、根源的自由の放棄といった単なる必然性（自動的なメカニズムへの依存）としてではなく、自由の現実化として、つまり、無限の恣意的自由を克服しつつもこの可能性を失うことなくそれ自身にとどまるもの（das bei sich Bleibende）として理解されねばならない。これが、第一のポテンツ（純粋なポテンツ＝可能性、力）と第二のポテンツ（純粋な現実性）との結合としての第三のポテンツであり、主観性―客観性と言われるものにほかならない。つまり、存在するものが存在するということは、単なる可能性でないというだけではなく、また単なる必然性の事柄でもない。そうではなく、それは二つのポテンツの統合として、いわばそれがそのようになるはずの（なるべく定められていた）存在であり、ティリッヒの後の定式を用いるならば、自由を可能にする運命の事柄として理解されねばならない（逆に言えば、この運命を自らの運命として自由な決断によって選んだということ。つまり、運命と自由の両極性）。神の世界創造は単なるきまぐれや恣意性という意味における自由の行為でも、あるいは機械論的な必然性に支配された行為でもなく、神の主体的自由が自らの神としての運命を肯定しつつ行う人格的決断として遂行されるのである。この存在の相においてはじめて精神、人格性が成立する。したがって、この第三のポテンツはポテンツの上昇がそこに向けられている目標のポテンツであり、先行する二つのポテンツのそれぞれの一面性から自由になった存在の相なのである（ibid., 171）。

　この当為的存在は三つのポテンツのなかでおそらくもっとも理解しにくいものであり、特に第二の必然的存在との相違が重要である。この当為的存在については、神と愛との関係を考えることによってある程度の理解は得られるかもしれない。つまり、神の愛は必然性によって愛するという義務論的愛でも、また神の本質とは無関係に恣意的な自由として選んでも選ばなくても神にとってはどうでもよいといった愛でもない。なぜなら、それは、まさに神が神であるという神自身の運命に基づいてなされる神の主体的人格的な決断の事柄だからである。神における当為的存在とは神的自由に基づく神的運命（あるいは神にとっての運命の極）と言えよう。ただし、ティリッヒも繰り返し強調しているように、こうした人間の経験との類比による神についての議論は所詮類比にすぎず（象徴論、アナロギア論）、自ずとその限界があ

ることに留意しなければならない。[19] ともかくも、神にも三つのポテンツが存在し、神もポテンツ化のもとにあることがこうして確認された。

　以上のように、ポテンツ概念は初期から後期のシェリングの思想の発展史全体のなかで多義的に用いられ、少なくとも次の三つの意味が確認できる。第一の意味は、目標を目指して上昇する発展過程の諸段階としてのポテンツ（勢位）であり、第二の意味はこの発展過程を推進する力（意志）としてのポテンツである。また、ポテンツは意志それ自体としてのポテンツ、つまり可能性という存在の相、可能性の現実性への移行における可能性としても理解できる。これが第三の意味である。敢えて図式化するならば、それぞれのポテンツの意味は、それぞれ初期、中期、後期に特徴的なものと解することも可能であるが、より重要なことはそこには基本的な一貫性が見いだされるということである。すなわち、存在するものにおける、可能性から現実性への移行とその諸段階（あるいは諸相、諸位相）、そしてそれを推進する意志・力、これがポテンツ論のポイントであり、こうした議論は、人格的存在者の存在、人格的存在者が存在しているという事実が、どのように論理的に分析され、理解できるかという点に向けられているのである。ティリッヒは、哲学学位論文において以上のようなシェリングの思想の発展史の分析に基づいて、後期シェリングにおける宗教史の議論の意味（人格化・意識化のプロセス、絶対者との対立の克服としての歴史過程）を解釈して行くのである。

　また、「ポテンツ論の発展は神概念の発展と緊密な関係にある」（ibid., 173）と言われるように、以上の諸ポテンツの構造と神の存在形態とは無関係ではなく、それどころか、神あるいは絶対者における三重性はキリスト教神学における三位一体論と次のように緊密に結びついているのである（ibid., 183f.）。まず、先に言及した世界過程は、その全体が重層的な三一構造をなしている。[20] さらに、実在的で非合理的なポテンツと観念的で合理的なポテ

19　神について象徴によってアナロギア的に語る際の限界は、ティリッヒが繰り返し指摘する問題であるが、自由と運命に関しては、次のテキストを参照。
　　Systematic Theology vol. 1, The Univ. of Chicago Press, 1951, pp. 248-249.

20　哲学学位論文では後期シェリングにおける宗教史（神の人格化・ポテンツ間の調和の回復を通した神と人間との和解のプロセス）の問題を再構成することが試みられるが、それは次のような世界過程の見取り図に組み込まれた上で、重層的な三一構造をなすものとして示される（Tillich, 1910b, 185-231）。

ンツとの対立とこの対立を克服する第三のポテンツという三つのあるいは三重のポテンツは、第一から第三に向かう世界過程であるのに先立って、同一のプロセスのなかにおいて区別された三つの位相と考えられねばならない。神的存在における三つのポテンツの統合は内在的三位一体論に、またそれに基づいて論じられる世界過程（神の人格化のプロセス）を規定する三一的構造は、経綸的三位一体論に相当する。ここに現れているのは、存在（在ること・もの）を構造秩序と歴史的発展段階という二つの視点から見ること——構造性は消極哲学に、歴史性は積極哲学に対応し、これらの結節点が創造・堕落といえる——、つまり、二つの基本的な思考方法の結合にほかならない。

(2) シェリング論から生の次元論へ

シェリングの自然哲学あるいはティリッヒの初期のシェリング論から、ティリッヒ自身の思想発展へと考察を進めよう。シェリングに限らず、ドイツ観念論の思想家の特徴として、カント的な二元論、つまり自然と精神（道徳、自由、歴史）の二元論的分離に対する批判を挙げることができる（つまり、ティリッヒのいう精神的一元論）。この議論を展開するには、必然性や偶然性を基本的カテゴリーとする自然の領域と、自由や運命を基本的カテゴリーとする人格性あるいは精神の自由の領域との区別を超えて、両者の積極

〈世界過程の見取り図〉
　神→　　　　　　　　　　　　　　　　　　　　　　　消極哲学
　　世界過程　　　　　　　　　　　　　　　　　　　　　　↓
　　　→自然過程・理念世界の創造
　　　　堕落　　　　　　　　　　　　　　　　　　　　　積極哲学
　　　　　→歴史過程＝宗教史（神話過程・合理的過程
　　　　　　　→啓示〈ユダヤ教・キリスト・教会〉）

〈宗教史における神話過程〉
　Erste Epoche: Relativ vorgeschichtliche Zeit（Uranos）
　Zweite Epoche: Perser, Babylonier, Ababer（Urania）
　Dritte Epoche:　　a）Erste Periode: Kanaanäer und Phönizier（Kronos）
　　　　　　　　　　b）Zweite Periode: Phrygier und Thrakier（Kybele）
　　　　　　　　　　c）Dritte Periode　　α）Ägypter: Typhon, Osiris, Horos
　　　　　　　　　　　　　　　　　　　　β）Indier: Brama, Schiwa, Wischnu
　　　　　　　　　　　　　　　　　　　　γ）Griechen: Hades, Poseidon, Zeus

的な関わり、あるいは両者の統一性を論じなければならない。これがドイツ観念論における「自然と精神」というテーマであり、たとえばシェリングのカントあるいはフィヒテに対する批判は、フィヒテにおける「非我としての自然は死んだ自然にすぎない」という点に端的に示されている（シェリングの理解する自然とは自己産出性を有する有機体的自然＝生ける自然である）。むしろ、自然は自我と根源を等しくする存在領域であり、絶対者が主観の側に現れると自我になり、客観の側に現れると自然になる。したがって自然の体系と精神の体系は二元論的に把握すべきではない。これがシェリングの自然哲学、同一哲学の基本テーゼにほかならない。確かに自然は意識を欠いた産出性であり自らを見ることはできない（自己意識がない。あるいは自己参照性がない。キルケゴール的に言うならば精神のレベルにおいて始めて自己関係性は生じる）。しかし、自然は次第にその潜在性を現実化し高め（可能性の現実化。これは、世界過程の一環であり、進化論とも矛盾しない）、それによってこの自己産出過程は可視的となるに至るのである。自然過程の頂点における人間の出現はまさにこの自然がその自己意識に至ったことを意味しており、したがって自己意識の出現において確立する自我を基本原理とする観念論と自然哲学とは同一哲学において統合されることになるのである。[21]「自然は見える精神であり、精神は見えざる自然」である（1, II, 56）。精神とは「まどろみ状態」から目覚めた自然にほかならない（1, III, 453）。われわれの内なる精神と外となる自然とは絶対的に同一である。ヘーゲルにおいても、自然は因果律に規定された機械論的現象の総体ではなく、そのうちに絶対精神が顕現するプロセスが問題となる。

　このようにドイツ観念論における自然理解の特徴は、自然と精神を二元論的対立において理解するのではなく、両者を自然から精神への連続的展開として、つまり可能性の現実化のプロセスのなかで統一的に捉える点に認められる（啓蒙的近代の自然観との対立）。いわば、それは眠っている精神としての自然が覚醒するプロセス――先に見たポテンツ論の示す人格化、意識化――と言うことができよう。しかし、こうした自然哲学の難点は、自然過程の展開における精神の出現という事態の持つ問題性、特に人間の出現によっ

21　シェリングの自然哲学についての初期ティリッヒの分析としては、Tillich (1912, 49-56) に詳しい議論がみられる。

て現実化した悪あるいは罪の問題を説明できないということである。後期シェリングの言い方を借りれば、ドイツ観念論の消極哲学は人間存在の現実性・事実性を把握するに至っていないということにほかならない。これは、世界過程の内部において行われる自然過程から歴史過程への展開が、人間の我性の高揚による理念世界の堕落（＝歴史の開始）として解される際に、質的飛躍（根源的超越論的事実）として論じられる問題であり、シェリングの『自由論』の中心テーマなのである。

　以上のようなドイツ観念論の自然哲学は一見すると旧式な形而上学的思弁であり、現代においてはまったく意味をなさないという印象を抱かせるかもしれない。しかし、むしろ問われるべきは、自然と精神との統合において人間存在を把握しようとする態度であって、これはまさに現代思想の中心問題である。生命、環境、性といった諸問題が一挙に噴出するなかで、人間の精神や人格性や自由を自然との全体論的関係性において根本から問い直すことが求められており、これはキリスト教思想とも無関係ではない。こうした視点からティリッヒの思想を見るとき、シェリングについての以上の初期ティリッヒの議論との関連で、後期の次元論が注目すべきテーマとして浮かび上がってくる。そこで、次にティリッヒの生の次元論へ考察を進めよう。ただし、ここでは議論を「自然→精神」の展開過程との関連に限定したい[22]。

　生の次元論は後期ティリッヒにおける自然哲学に相当するものであり、1950年代の後半から病、健康、治療という問題連関においてしだいに展開され、『組織神学』第三巻（Tillich, 1963a, 11-30）でその全体的構図が提示された[23]。そのポイントは、人間の現実を本質と実存の混合（mixture）としての「生」（life）と捉え、この人間的現実を現象学的に記述することであるが、そこでこの現実を記述するために選ばれたのが「次元」（dimension）の

---

[22] ティリッヒの「生の次元論」については本論集第10章を参照。またこの「生の次元論」を「脳科学と心」という問題に適応することに関して、芦名定道『脳科学とキリスト教思想』（三恵社、2022年）の「第二章　自然神学の新たなフロンティア——脳と心の問題領域」（25-42頁）を参照。

[23] 生の次元論の形成過程を理解するには次の論文が重要である。
　　Dimensions, Levels, and the Unity of Life 1959, in: MW. 6.
　　The Meaning of Health 1961, in: Paul Tillich, *The Meaning of Health. Essays in Existentialism, Psychoanalysis, and Religion*, Exploration Press, 1984, pp. 165-173.

メタファーである。次元メタファーによってティリッヒが記述する生とは、無機的次元、有機的次元（生命）、心の次元、精神の次元からなる多次元的統一体としての生である[24]。問題はこの「生の多次元的統一性」（the multidimensional unity of life）がどのように現実化するかであり、ここに先に見た「自然→精神」の議論を確認することができる。まず、ティリッヒは生の現実化を説明するにあたって、アリストテレスの「可能性」（dynamis, potentiality）と「現実性」（energeia, actuality）の枠組みを使用する。つまり、生とは、可能性が現実性へと現実化するプロセス――このプロセスは「自己同一性」（self-identity）、「自己変化」（self-alteration）、「自己への帰還」（return to one's self）の三つの契機において構成される――と考えられる。精神（道徳、文化、宗教という歴史的な意味世界の領域）は人間においてはじめて現実化する生の次元であるが、それはこれらに先行する諸次元を含む諸領域（＝先の自然と言われた領域）のなかに可能性として存在していたものであって、精神の次元の現実化とは、まさに眠っている精神である自然が目覚めた自然である精神へと現実化するプロセスにほかならない。続いて、ティリッヒは「自然→精神」という生の諸次元の現実化のプロセスを進化論に重ね合わせる。「ここでアリストテレス的と進化論的という二つの観点が対立することになる。前者はデュナミス、可能性という言葉によって種の永遠性を強調し、また後者はエネルゲイア、現実性という言葉で種の出現条件を強調する。しかし次のような仕方で定式化するならば、この相違は対立を生み出す必要がないことが明らかになる。すなわち、有機的次元は無機的次元のなかに本質的には存在しているが、その現実的な出現は生物学や生化学によって記述される諸条件に依存している」（ibid., 20）。このようにティリッヒは、後期の生の次元論において初期にシェリングから学んだ「自然→精神」

24　本書では、ティリッヒの挙げる、無機的次元、有機的次元、心の次元、精神の次元を、物質、生命、心、精神と言い換えることがあるが（第10章、第11章）、この点については補足説明が必要であろう。というのも、ティリッヒは、たとえば心の次元と心の領域（Realm）を厳密には区別しているからである。「心の次元」を「心」と言い換える場合、それが「心の領域」（心の次元が現実化した生の領域、あるいは心の次元が優勢となっている生の領域）と区別されることに注意しなければならない。「心の次元」は「心の領域」においてのみ存在するのではなく、物質や生命においても、可能性として問うことができるのである。

の自然哲学を展開しているのであり、進化論を含めた生命科学はこの諸次元の現実化の具体的な条件の解明と解されることによって、「生の次元論」に組み込まれるのである。

四　むすび——研究の展望

　現代神学の状況は、バルトやティリッヒ、ブルトマンなどの20世紀の指導的神学者の死後、つまり1970年代以降、多様な神学的諸傾向へと急激に分解し、今や混沌とした状態にある。そのなかで、哲学や倫理の場合と同様に、伝統的なキリスト教神学へのラディカルな批判が様々な仕方で生じており、神学においてもポスト・モダンは今や一つのキー・ワードとなっている[25]。この状況下において必要な作業の一つは、近代世界においてそもそもキリスト教とその神学とはいかなるものであったのか、またポスト・モダンに対するモダンとは神学的に見て何だったのかを、正面から論じることである。この神学とモダンとの本質的関わりを理解する上で、避けて通れないのが、19世紀の近代ドイツ神学である。これが、本書の基本的テーマにほかならない。

　近代ドイツの神学思想は、キリスト教思想史において、特に現代神学を理解する上で決定的な位置を占めている[26]。現代神学のいわゆるポスト・モダン的状況を積極的あるいは消極的に規定しているのは、まさに近代ドイツ神学に遡る歴史的連関であって、その思想的な影響力と意義を無視しては、現代神学の問題状況を理解することは困難だからである。もちろん、近代神学の正当な評価は、単に近代ドイツ神学の遺産を反復することによってではな

25　この点については次の拙論を参照いただきたい。
　　芦名定道『自然神学再考——近代世界とキリスト教』（晃洋書房、2007年）の「第三部　現代と自然神学の可能性」（189-278頁）。
　　芦名定道『現代神学の冒険——新しい海図を求めて』（新教出版社、2020年）の「Ⅰ　現代神学とは何か」（27-62頁）。
26　近代ドイツ神学のキリスト教思想史における意義については、次のパネンベルクの議論を参照。
　　Wolfhart Pannenberg, *Problemgeschichte der neueren evangelischen Theologie in Deutschland. Von Schleiermacher bis zu Barth und Tillich*, Vandenhoeck & Ruprecht, 1997, S.17-24.

く、むしろ、その批判的継承という視点からなされねばならないであろう。21世紀を迎えた現代の状況から、近代ドイツの神学思想を批判的に総括することが必要なのである。

近代ドイツのキリスト教思想の際だった特徴の一つは、哲学と神学の動的で錯綜した影響関係のなかに認められる。そこで、近代キリスト教神学とは何であったのか、という問いに答えるためには、ドイツ啓蒙思想からカントやロマン主義そしてドイツ観念論に至るドイツの古典哲学と、ルター派の信仰に依拠するキリスト教神学との相互連関について思想史的な考察を徹底的に行わねばならないことになる。これは、近代神学とは何であったのかを理解する上で不可避的かつ決定的な問いであるにもかかわらず、同時にきわめて困難な問いである。なぜなら、近代ドイツの思想世界においては、哲学と神学とは単なる対立や区別をこえて、現実には入り組んだ相互連関のなかにあるからである。たとえば、ティリッヒについて、本章の冒頭において近代ドイツの古典哲学とルター派の神学という二つの思想史的な前提を指摘したが、それはより限定して言えば、シェリングとケーラーの関係と言い換えることができる。しかし、シェリングが制度的なキリスト教会を批判しつつもキリスト教神学の決定的な影響を受けていることは明らかであるし、また神学者として知られるケーラーもその思想形成の初期にシェリング哲学の影響を強く受けているのである。[27] したがって、ティリッヒの思想的源泉をたどる場合、ここまでが哲学（シェリング）、ここからが神学（ケーラー）という仕方で、単純化して思想の影響関係を分析することは不可能である。さらに、ここにはシェリングとケーラーだけでなく、さらに多くの他の哲学者や神学者が関係しているのである。

以上より、近代ドイツ神学を十分な意味で研究しようとする場合、こうした思想史の錯綜した影響関係を、全体として視野に入れながら、個々の思想家の思想形成を一つ一つ解きほぐしてゆかねばならないことが明らかになる——本書はその一つの試みである——。ティリッヒ研究も以上の思想史研究の文脈に位置しており、ティリッヒとドイツ古典哲学との関係という問題設

27　ケーラーとシェリングとの関わりについては次の文献を参照。
　　Hans-Georg Link, *Geschichte Jesu und Bild Christi. Die Entwicklung der Christologie Martin Kählers*, Neukirchener Verlag, 1975, S. 27-77.

定は、いわばその一つのモデル・ケースと考えられる。これまでは、主としてシェリングとの関わりについていくつかの先駆的な研究がなされてきたが、今後は、ティリッヒとカント、フィヒテ、ヘーゲル、シュライアマハーといった思想家との関係も十分に視野に入れて研究を押し進め、その後にもう一度、シェリングとの関係を再考し、18〜19世紀にかけてのドイツの哲学思想との、さらには20〜21世紀のドイツの神学思想との関係を含めた思想史全体の理解に迫らねばならないであろう。本書は、以上の視点に立って行われたささやかな研究報告であるが、今後のティリッヒ研究の一つの展望を示すことはできたものと思う。

…… 第 **7** 章 ……

前期ティリッヒとヘーゲル[1]

一 問題状況

　本章の目的は、第一次世界大戦から1933年のアメリカ亡命までの前期ティリッヒにおける宗教思想とドイツ観念論との関係、特に前期ティリッヒのヘーゲル論について論じることである。1960年代以降の現代神学の状況を見るとき、その顕著な動向の一つとして、ヘーゲルを中心としたドイツ観念論の再評価が挙げられる。これはそれ自体一つのテーマとして論ずべき問題であるが、前期ティリッヒのヘーゲル論の神学思想史上の意義を確認するに必要な範囲で、神学におけるドイツ観念論解釈について述べておきたい。[2]

1　本章のもとになった初出論文は1996年度の日本宗教学会の学術大会において口頭発表したものに加筆したものであり、特に注はこの論文化のために作成した。ティリッヒの思想の発展史における前期などの区分に関しては、芦名（1994、39-48）を参照。なお、本章では「若きヘーゲル」における思想の発展形成史の問題は紙面の関係上省略し、「若きヘーゲル」を一つのまとまりとして論じ得る範囲で議論を進めることにしたい。

2　20世紀神学におけるドイツ観念論の評価を長い間規定してきたのはバルト、ブルンナーらの弁証法神学におけるドイツ観念論解釈であろう。19世紀のシュライアマハー以降の自由主義神学（バルトの言う文化プロテスタント主義的あるいは近代主義的プロテスタント主義的な神学）との対決において神学の再建を試みた弁証法神学の運動は、それと密接に関わるドイツ観念論あるいはヘーゲルに対する批判を必然的に伴うことになった（Barth, KD. I/1, 33, 272）。少なくとも前期ティリッヒと同時期のバルト、ブルンナーに関して、ドイツ観念論に対する明確な否定論（あれかこれか）

最近の神学思想、特にドイツ語圏の神学思想の動向に関して注目されるのは、近代という歴史時代とそれに相関したキリスト教の在り方について様々な立場からの根本的反省がなされ、しかもそれらが19世紀以降の神学思想史の解釈との連関において展開されていることである。生命や環境や性といった諸問題が「近代」というシステムの根本的問い直しを要求し、まさにこのことが19世紀のキリスト教思想史におけるドイツ観念論の問題と結びついているのである。それに関しては19世紀ドイツのプロテスタント神学が近代キリスト教神学全般に対して「古典的意義」を有していること（パネンベルク）、そしてこの19世紀神学の形成に対してドイツ観念論が積極的かつ構成的に関与していることが指摘できるであろう。神学と哲学の関係をめぐる問題——「もしそうでないとすれば（真理妥当性が正当化されないとするならば。引用者補足）、信仰の神学的な自己解釈は単に神学者の主観的な関与を表現するにすぎなくなる。とりわけ神についての神学的な語りは真理妥当性を主張するために形而上学的思惟との関係を必要とする」(Pannenberg, 1988, 9)——を正面からしかも模範的な仕方で取り上げたのがドイツ観念論だったのである。[3] それゆえ、もし現代キリスト教思想が近代

　　を確認することができる。こうした1920年代におけるキリスト教とドイツ観念論との関係をめぐる問題状況に関しては、ブルンシュテット、ブルンナー、リュトゲルト、ヒルシュらの著書に対するティリッヒの書評「キリスト教と観念論」(Tillich, 1927a)から知ることができる。20年代の議論の文脈におけるティリッヒ自身の立場については「バルトとヘーゲルの間」と表現できるかもしれない。ティリッヒは、神学と哲学、あるいは啓示と自律性（理性）の関係が、キリスト教と観念論の総合（ブルンシュテット）によっても、また両者の対立（ブルンナー）によっても適切に把握されないと主張し、前期ティリッヒの特徴となる突破・震撼・転換としての啓示、信仰の現実主義、神律的哲学を論じるのである。1960年代以降のパネンベルクやキュンクのドイツ観念論、特にヘーゲルをめぐる議論は、バルトやティリッヒ以降の思想状況のなかで、彼らと同様に近代キリスト教思想を問い直す試みとして展開されているのである。
　　　　Hans Küng, *Menschwerdung Gottes. Eine Einführung in Hegels theologisches Denken als Prolegomena zu einer künftigen Christologie*, Piper, 1989 (1970), S. 34-37.
　　なお、ドイツ観念論と神学という問題連関におけるティリッヒの位置づけについては、Pannenberg (1997, 332-356) を参照。
3　パネンベルクはヘーゲルやドイツ観念論についての解釈を含むいくつかの著作を著し、神学と哲学、神論と形而上学という問題に関する議論を本格的に展開している。パネンベルクのヘーゲル論のポイントとして次の二点を指摘しておきたい。
　① 理性が神思想へ上昇する必然性（Pannenberg, 1988, 7-33; 1996, 285-293, 364-367)

第 7 章　前期ティリッヒとヘーゲル

というシステムとそれに相関した神学思想との問い直しを根底から遂行しようとするのであるならば、近代の発端にあってその基礎をめぐって展開された古典的な思想的試みであるドイツ観念論の再評価を避けて通ることはできない。「われわれはドイツ観念論のもとで強健にならねばならない」というティリッヒのコメントは（Tillich, 1927a, 238）、21 世紀の思想状況に耐えうる新しい基礎づけを求めて様々な試みを展開しつつある現代のキリスト教思想に対してこそ向けられねばならない。なぜなら、「どんな現代に生きる神学的潮流も観念論との関わりを避けることができないということが、観念論の偉大さの印」だからである（ibid.）。

　現代神学においてドイツ観念論再評価が進められるなかで、すでにその半世紀も前にドイツ観念論との関わりを同様の問題意識から積極的に取り上げつつ独自の神学体系を提出していたティリッヒの存在が改めてクローズアップされてくる。ティリッヒの宗教思想はドイツ観念論との思想的対決において練り上げられたものであり、そこにティリッヒの独自性と意義を見いだすことは困難ではない。論ずべき問題は多々あるが、本章においては、ティリッヒの前期の思想におけるヘーゲル論に範囲を限定し、そのなかでも若き

　個々の経験を経験として成り立たせ、その対象を把握するためには、経験可能な現実の全体性という理念（事象の総体性という超越論的理念）が要求される。これは経験の多様性の無制約統一性に対する理性の欲求であり、ここに無限なるもの、絶対的なものについての形而上学的問題の源泉が存在する。ヘーゲルはこの絶対的なものという理念を数学的にではなく、自らを啓示する働きを有する精神として規定し、絶対精神という神観念からキリスト教の三位一体論を概念化した（自己意識モデルによる三位一体論解釈）。神学的言明はこうした形而上学的反省との関連においてのみ、主観主義を免れることができる。
②ヘーゲル（特に三位一体論）とバルト（Pannenberg, 1997, 248-260）
　自己意識モデルと三一概念との関係性という点で、バルトはドイツ観念論、とりわけヘーゲル哲学の伝統に立っている（主観・自己意識としての神の啓示における自己客体化）。もちろん、パネンベルクは神の自由や神の世界創造の理解におけるバルトとヘーゲルとの相違を指摘しつつも、それは神概念の基本構造における両者の一致を覆すものではないと考える。ティリッヒも述べているようにドイツ観念論とキリスト教の関わりはキリスト教思想史の一エピソード以上の本質的な問題と考えねばならない。なお、ヘーゲルとバルトの関係については、モルトマンも同様の指摘を ──バルトにおける観念論の遺産、バルトの三位一体論とヘーゲルのそれとの類似性──、パネンベルクとは反対の評価（三位一体的専政君主制）のもとで行っている。
　　Jürgen Moltmann, *Trinität und Reich Gottes. Zur Gotteslehre*, Chr. Kaiser, 1980, S.154-161.

ヘーゲルにおける民族宗教論に関わる部分を中心に議論を進めることにしたい[4]。そのための主な資料は1995年末に出版されたフランクフルト大学におけるヘーゲル講義と、同時期の宗教社会主義関連等の諸文献である[5]。

以下の論考では、まず前期ティリッヒのヘーゲル論のポイントをまとめ[6]、次にヘーゲルの民族宗教論に関するティリッヒの議論を分析し、最後に、ティリッヒによるヘーゲルの批判的継承について検討したい。

二 前期ティリッヒのヘーゲル論

これまでティリッヒのヘーゲル論の研究はシェリングとの関係をめぐる諸研究のいわば影に隠れた感があったが、フランクフルト大学でのヘーゲル講義の出版によって、研究状況は新たな段階を迎えた。これまで前期ティリッヒ（1919-33年）におけるヘーゲル論としては、「若きヘーゲルとドイツの運命」（Tillich, 1932）以外にはまとまった文献が存在せず、「カイロスとロ

---

[4] 哲学・哲学史におけるヘーゲル研究で宗教・神学というテーマがどのように論じられているかについては、次の文献を参照。
　　Walter Jaeschke, *Die Religionsphilosophie Hegels*, Wissenschaftliche Buchgesellschaft, 1983.
　　岩波哲男『ヘーゲル宗教哲学の研究』創文社、1984年、5-62頁、593-636頁。

[5] ティリッヒの思想形成におけるヘーゲルの影響の大きさにもかかわらず、これまでティリッヒのヘーゲル論は十分な仕方で取り上げられることがなかった。以下に挙げる研究書ではヘーゲルとの関わりがそれぞれ一定程度問題にされてはいるものの、本格的な議論はみられない。それには、ティリッヒ研究における「実存哲学」の一面的な強調に加えて、資料上の制約性が影響している。しかし、フランクフルト講義の出版以降研究状況は大きく変化し、前期ティリッヒに関してヘーゲルとの関係を論じることは資料的に可能なだけでなく、ティリッヒ理解にとって不可欠のものとなってきている。
　　Eberhard Rolinck, *Geschichte und Reich Gottes. Philosophie und Theologie der Geschichte bei Paul Tillich*, Verlag Ferdinand Schöningh, 1976.
　　Adrian Thatcher, *The Ontology of Paul Tillich*, Oxford Univ. Press, 1978.
　　Gunther Wenz, *Subjekt und Sein. Die Entwicklung der Theologie Paul Tillichs*, Chr. Kaiser, 1979.
　　Ian E. Thompson, *Being and Meaning. Paul Tillich's Theory of Meaning, Truth and Logic*, the Edinburgh Univ. Press, 1981.

[6] ここでティリッヒが使用しているヘーゲル・テキストについて述べておきたい。ティリッヒがフランクフルト講義で使用しているのは、初期草稿についてはノール編集の『ベルリン王室図書館の草稿によるヘーゲルの青年時代の神学論文集』（N）であり、『精神現象学』はグロックナー版のテキストである。

ゴス」（Tillich, 1926c）や「キリスト教と観念論（書評）」（Tillich, 1927a）の議論や宗教社会主義論の諸文献（これにはヘーゲルとマルクスの関係も絡んでくる）において、ヘーゲルへの言及が散見されるものの、ティリッヒのヘーゲル論の全貌とティリッヒ自身の思想との関わりについては十分に知ることができなかった。特に問題であったのは、ティリッヒが高く評価する若きヘーゲルがティリッヒにおける生や民族などの議論とどのように関わっているかであり、フランクフルト講義（ヘーゲルの思想史的位置づけ・受容と伝記的問題に続いて、ヘーゲルの初期草稿から『精神現象学』までを扱っている。なお、出版されたテキストはティリッヒの講義草稿［A］と速記メモに基づくノート［B］から構成されている）を、「若きヘーゲルとドイツの運命」や「社会主義的決断」（Tillich, 1933）と対照しつつ分析することによって、前期ティリッヒの思想、特に民族宗教論のより適切な理解が可能になる。民族宗教の問題に入る前に、フランクフルト講義を中心に前期ティリッヒのヘーゲル論の要点をまとめておくことにしたい。

(1) 近代ドイツの歴史的状況

> わたしがこれまで示唆してきたことは、ヘーゲルの思惟の本質的なものを理解するためには二つの現実的な根、つまり宗教的根と政治的な根が重要である、ということなのである（Tillich, 1931/32, 109）。

ティリッヒのヘーゲル解釈は、ヘーゲルの思想が宗教と政治という相互に結びついた二つの根を有し、ヘーゲル自身が直面した歴史的な現実状況（「ドイツ民族の現実的状況」（ibid., 151））と密接に関わっている、との認識から開始される。この近代ドイツの歴史的現実とは30年戦争の帰結と啓蒙主義の登場に規定されたドイツの宗教的あるいは政治的な分裂状況である。すなわち、宗教的には、正統主義の国家宗教と啓蒙化された個人宗教との対立であり（ibid., 105f.）、また社会的には、半封建的な生活形態の下で絶対主義的国家と国家宗教に支配されている大衆と啓蒙的な精神的自律性を要求する教養市民層という二つの社会階層間の分裂である（ibid., 125-130）。さらにこ

れはドイツにおける統一国家の不在とも関わっている[7]。こうした分裂は世俗化（Profanizierung）を促進し（ibid., 117）、哲学思想においては理性と直接性・感性との対立（二元論）となって現れることになる。

この近代ドイツの歴史的状況下でヘーゲルの思想的課題となったのは、「啓蒙の土台の上に新しい民族文化」（ibid., 64）を建設することであり——民族の教育（Volkserziehung）——、また「批判的理性の自律によって規定された時代と精神状況における宗教的な現実化」（ibid., 110）の問いに対して答えることだったのである。若きヘーゲルの思想的課題はこの分裂状況を克服することに向けられており、この点で、ヘーゲルの思想的営みは分裂し対立に陥った諸要素の総合（普遍的総合）の試みであったと言えよう[8]。ヘーゲルの思想は単なる抽象的議論ではなく、歴史の具体的な状況に根ざしたものだったのである。

(2) 歴史的現実と原理

以上のように、ヘーゲルの思想は歴史の具体的な状況から提起された課題に向けられている——ヘーゲル哲学を規定しているカイロス（ibid., 105, 361）——。しかし、歴史の個々の現象を歴史の表層に現れた偶然の出来事として論じるのではなく、こうした諸現象を規定する原理へと問題を掘り下げてゆくところにこそ、哲学者ヘーゲルの真価が存在する。つまり、啓蒙主義の登場によって鮮明になった分裂・対立の状況を、歴史を貫く動的な原理の問題として追究する態度である。こうした「原理—現実・現象」という枠組みは、ティリッヒがヘーゲル哲学の方法論として指摘するものであるが、同時にそれはティリッヒ自身の歴史理論の方法論にほかならない。

具体的には、近代ドイツの運命を規定する原理の問いは、アブラハムを典型（人間的可能性の型）・モデルとするユダヤ教の精神を対立の原理として説明することから始められる。ヘーゲルにおいて、ドイツの運命を論じる際に登場するユダヤ教、キリスト教、ギリシア都市国家、ローマ帝国といった

---

[7] 宗教改革とその後の宗教戦争に規定された近代ドイツの歴史的状況がキリスト教神学に対して有している決定的意義については、パネンベルクによって的確な指摘がなされている（Pannenberg, 1997, 25-32）。これについては芦名（1995、33-45）も参照。
[8] Tillich（1967, 410-431）.

諸実在は、「歴史的ではないが非歴史的でもない」という二重の仕方で歴史的現象に関係づけられる。なぜなら、「求められているのはユダヤ教の精神」であり、一回的な歴史的出来事ではない、しかしかといって、「見いだされるのは、ユダヤ教の現実の歴史的な意義」だからである（ibid., 174f.）。こうした諸実在に対して、ティリッヒは類型論的、発展史的という性格づけを行う[9]。「アブラハムは人間的可能性に対する典型（Typus）である」「アブラハムは歴史における諸帰結を伴った歴史的出来事である」「したがって、諸カテゴリーは歴史的なものとなり、典型は生産的なものとなる。普遍的なものと歴史的なものとが相互に浸透し合う」（ibid.）。このフランクフルト講義の議論の意味は同時期の文献を参照するときいっそう明確になる。

> ユダヤ教とキリスト教、ローマ帝国とギリシアの共和制政体は哲学的な諸原理の担い手であると同時に、歴史的影響の担い手である。それらはドイツの運命を規定していたが、それは偶然的な歴史的原因としてではなく意味を担う諸力、つまり一回的であると同時に普遍妥当的な諸力としてなのである（Tillich, 1932, 130）。

> 歴史的性格づけのための別の道が求められねばならない。すなわち、自然認識から導出される本質概念に代わって、歴史の特性にふさわしい動的な概念（ein dynamischer Begriff）が登場しなければならない。概念が動的になるのは、それが自らの内に歴史的起源の新たな予想されない現実化を理解可能なものとする可能性を含むことによる。このような概念を原理と名づけよう。原理とは、膨大な個別的現象から抽出された抽象的で一般的なものではなく、実在的な可能性、原動力、歴史的現実の

9　思想史研究における類型論の意義については、ティリッヒに先立つ世代（たとえば、ウェーバー、トレルチ）の思想研究においてすでにテーマ化されているが、波多野精一の場合、宗教哲学構築の中心に位置づけられている（本書著者によって、波多野精一『宗教哲学序論・宗教哲学』（岩波文庫、2012年）に付された「解説」を参照。特に、535-543頁）。思想理解の方法論としての類型論の意義については、ティリッヒもそれを明確に意識しており、そのことは、後期の著書においても確認できる（たとえば、1957年の *Dynamics of Faith* など）。ティリッヒにおける精神史と類型論に関しては、芦名（1994、220-224、239-241）を参照。

力を含んでいるのである（Tillich, 1933, 295）。

　これらの引用における「原理」「典型」については、本章の議論のテーマであるヘーゲルの歴史哲学以外にも、たとえばトレルチの「キリスト教の本質概念」との関わりなどを考慮する必要があるが（芦名、1995、97）、前期ティリッヒの範囲で第一に指摘されるべきポイントは、ティリッヒ自身の歴史理論との関連であろう。前期ティリッヒにおいては、その時々の考察対象となる歴史的諸現象や歴史的状況の意味を把握するために、様々な精神史や類型論が登場する。「精神史」に関しては 1923 年の『諸学の体系』を参照する必要があるが（ibid., 172-183）、ティリッヒの言う精神史とは歴史を一つの意味連関として把握するための方法論に属している。したがって、精神史は歴史学に隣接しつつも、哲学や体系論とともに精神科学を構成するものと位置づけられ、一方で哲学的原理に基づいて歴史学から与えられる素材を時系列に配列整理し意味の発展的連関を理解可能なものとし、他方では歴史的プロセスにおいて形成される諸規範とそれに基づく体系化のための基盤としての役割を果たす。哲学が与える原理と歴史学が与えるデータとを意味連関の了解に向けて結合するのが精神史の課題なのであって、まさにこれはフランクフルト講義でヘーゲルにおける「原理と現実・現象」として論じられたものにほかならない。この精神史における意味連関の把握を支えているのが類型論であり[10]、それは先に見た原理の歴史的現実化の場としての典型・モデルの役割に合致している。

　ティリッヒの類型論は 1920 年代におけるドイツの歴史理論の文脈（特にウェーバーあるいは新カント派の歴史理論。Tillich, 1923a, 135-140）における詳細な検討を要する問題であるが、ここでは、対立の原理、ユダヤ教の精

10　原理と類型は歴史認識の方法論として緊密に関連づけられているわけであるが、両者の違いは類型論あるいは類型が歴史認識の方法論に限定されるのに対して、原理が主体的な決断とも密接に関連している点にある。つまり、「原理はイデオロギー的概念ではなく実在性を記述する概念である。原理は概念において把握された歴史的存在の力である」（Tillich, 1933, 296）が、しかし「原理に到達するには、常に決断を含んだ理解以外の方法においては不可能なのである」（ibid., 295）。すなわち原理の把握は理論的な方法論の問いに限定されるのではなく、実践的決断に関わっているのである。

神（ユダヤ民族の物語）、典型としてのアブラハムという三者の相互関係（原理―歴史―典型）を指摘しておきたい。典型・類型（人格）は原理の現実化の物語（ユダヤ民族からドイツの運命まで）を読み解くための鍵となる。

(3) 対立の原理と分裂の克服

　ヘーゲルによって、近代ドイツの政治的宗教的な分裂状況の問題は、歴史を規定する原理の問題へと深められ、それによってこの分裂状況の克服の問題も原理のレベルで論じられることになる。つまり、対立の原理と同一性の原理の問題である。

　近代ドイツの状況を規定するものとして取り出された対立の原理（das Prinzip der Entgegensetzung）を哲学的に表現しているのが啓蒙思想あるいはカント哲学の二元論であるのに対して、この原理を宗教的生において具現しているのはユダヤ教の精神とその典型としてのアブラハムであった。すなわち、

> ヘーゲルによれば対立の原理がその具現化を見た究極的かつ最大のものはユダヤ教である。ヘーゲルはアブラハムの形姿の内に、対立の原理を鮮明な諸特徴においてまたきわめて様々な方向づけに従って、描き出しているのである（Tillich, 1932, 136）。

> ヘーゲルにとってユダヤ的なものは他のものと並ぶ単なる一つの原理なのではなく、真に力動的な原理、つまり対立、アンチテーゼなのである。……ヘーゲルのアンチテーゼはユダヤ教の宗教的原理を論理化することによって成立した（Tillich, 1931/32, 177）。
> 人間の根本的な可能性であると同時に歴史的な根本的現実であるというユダヤ的なものの決定的特徴は、アブラハムにおいて与えられた（ibid., 163）。

　ヘーゲルが指摘する典型としてのアブラハムの特徴は、アブラハム物語における故郷から異郷への出発、息子イサクの犠牲などの出来事に端的に表れている。それは血縁関係に集約された自然の絆からの分離、自然（直接性）

に対する敵対、支配と解することができる。

> 理念的なものである神を通して、アブラハムは自然に対してただ一つの可能な関係性、つまり間接的関係しか持たない。対立という基盤の上にはいかなる直接的関係も存在しない。その根拠は、自然が神に関与しないということである。もし人間がこの神に服従するのであるならば、人間は自然との対立の内にあることになる。しかしそれによって愛は止揚される。なぜなら、愛の内には直接性の要素が存するからである。純粋な対立という形式を持つ神の支配主張の無制約性に対して、側室である女奴隷の追放に至る無制約的な一夫一婦制の形式は類比の関係にある。ここにも支配主張の統一性がある。すなわち、自然、神話的神性、愛、一夫多妻制は一体をなしている。これらに対立するのが、支配、自然喪失、別離、一夫一婦制なのである。すべてのものにまして神を愛し、世界を獲得し、そして魂を喪失する（ibid., 164）。

このようにアブラハムにおいて典型的に表れた自然に対する巨大な不信・敵意・蔑視の態度は、故郷を喪失し世界に離散するというユダヤ民族の運命を規定し、さらにはこの敵対的な自然を征服し自らのみを神の選民とする態度を発生させた。ユダヤ民族が自らの神を信じたのは、神のうちに支配を通した自然との統一を見いだしたからである。故郷からの分離と遊牧生活（Nomadentum）において表現された神と世界の対立性の意識を通して、存在するものは一つの全体として反省されることになる（＝客体化、啓蒙の原理）。「存在するものの全体性（die Ganzheit des Daseins）の成立は反省、つまり生のプロセスの破れにおいて生じる」（ibid., 165）。自己意識と世界・自然との対立は、存在するもの一切を創造されたものとして統一し支配する排他的一神教（der exklusive Monotheismus）という不幸な宗教（Religion des Unglück）へと集約される。ユダヤ教の神はあまりにもまじめであり、戯れを知らず、自然的な面に欠けている。分離、支配、服従は不幸であり、愛、美、生、喜びといったもの（幸福）に対立している（ibid., 175）。ヘーゲルにとって、自分のなかで分裂した不幸な意識と同様に、不幸な宗教も克服されねばならないのである。

このアブラハムにおいて出現したユダヤ教の精神は、キリスト教と後期ローマを経由して、ドイツ民族の運命になった、とヘーゲルは考える。ここに、われわれはヘーゲルのドイツの歴史的状況に対する歴史哲学的思索とともに、彼のキリスト教批判を読みとることができる。次節で見るように、若きヘーゲルは近代ドイツの分裂を規定する対立の原理を克服するものとして民族宗教を取り上げているが、問われねばならないのははたしてキリスト教は真の民族宗教たりうるか、つまりキリスト教はドイツの分裂を救いうるかという問題である。これに対してヘーゲルは、「ユダヤ的原理がキリスト教において支配的である限り、それは不可能である」（ibid., 185）と答える。しかし、もし歴史的な対立・分裂の克服が対立の原理の克服として試みられねばならないとしても、それがユダヤ教やキリスト教のような対立の原理に規定された宗教では不可能であるとするならば、歴史的な分裂状況の克服はどのようにして可能となるのであろうか。この対立を克服するものとして若きヘーゲルが取り上げるのは、彼の情熱の対象であった古代ギリシアのポリスの宗教と「共和主義の精神」であり、ここにおいて自然との宥和が見いだされるのである（美しき宗教）。「ヘーゲルはギリシアにおいて観察された民族宗教の理想をつかみ取った。そこにおいて教会の宗教と理性の宗教とは調停されるのである」（ibid., 53）。この議論を展開するには次節における民族宗教や空間性の分析が必要になるが、ここでは次の点を確認しておきたい。

歴史的な対立や分裂の克服の試み、つまり分裂を克服しうる宗教的政治的現実の実現の企ては繰り返し試みられねばならない。なぜなら、分裂や対立とは、偶然生じた不慮の事故や外的な災害ではなく、自己を二重化しそれによって分裂状態に陥った生自身、つまり生に内在する運命であり、生はそれが生きた生であるかぎり、この自己分裂の運命を避けることができないからである。

　　「運命とは自己自身の意識である」。しかしそれは敵対的なものとして存在している。すなわち、意識は自己の内にとどまっており、自己自身のものそれ自体は止揚されていない。しかし、自己自身の内に敵対的ななにものかが生じている。自己自身における分裂を通したものとは別の〈対立〉が存在しているわけではない。運命とはそのようなものではな

い。運命は自己が自身と分裂している限りにおける自己なのである（ibid., 261）。

　ティリッヒにおいても、運命は自由と両極をなすものとして、人間存在を構成する基本構造に属している（Tillich, 1925b, 231）。分裂が運命として生（人間存在）自体に属しているのであるとするならば、その克服の課題を人間は免れることはできない。しかし、同時にこの対立・分裂の運命は自由な行為を通してまさに克服されねばならない。生が運命との非和解的状態にとどまることは不可能であり、和解の努力は絶えず反復されねばならない。なぜなら、「生は絶対的な自己分裂に耐えられないからである」（Tillich, 1932, 142）。さらに、自己分裂としての運命の克服は決して不毛な努力ではない。なぜなら、分裂は運命であり克服されねばならないものであるだけでなく、まさに何らかの仕方で克服可能なものだからである。

　ここで議論は再び原理のレベルに向かうことになる。なぜなら、歴史的な分裂が対立の原理に根ざしているのと同様に、その克服も、原理のレベルから、つまり同一性の原理において理解されねばならないからである。神と世界あるいは人間と自然の対立は生の現実にとって最終的な言葉ではない。「新約聖書のキリスト論についての新しい断片（Die Religion Jesu [N302-324]）において神と人間の関係を叙述するために、同一性の原理（Das Prinzip der Identität）が今やヘーゲルにとって必要なものとなる」（Tillich, 1931/32, 285）。これはヨハネ福音書のプロローグにおける受肉の解釈の問題であり[11]、ヘーゲルにとって、受肉論において具体化された同一性の原理こそが、神と人間、人間と自然の対立を克服するための原理として、しかも対立の原理を克服するものとして位置づけられるのである。「ヘーゲルにおいては存在論的に統一（Einheit）が第一のものなのである」（ibid., 213）。総合、統一、同一性が、対立よりも根元的であり、肯定が否定に先行するというの

11　ドイツ観念論におけるヨハネ福音書プロローグの意義については、中埜肇『ヘーゲル哲学の基本構造』（以文社、1979年）の第二章「ヨハネ福音書とルター——キリスト教」（91-125頁）を参照（本書第5章でも扱われた）。ここで中埜は「ヘーゲルはその哲学の基本構造をヨハネ福音書から得た」という仮説を提出している。このヘーゲル哲学とヨハネ福音書を媒介しているのはルター的なプロテスタンティズムにほかならない。

は、ティリッヒ自身の根本思想にほかならない。同一性は論理的に対立に先立っており、生の運動は対立に陥りつつも常に統一と和解を目指して進展する。この生の弁証法の理解において、ティリッヒはキルケゴールやバルトよりも明らかにヘーゲルに接近している（ibid., 194, 202, 214）。このヘーゲル的な対立に対する統一の優位、否定に対する肯定の先行性の議論から、1923年のバルトやゴーガルテンとの論争（批判的逆説か肯定的逆説か。MW. 4）、あるいは20年代後半のプロテスタンティズム論（形態・形成原理の批判原理に対する先行性）といった前期ティリッヒの諸思想を統一的に捉えることが可能になるのである。[12]

（4）生の弁証法的運動と愛における和解

以上の議論より、近代ドイツの現実を規定する様々な対立とその克服の問題は、原理のレベルへと深められ、これによって最終的には生の内的運動（弁証法）として捉えられることになった。それは対立という生の運命的契機とそれを克服する愛の問題として論じられる。

> 愛のうちに生そのものが存する。それは自己自身の二重化として、かつまた自己自身との一致としての生である。生は未発展な統一から出発し、教養・反省を通して、完成した統一へと至る円環を通り抜ける（Nohl, 379）。

---

[12] 「否定に対する肯定の先行性」は19世紀のキリスト教思想史に対するティリッヒの位置づけにも関わっている。「もし前者（神学におけるすべての諸要素から一つの総合を構築すること。筆者補足）がとられるのならば、シュライアマハーは近代プロテスタント神学の創始者であり続けるであろう。そこで諸君はこの点に関して決断しなければならない。もしわたしが先に決断して良いならば、わたしの決断は完全にシュライアマハーの側にある。しかし、留保をつけてであるが。シュライアマハーもまた彼よりも偉大であり彼と同様のことを企てたヘーゲルも実際のところ成功しなかった。彼らの失敗から、19世紀の正統主義のグループと20世紀の新正統主義のグループはそれは不可能であるとの結論を引き出した。しかしわたしはそれは再度試みられねばならないという結論を引き出す。もしそれが再度試みることができないとするならば、体系的な企てとしての神学は捨てた方がましであろう」（Tillich, 1967, 387）。おびただしい失敗例にもかかわらず、なぜ総合（和解）は再度企てられねばならないのか、また企てうるのか。この問いに対する答えは、総合は分裂よりも根本的だからと答えうるであろう。

フランクフルト講義（Tillich, 1931/32, 209）で引用されたこの「愛」と名づけられた断片の言葉は、若きヘーゲルの中心思想であるだけでなく、ティリッヒの「生」をめぐる議論の根本命題でもある。

「愛は主観と客観の統一でありこの対立の克服である」（ibid., 205）とあるように、運命が生の内的な自己分裂であるのに対して、愛はこの分裂した生の再統一・和解であり、同一性の原理の現実化にほかならない。「愛は二重化としての生でありこの二重化の統一である。……生ける生自体が愛である。生は生として存在するだけでなく、生としての自己を有しているのである。そしてこれが生けるものの感情である」（ibid., 197）。こうして、生は、「生物学的に方向づけられた概念」ではなく（ibid., 216）、宗教、国家、民族などの人間の現実性全体を捉える際の基本的カテゴリーとして位置づけられ——概念がすべての抽象的な対立（理性と感性、自律と実定性、孤立した客体と孤立した主体）の統合であるのに対して、生は積極的な統合、多様性の全体、生ける全体性と言われる（ibid., 216f.）。したがって、愛において再統合される諸対立とは、市民社会における諸対立、たとえば法、私有、権力などの現実性を包括するものとなる——、「三重の行為。すなわち、直接的な統一、対立、媒介された統一」（ibid., 199）という弁証法において動的に展開するものと理解されることになる。

三段階において進展する生のプロセスは人間存在が巻き込まれている様々な諸対立を運命的に生み出しつつも愛における和解・再統合に向けて進展する。この若きヘーゲルの思想は後に精神の弁証法として概念化され一つの哲学体系へともたらされることになるが、生と体系との根本的な矛盾は別にして、[13] ティリッヒの生理解はこの若きヘーゲルの生の弁証法的理解に依拠している。ティリッヒにおける生の問題は、1925年のマールブルク講義（教義学講義）においてその初期の展開を見ることができるが、それは晩年の『組織神学』第三巻（1963年）において一つの議論へと結実することになる。この50年あまりにわたる「生」をめぐる議論の展開に関しては、晩年の議

13　生と体系との対立は、ティリッヒの思想形成の文脈で言えば、後期シェリングからキルケゴールに至る実存主義的モチーフの問題である。この点については、芦名（1995、76-85）を参照。また、存在論、体系、同一性、全体性という議論が、他者理解において批判的に問われねばならないことについては、レヴィナスの議論を参照。Emmanuel Levinas, *Totalité et Infini*, Kluwer, 1961.

論で次元概念が導入されるなど、いくつかの発展のあとが確認できるものの、その基本は一貫している。この一貫性は、キリスト教思想史の講義におけるヘーゲルを取り扱った箇所で『組織神学』第三巻の生命論(「哲学的観点からの」自然の考察、つまり自然哲学)への言及がなされていることからもわかるように (Tillich, 1967, 422)、ヘーゲルの自然哲学や生命論との関係において理解されるべきであろう。つまり、『組織神学』第三巻の表現を借りるならば、人間的現実性の全体としての生は、「可能的存在の現実化」の過程であり、自己統一(中心性、道徳)、自己創造(成長、文化)、自己超越(昇華、宗教)の三つのベクトルによって構成された弁証法的な運動なのである (Tillich, 1963a, 30-32)。

三　民族宗教論と時間空間

次にティリッヒのヘーゲル論における民族宗教の問題に移ろう。これによって、前期ティリッヒの思想的課題とヘーゲル論との内的連関がさらに明確になるものと思われる。1920年代のティリッヒが宗教社会主義運動の理論家として活動したことはよく知られているが、そのなかから展開された宗教社会主義の現実化やナチスの民族国家主義批判をめぐる論争がこのヘーゲル論の背後に存在している[14]。

(1) 民族及び民族宗教

若きヘーゲルにおいて、なぜ民族宗教が近代ドイツの歴史的な分裂状況の

14　前期ティリッヒにおいて宗教社会主義論は中心テーマの一つであり、ティリッヒの哲学あるいは神学のコンテクストとして重要な位置を占めている(本書第9章)。『社会主義的決断』を含めた主要な文献は、GW. II あるいは MW. 3 に収録されているが、これに関する研究書としては次のものが参照に値する。

  Renate Breipohl, *Religiöser Sozialismus und bürgerliches Geschichtsbewußtsein zur Zeit der Weimarer Republik*, Theologischer Verlag, 1971, S. 59-64, 167-224, 253-257.

  John R. Stumme, *Socialism in theological perspective. A Study of Paul Tillich 1918-1933*, Scholars Press, 1978.

  A. James Reimer, *The Emanuel Hirsch and Paul Tillich Debate. A Study in the Political Ramifications of Theology*, The Edwin Mellen Press, 1989.

克服という問題連関のなかで中心的な位置を占めることになるのであろうか。この点を理解するために、フランクフルト講義における民族概念と民族宗教概念とを概観してみよう。[15]

「民族はその定式において不安定さをもっている」(Tillich, 1931/32, 115)。つまり民族は、理性によって構成された一般的な人間性（しかし実在性を有しない）と、自然な素朴さ、直接的なもの、神秘的なもの、生命との結合、まだそれ自身の反省に至っていないものといった意味における民衆性との間で揺れ動いている。しかし、ヘーゲルにとってこの民族概念の両義的な性格は次のような重要な機能を果たしている。

> この民族概念はそれがヘーゲルにとって満たすはずの哲学的機能、つまり理性と直接性との対立を克服する機能を果たすことができる（ibid., 112）。

> 民族概念は教養と国家との分裂に対して古代ポリスの理想を実効的なものとするこの機能を果たした。民族の理念は〈不満〉と〈服従〉における絶対主義的分離を克服する革命的機能を有していた（ibid., 308f.）。

このように、民族とは若きヘーゲルにとって、まさに近代ドイツを規定する諸対立を克服するものとして位置づけられているのである。民族精神こそが心情の生きた総体性の基盤なのであり、社会階層の分裂、国家と宗教との分裂は民族において止揚されることが期待できるのである。「同盟と民族、

---

15 ヘーゲルの民族宗教論に言及した研究書は少なからぬ数にのぼる。注4の文献のほかに、ティリッヒのヘーゲル論との関連で次の文献を参照した。
　　高橋昭二『若きヘーゲルにおける媒介の思想（上）』晃洋書房、1984年、97-114頁。
　　藤田正勝『若きヘーゲル』創文社、1986年、32-61頁、92-124頁。
　　James Yerkes, *The Christology of Hegel*, The State Univ. of New York Press, 1983, pp. 11-46.
　　また、南原繁は『国家と宗教――ヨーロッパ精神史の研究』（1942年）でカント主義的な政治哲学を展開しているが、単にカントを反復するのではなく、民族共同体論、民族国家をカント的政治哲学に結合することを試みており（芦名定道「南原繁の政治哲学の可能性――キリスト教思想の視点から」南原繁研究会編『政治と宗教――南原繁再考（その一）』横濱大氣堂、2024年、3-27頁）、これは、本書の議論にとって示唆的である。

特殊部隊としての同盟、実在性としての民族、これらが宗教的には神の国として評価される二つの実在的な力なのである」(ibid., 72)。「直接性という意味における民族は真の宗教の基盤（Fundament）である」(ibid., 120)。若きヘーゲルにとって神の国あるいは真の宗教は民族の内に実在すると考えられている（美しき宗教）。国家と教会、絶対主義的国家と結びつくに至った国家宗教（他律的・実定的）と啓蒙化された私的宗教（自律的・理性的）といった諸対立の克服の鍵が民族にあると考えるとき、それは具体的には民族宗教（Volksreligion）の問題として問われることになる。次に民族宗教へ考察を進めよう。

　理性と感性との統一としての民族宗教の特徴づけは次のような特性によって行われる。「I. 民族宗教の教説は普遍的理性に根拠づけられねばならない。II. その際に想像力、心、感性が抜け落ちてはならない。III. 民族宗教は生活のいっさいの必要に、さらに公共的な国家活動に結びつくような性質を獲得しなければならない」(N20)(ibid., 107)。

　このように、民族宗教は普遍的理性に権威づけられている点で、単純（Einfachkeit）かつ人間的（Menschlichkeit）であり、その教説はそれぞれの民族の教養の発展段階に応じたものでなければならないが、しかし同時に心と想像力（Phantazie）に場を与え、神話や儀礼を重視する積極的実定性を有しなければならない。この理性と感性の調和的統合の上に、民衆の実生活（特に祝祭）と国家の活動との結合という民族宗教の公共性が成り立つのである。したがって、民族宗教とは「理性に基礎づけられた宗教であり、しかも神話と想像力に場所が与えられ、生の全体に適合する宗教である」とまとめることができる。

　問題は、こうした民族宗教——その理想は古代ギリシアのポリスと、共和制ローマにおいて実現していたと言われる (ibid., 118)——が近代ドイツの歴史的状況において果たして実現可能であるのか、ということである。ヘーゲルに即してこの問いに答えるために、ヘーゲルの民族宗教論における神話的想像力と空間拘束性に関してティリッヒが行う分析をたどることにしたい。

　ヘーゲルによれば、民族宗教には神を人間の感性へと、つまり具体的イ

メージにまでもたらす想像力（神話的想像力）を欠くことができない。この神話的想像力の特徴は空間的なものとの結びつきにある。「空間拘束性（Raumgebundenheit）は神話的想像力に属している。神々あるいは守護霊は空間に拘束されている。ここからそれらのものの活気とまた限界が生じるのである。すなわちヘーゲルによれば、われわれにとってユダヤ的空間がそれなのであるが、空間が意味を喪失するところでは、神話を形成する想像力は死に絶えてしまう。今日民族の空間が語られる際の想像的な形式はここにその根拠を持っているのである。空間は異教的なもののカテゴリーである」（ibid., 144）。実際、「どんな民族もその民族独自の想像力の対象が存在し、その民族なりの神々、天使、悪魔、さらに聖者がいて、その民族の伝承のなかに生きて」おり、そして「その神々の住む民族なりの聖地」「聖なる森」が、その民族の身近に存在していたのである（ibid., 151）。

したがって、空間が聖なる意味を喪失するとき、神話的想像力は破壊され、民族宗教はその基盤を失う。それはユダヤ民族にとって、パレスチナの国土の喪失という仕方で起こった。そして、まさにドイツ民族もこうした神話的想像力の喪失状態に陥っているとヘーゲルは考える。なぜなら、「キリスト教は、ヴァルハラ（Walhalla）を民族から奪ってしまった。聖なる森を取り払ってしまった。そして民族の想像力を恥ずべき迷信として、悪魔の毒として根こそぎにしてしまった」からである（ibid., 151）。この根源的な想像力が回復されない限り民族宗教は不可能である。しかし、神話的想像力がキリスト教においてドクマ化に陥り――「キリスト教的想像力は歴史的想像力をもたらしたが、しかしコスモスを空虚なものとした」（ibid., 107）、「キリスト教において時間が空間に対して勝利を収め、当為的なものの聖化が存在するものの聖化に対して勝利した」（ibid., 144）――、対立の原理がキリスト教を通じて近代ドイツの運命となった今、もはや、「われわれの祖国の英雄たちは学者が書いた歴史書のなかにまどろんでいる」（ibid.）にすぎず、「かの古のドイツの想像力はわれわれの時代には自らをつなぎ止め結びつけるものを持たないのである」（ibid., 144）。これがヘーゲルの結論（N217）である。宗教はもはや対立を克服する力を有したそれ自体で完結したものとは見なし得なくなり、こうしてヘーゲルはしだいに成熟した哲学的体系家としての道を意識的に踏み出すことになる。

（2）空間と時間

　ティリッヒの歴史理論の特徴の一つとして「時間と空間の類型論的対比」を挙げることができる。これは聖書的キリスト教的な歴史解釈の特徴を、ギリシアや東洋の歴史解釈との対比で特徴づける際に現れるものであるが、それは実在を解釈する際に、時間というカテゴリーを基本にするか、あるいは空間というカテゴリーを基本にするかの問題であり、実在を基本的に歴史として捉えるか、自然（コスモス）と捉えるかの違いとして説明される。[16] こうしたティリッヒに特徴的な議論の源泉がどこにあるかについては従来十分な解明がなされてこなかったが、これまでの前期ティリッヒにおけるヘーゲル論の分析からもわかるように、ここにヘーゲル（若きヘーゲルの民族宗教論）の影響を確認することは困難ではない。つまり、ティリッヒにおける時間と空間との対比の議論の背景には、先に見た民族宗教や神話的想像力における空間性と、それに対立するユダヤ教的な時間性との対比が存在するのである。[17] こうしたティリッヒとヘーゲルとの関わりを論じる前に、ユダヤ教的な唯一神教における時間カテゴリーの意義を確認しておこう。

　すでに見たように、ヘーゲルが示すユダヤ的原理の特徴は空間の喪失にある。家族的共同体的な直接的人間関係から決別して異郷に赴き、息子への愛を神の要求の前に犠牲にする、このアブラハム物語に描かれた姿が、空間を喪失したユダヤ民族とドイツ民族の運命の典型として捉えられたのである。

16　この時間と空間の対比は、後期ティリッヒにおいてもみられる有名な議論であるが（芦名、1995、311）、それが歴史の歴史的解釈と歴史の非歴史的解釈との対比として定式化され、さらに歴史と存在論、一神教と多神教（神話）と重ね合わされるとき、錯綜した問題が生じる。時間と空間という対比における時間の優位をティリッヒの歴史理論の基本的立場として承認するならば、そこから存在論的神学者ティリッヒという通俗化したティリッヒ理解との整合性が問われねばならないことになる。おそらく問題はティリッヒの存在論概念の曖昧さにあるとともに、ティリッヒ研究者が無反省にもちこむ存在論概念だろう。

17　この点で、モルトマン神学の展開、つまり『希望の神学』における希望、約束などの時間カテゴリーの強調から、最近の『神の到来』における空間の問題の再検討を含む終末論への展開は興味深い。この展開はエコロジーの問題からのインパクトによる宇宙的終末論の構築として理解できるものであるが、ここに最近のモルトマン神学の問題点があるように思われる。

　　Jürgen Moltmann, *Das Kommen Gottes. Christliche Eschatologie*, Chr. Kaiser, 1995, S. 297-307, 325-337.

これは自然との対立という人間存在の存在様態であった。「ユダヤ教の精神に典型的な対立というこの態度はヘーゲルによって農民的生活と対立した遊牧生活と結びつけられている。アブラハムは個々の土地に対して愛着を持って関わることがない。空間へのエロス、空間拘束性が欠けている」(ibid., 168)。ここに成立するのが空間に拘束された異教の神々に対する排他的一神教であり、故郷という空間に代わって登場するのが異郷と未来（成就すべき約束の時）、つまりティリッヒが空間と対比させる人間存在の基本的存在様式としての時間にほかならない。

> 存在するものの全体性（Ganzheit）は後続するものを含んでいる。すなわち、存在するものの全体性は歴史的である。それは時間を通して広がって行く。それは未来への約束によって担われる。対立は存在するものの全体を未来へと方向づけられたものとして、つまり歴史として作り出すのであり、それは神の摂理によって導かれるのである。したがって、存在するものの全体性はそのうちに歴史性、未来への方向づけ、約束への接近、摂理の信仰によってこの未来に到達することの確実性を有しているのである（ibid., 165f.）。

アブラハムが神の名の下に否定したパレスチナの異教の神々は、それを信じる民族とその勢力範囲に限定されているという意味で、空間に拘束された神々である。それに対して、アブラハムの信じる神はあらゆる空間の拘束を超えた唯一の神であり、この神の約束に導かれて故郷を旅立ったアブラハムは未来へと方向づけられた時間性を獲得する。アブラハムの実存を規定するのは時間のカテゴリーなのである。こうして、ユダヤ民族は時間の民となった。[18]

---

18 このユダヤ教理解は、後に次のユダヤ人論へと展開される。
  Paul Tillich, Die Judenfrage. Ein christliches und ein deutsches Problem, in: GW. III, S. 149-160.
  今後、ユダヤ人論との関連において、ヘーゲルらドイツ観念論の思想家とアンチ・セミティズムとの関わりを論じる必要があるであろう。
  なお、ティリッヒとユダヤ教の関わりについては、次の拙論を参照。
  芦名定道「現代キリスト教思想とユダヤ的なもの」京都ユダヤ思想学会『京都ユ

以上のフランクフルト講義のヘーゲル論における「時間と空間との類型論的対比」は単なる哲学思想の解釈にとどまらず、1930年代初頭という時代状況のなかで実践的な意義を有していることに注目しなければならない。以下、この時期の主著である『社会主義的決断』によって、「時間と空間」問題の実践的文脈を明らかにしてみよう。

　『社会主義的決断』は政治思想をテーマとした著作であるが、この書でティリッヒは、若きヘーゲルにおいて宗教と国家の問題が人間の生の構造において捉えられていたのと同様に、政治思想の問いを人間存在あるいは人間の意識の構造から論じ始める。その際にティリッヒが参照するのが、『存在と時間』におけるハイデッガーの現存在の分析である[19]。すなわち、

> 人間は二重化における統一体であり、すべての政治思想が生じる二つの根はこの統一体から成長してくるのである。……人間が自らを見いだすということは、人間が自分自身から由来しないということ、すなわち、人間が自分自身ではない起源（Ursprung）を有することを意味する。それはマルティン・ハイデッガーの的を射た言葉で言えば、〈被投存在（Geworfensein）〉ということである（Tillich, 1933, 290）。

　ここでティリッヒは、ハイデッガーの被投性と企投性という現存在の二重性を自らの人間存在論における起源と要請（Forderung）の二重性に対応させる。「世界―内―存在」としての人間が自らを世界の内に見いだす際に、

　　　ダヤ思想』第6号、2016年1月、88-93頁。
　　　ティリッヒにおいてはブーバーとの関係が重要になるが、思想的にはレヴィナスとの関連も研究テーマとなり得るかもしれない。
19　前期ティリッヒとハイデッガーの関係については、芦名（1995、252-266、305-308）を参照。また、フランクフルト講義においてもハイデッガーについては繰り返し言及されていることに注目したい（Tillich, 1931/32, 24, 190-192, 209-213, 407f.）。
　　　なお、ハイデッガーとキリスト教思想との関わりについては、次の拙論や茂牧人の研究を参照。
　　　芦名定道「バルト、ブルトマン、ティリッヒ――ハイデガーと二十世紀神学」秋富克哉・安部浩・古荘真敬・森一郎編『続・ハイデガー読本』2016年5月、168-170頁。
　　　茂牧人『ハイデガーと神学』（知泉書館、2011年）、『否定神学と〈形而上学の克服〉――シェリングからハイデガーへ』（知泉書館、2024年）

人間は自己の起源（自らの存在についての〈どこから（Woher）〉の問いの根）と自己に対する要請（自らの存在についての〈どこへ（Wozu）〉の問いの根）という二重性において自らの存在を捉える（ibid., 290-293, 296-304）。起源の問いに対する答えは諸民族の起源神話（Ursprungsmythos）において表現され、保守的またロマン主義的な政治思想の源泉となる。起源神話は血、地、先祖・英雄などに関連した象徴体系によって構成されるが、これが若きヘーゲルにおける異教、多神教、神話的構想力に対応することは明瞭であり、ティリッヒの捉える起源神話の特徴はまさにその空間拘束性にある。これに対して、実現されるべき存在として意識される要請は起源によって拘束された存在様態（現実態、過去→現在）を実現すべき存在様態（可能態、現在→未来）に向かって超え出るように要求する。この要請こそが政治思想における自由主義、民主主義、社会主義の源泉とされるものであるが、要請と起源との関係は単純ではない。一方で要請は起源の束縛を突破することを要求し起源神話の信憑性を揺り動かす。しかし、同時に「要請は真の起源の成就へと向かう」（ibid., 292）。したがって、要請は起源が両義的であり、重層的であること——現に目の前にある起源・現実的起源（das wirklich Ursprüngliche）と真の起源（das in Wahrheit Ursprüngliche）の差異——を顕わにし、現にある起源の表現形態が真の起源の歪曲であることを暴露する。それゆえ、「人間の〈どこへ〉において人間の〈どこから〉は成就される」（ibid.）のである。この起源を突破しかつ真の成就へと向かわせる要請（しかも無制約的要請）は、ユダヤ教の精神、特に預言者において明確な仕方で現れた。「ユダヤの預言者の意義は起源神話と空間への拘束に対してはっきりと戦いを挑みそれを克服したということなのである」（ibid., 302）。こうして「ユダヤ民族は空間を持たぬ民（Volk ohne Raum）」「時間の民（Volk der Zeit）」となった（ibid., 303）。ここでもまた、若きヘーゲルの場合と同様にユダヤ教の精神は空間拘束性の突破、時間の優位という点で捉えられているのである。以上より、若きヘーゲルにおける空間と時間の対比、民族宗教の神話的構想力との関わり、ユダヤ教における対立の原理の具体化といった議論が、ティリッヒにおいては起源と要請という仕方で継承されていることが確認できるであろう。

(3) ティリッヒの民族宗教批判

　ティリッヒはヘーゲルが多神教・異教とユダヤ教との基本的な性格の違いを空間と時間の対比によって説明したことなどに関して、ヘーゲルの民族宗教論に同意し、『社会主義的決断』においてヘーゲルと同様の議論を展開している。しかし、注目すべきことに、ティリッヒはここから民族宗教の肯定論を導き出さない。ヘーゲルは民族宗教の理想によってユダヤ的原理に規定されたキリスト教とドイツの歴史的状況を克服しようとした。これに対して、ティリッヒはむしろ空間的円環（存在の円環）を突破し未来へと開かれた預言者的キリスト教の立場、時間の宗教の立場を肯定する。これがナチズムによるゲルマン神話復活の企てに対するティリッヒの批判理論を支えているのであって、ティリッヒの民族宗教論はヘーゲルの場合同様に、現実の政治的な対立状況のなかで実践的課題を担いながら展開されているのである。ティリッヒのヘーゲル論はこの歴史的な文脈のなかに位置づけられるときにはじめてその意義が理解可能になる。

　では、なぜティリッヒはヘーゲル的な民族宗教の肯定論を展開しないのか。言い換えれば、なぜティリッヒは社会主義へと決断したのか。これに関連して次の点を指摘したい。

①ナチズムにおけるゲルマン的起源再興の不可能性

　ティリッヒは政治的ロマン主義における「伝統の再建」の主張を次のように批判する。「古ゲルマン的な伝承財によって起源に拘束された統一性を作り出す試みはまったく望みがない。なぜならゲルマン人は歴史に登場するやいなや先行する偉大な諸伝統の潮流に捉えられその起源の形を奪われてしまったからである。確かにゲルマン的な実体はこれらの伝統を自らのものとし改変を施すのに作用している。しかし、起源という意味でゲルマン的でありこの意味で民族的な伝統など存在しておらず、また作り出すこともできないのである」(ibid., 313)。したがって、歴史における意識の進展をいわば逆転させて過去の起源を再生させそのなかで生きることなど不可能であるというのが、ティリッヒの見解であり、この点でティリッヒは、対立の原理に規定された近代ドイツの状況は避け得ない運命であり、そこから古の神々に帰

る道はないとする若きヘーゲルの見解に同意するのである。

②カイロス論の展開

1920年代初期のカイロス論は、時代の運命的転換を主張する点で、同様の主張を行う政治的ロマン主義や国家社会主義によって利用可能な論理形式を有していた。これが現実の問題となったのが30年代前半のヒルシュとの論争である。したがって、ティリッヒが国家社会主義と対決するには自らのカイロス論(時間論、歴史理論)の問題性を反省し修正することが必要になった。このカイロス論の修正のプロセスは1920年代後半のカイロス論の展開においてたどることが可能であり、そのポイントはカイロス概念におけるキリストの出来事の中心的で規範的位置の明確化、つまりキリスト論との関わりにおけるカイロス論の修正に見ることができる[20]。

③正義の問題

国家社会主義を批判しつつ社会主義へ決断することに関して、思想的にもっとも重要なものは正義の問題であろう。ティリッヒが多神教的起源神話とその空間拘束性の解体を主張する理由は次の点に見ることができる。「人間の可能性は試みること、つまり限定された空間を無限の空間へと拡張しようと試みることである。この努力は聖職制による起源神話の彼岸的な根拠づけにおいて基本的に正当化される。彼岸的なものあるいは無制約的なものの本質に対して、有限で制約された空間に拘束されていることは矛盾する」(ibid., 301)。つまり、多神教的な起源神話において正当化される人間の無限の空間への欲望は、それ自体が矛盾的であり、またそれは他の神々の空間的支配領域を自らに統合しようとする「神の帝国主義」を帰結せざるを得ない。「存在するものの全体性という理念から帰結する論理的な帝国主義はそれに対応する神話的政治的な帝国主義の表現にほかならない」(ibid.)。ここにも原理と現実(宗教と政治)との相関がみられる。起源と空間に拘束された精神性においては真の意味における正義は存在しない。そこにあるのは他者を

---

20 この点については、1997年度の日本宗教学会の学術大会における研究発表の要旨を参照。芦名定道「前期ティリッヒ神学におけるキリスト論の構造」(『宗教研究』第71巻315、1998年、123-124頁)。

征服し自己を拡張しようという欲望とその正当化だけである。ここにユダヤ教の精神において具体化された無制約的要請の存在意義が明らかになる。「人間は他者によってのみ無制約的要請を経験する。……両義的な起源から自由になった要請は正義の要請である」、そして「正義とは真の存在の力であり、そこにおいて起源によって意図されていたことが成就するのである」(ibid., 292)。この正義の問題こそが、ティリッヒがユダヤ的精神における無制約的要請の下での起源神話の破壊と、要請に基づく政治思想としての社会主義の正義に対して決断する理由なのである。

四　むすび

　ティリッヒのヘーゲル論をヘーゲルの批判的継承という観点からまとめることによって、本章のむすびとしたい。
　そもそもティリッヒはヘーゲルとどのように関わっているのであろうか。ティリッヒはどの程度まで、そしていかなる点でヘーゲル主義者であり、あるいは反ヘーゲル主義者であるのか。この問いに対するティリッヒの答えは次のようなものである。つまり、「しばしばわたしは自分が実存主義的神学者であるのかどうかと問われた。わたしは常に短く答える。半々であると」(Tillich, 1967, 541)。この言葉はどのように解すべきであろうか。ティリッヒが後期シェリングやキルケゴールから大きな影響を受けていること、そして彼らがいずれも痛烈なヘーゲル批判者であったことはよく知られている。したがって、ティリッヒのヘーゲル批判の内容はこうした点から容易に想像することができる。ティリッヒの言葉を借りるならば、本質主義に対する実存主義の立場からの批判である。しかし、ここで注意すべきは、ティリッヒがヘーゲル的な本質主義とキルケゴール的な実存主義を単純な二者択一とは考えていない点である。確かに、人間の具体的な現実状況をめぐる実存主義からの本質主義批判は正当である。本質主義の概念体系は歴史における端的に新しいものの生成や人間存在の自己疎外の実質を捉えることはできない。しかし、実存主義が自らの思想的立場を表現する際に本質主義の提供する諸概念（疎外、欲望、決断など）を使用せざるを得ないことも確かである。そ

の意味で本質主義は実存主義の前提なのである[21]。したがって、ヘーゲル批判は単純な否定論ではあり得ない。

では、ティリッヒはヘーゲルの何を批判しているのであろうか。「愛における運命との和解」という議論との関連で次のように述べられている。「対立はすべて解決したかに見える。しかし、なおも問わねばならない。すべては思想（Gedanke）以上のものなのか、と」。対立は思想的には解決されたかに見えるとしても、それはいかなる現実性を有するのか。ティリッヒは運命との和解、分裂した諸要素の総合が、繰り返し試みられねばならないことを認める。しかし、歴史の現実においてこの和解は断片的で暫定的なものにとどまらざるを得ないし（cf. Tillich, 1963a）、われわれは見せかけの和解や性急な総合には注意しなければならない。これがティリッヒの回答である（Tillich, 1932, 149f.）。したがって、イエナ期以降の体系家としてのヘーゲルに対し、ティリッヒは明確に否を唱えることができる。

> シェリング、ヘーゲル、ニーチェらにおいてさえ、絶対的な冒険、つまり彼ら自身の決断の純粋に運命的性格は、彼ら自身がいわば絶対的な時代に、つまり第三の帝国のなかに、あるいは終末の開始に立つことによって制限されてしまった。それゆえ、確かに彼らにとって過去全体に対して認識の運命的性格を与えることは可能である。しかし、彼ら自身はもはや否定に従属することのない絶対的場所に再び立つのである。彼ら自身が決断と審判から解放されているのである。これは傲慢であって、それに対する裁きは特にヘーゲルにおいて顕わになっている（Tillich, 1926c, 278）。

ここにおいてもヘーゲルの偉大さが示されている。すなわち、ヘーゲルは本質自体における肯定と否定を知っており、また彼は理念から理念へと駆り立てる矛盾を知っている。彼ほど本質の両義性を直観した者はい

---

21 本質主義と実存主義という問題は、ティリッヒにおいて様々な定式で取り扱われている。たとえば、初期ティリッヒにおける「二元論と一元論」（Tillich, 1908）、「神秘主義と罪責意識」（Tillich, 1912）という問題設定は（本書第6章を参照）、内容的に本章で見た本質主義と実存主義との関係に対応している。

ない。歴史的弁証法の原理として両義性を用いることは決定的な重要性を有する精神行為なのである。この点においてもまた、ヘーゲルの限界は、全体的プロセスからみられるとき両義性は止揚され、矛盾は真剣でないものとなるということに存するのである（ibid., 292）。

　ヘーゲルの体系において、歴史の出来事における現実的なものは理性的なものであり、理念と歴史の間には予定調和が存在する。しかし、「カント的に言えば、多様性の統一、諸総合の総合は無限のプロセスの目標なのである」（ibid.）。したがって、パネンベルクも強調するように、歴史的生は完結することなく常に新しいものに対して、未来に対して開かれていると主張されねばならないのである。

　では、ティリッヒはヘーゲルから何を継承しているのであろうか。これまでの議論の連関で述べるならば、まず宗教と国家、民族という問題が相互に緊密に連関していること、そして歴史的現象の理解は原理のレベルまで深められねばならないこと、対立・否定性に対して総合・肯定性が原理的に先行しなければならないこと、人間的現実の全体である生が直接性から対立を経て総合に至る弁証法的プロセスであることなどが挙げられるであろう。これらは前期ティリッヒにとどまらず晩年期まで一貫したティリッヒの主張であり、ここにわれわれはティリッヒに対するヘーゲルの影響を明瞭に確認できるであろう。

　以上は、ティリッヒにおけるヘーゲルの批判的継承とまとめることができる。あるいはまた、理性と感性を統合しつつ運命との和解を目指す生の弁証法的プロセスが哲学的な概念体系において完結するという主張（体系家ヘーゲル）に対して、概念体系の非完結性・開放性という原理的限界を設定するという点で、和解の課題性を認めつつも対立の原理や疎外の現実が歴史の内部で完全に克服されることを否定する点で、ティリッヒはカント的であり（先の引用にも示されているように）、したがって、ティリッヒの立場はリクールにならってヘーゲル以降のカント主義と呼ぶことができるかもしれな

い。[22] これは前期ティリッヒが掲げた神律的文化の構想に直結している。

> 「キリスト教と観念論との関係の問いに対して次のように答えることができる。すなわち、観念論にはキリスト教的土台の上で終末論的象徴によって表現されているような無制約的なものの超越性が欠けていると」(Tillich, 1927c, 234)、「わたしは次のように信じる。あの観念論的二者択一の彼方にある現実主義が存在し、そのもとでは精神の自己直観は精神をも超越してはいるがあらゆる存在するものにおいて直観可能であるような存在の深み（Seinstiefe）へと突き抜けるのである」(ibid., 237)、観念論との対決は、「キリスト教の精神から生まれる神律的な哲学と文化、そしてその働きによって豊かにされる神学と教会」のためなのである（ibid., 238)。

おそらく、ポストモダンが叫ばれる今こそ、キリスト教にとってモダンとは何であったかを、カントあるいはヘーゲルといった近代の古典的思想家と彼らと対決したティリッヒらから学ぶことは、現代のキリスト教思想にとって無意味ではないであろう。

22　リクールのこの議論に関しては次の文献を参照。
　　Paul Ricoeur, Hegel aujourd'hui, in: *Études Théologiques et Religieuses* 49, no.3, 1974, pp. 335-354.
　　―――, Biblical Hermeneutics, in: *Semeia* 4, 1975, pp. 141-145.

······ 第 **8** 章 ······

ティリッヒとシュライアマハー

一 はじめに

本章は、ティリッヒとシュライアマハーという二人の思想家の関係を、ティリッヒ研究の観点から、特にティリッヒに対するシュライアマハーの思想史的意義に留意しつつ、解明することを目標としている。本論に入る前に、この「ティリッヒとシュライアマハー」という問題設定の意味について、簡単に述べておきたい。

ティリッヒ研究にとって重要なテーマの一つは、ティリッヒの思想を近代のキリスト教思想史の文脈において理解することであり、本書もこうした問題連関に属している。これは、ティリッヒに限らず、現代のキリスト教思想は近代の思想史的文脈から理解されねばならないという認識に基づいている。たとえば、パネンベルクによれば、20世紀神学は19世紀のドイツの古典的神学を前提としてはじめて十分な意味で理解可能になると言われるが[1]、本書は、現代のキリスト教思想の思想史的理解という問題設定を具体化する試みにほかならない[2]。

1　Pannenberg（1997, 15）.
2　こうした観点から為された最近のティリッヒ研究としては、たとえば次の研究を挙げることができる。
　　Gunther Wenz, *Tillich im Kontext. Theologiegeschichtliche Perspektiven*, Lit Verlag, 2000.

こうした問題設定は、ティリッヒに対して外部から押しつけられたものではない。シュライアマハーを論じる際に、ティリッヒはシュライアマハーらドイツ古典期の思想家が直面した思想的状況と自らの第一次世界大戦・ドイツ革命後の状況との類似性を強く意識している。

> まず、表面的な類似性は、政治的な不幸や民族的な問題が際だっており、すべての精神的な諸潮流が同一のものに帰着しているという点に存している。……もっとも深い類似性は、宗教的な転換である。そこには（シュライアマハーの時代状況：引用者補足）、啓蒙主義への対抗が、ここには（ティリッヒの状況：引用者補足）、唯物論への対抗がある。そこでは、宗教的な覚醒が解放戦争と結びつき、ここにおいては宗教から、民族的そして社会的な問題の理解が生まれている（Tillich, 1923/24, 376）。

では、ティリッヒとシュライアマハーの比較は、いかなるテーマにおいてなされるべきであろうか。本章では、「信仰論」を両者の比較の場として設定したい。なぜなら、以下の分析が示すように、ここにおいてこそ両者の積極的な関連を確認できるからであり、また同時に信仰論は、近代のキリスト教思想をもっともよく特徴づけるものだからである。以上の点に留意しつつ、ティリッヒとシュライアマハーの信仰論を比較すること、これが本章の課題となる。

二　ティリッヒのシュライアマハー論

信仰論の分析に入る前に、ティリッヒのシュライアマハー論の要点をまとめておこう。

ティリッヒにおけるシュライアマハーへの直接的な言及はそれ自体としては決して少なくないものの、シェリングやヘーゲルの場合と比較するならば、まとまったシュライアマハー論といえるものはきわめて限定されている。これまで、ティリッヒとシュライアマハーとの比較研究が十分に行われてこな

かった理由の一端はここにあると言えよう[3]。

　ティリッヒのシュライアマハー論を論じるための主な資料としては、「シュライアマハーと感情における神的なものの把握」と題された1923/24年の草稿のほかに、アメリカ時代の「キリスト教思想史講義」におけるシュライアマハー論と『組織神学』が挙げられる。これら以外のテキスト、たとえば、1925年のマールブルク大学での教義学講義においても、シュライアマハーへのまとまった言及はみられない。以下、これらの資料をもとに、ティリッヒのシュライアマハー論の要点をまとめることにしたい。

①西洋の思想的伝統の神学的な総合

　ティリッヒにとって、シュライアマハーは近代キリスト教思想史の最重要人物の一人であり、思想史の概観が行われる際には、必ずシュライアマハーの名前が挙げられる。特に注目すべきは、シュライアマハーがヘーゲルやロマン主義との関連で取り上げられている点である。これはシュライアマハーの思想が西欧の思想史的な諸伝統の総合として位置づけられることを意味している[4]。ヘーゲルが西欧の思想史的諸要素を哲学的領域において総合したのに対して、シュライアマハーの思想には神学的領域における偉大な総合として、高い評価が与えられている。ティリッヒは、宗教改革的な信仰理解（信仰＝「突破・逆説としての啓示の受容」）、プロテスタント正統主義、神秘主義的要素（宗教的熱狂、敬虔主義）、ヒューマニズム・合理的理性（近代の自然神学・理神論）などの総合をシュライアマハーにおいて強調している（ibid., 376-382）。ティリッヒ自身、この西欧思想史の諸伝統の総合の試みを自らの思想的課題として自覚しているのである（Tillich, 1967, 387）。

3　次のクレイトンの研究書は40年前のものであるが、ティリッヒとシュライアマハーとの関わりを論じたものとして、この研究書を超えるものはまだ存在していないように思われる。
　　John Powell Clayton, *The Concept of Correlation. Paul Tillich and the Possibility of a Mediating Theology*, de Gruyter, 1980, pp. 34-83 (esp. pp. 36-48).

4　Tillich (1923/24, 376-381) (1967, 367-386)。Tillich (1923/24) と同時期の草稿「ヘーゲルと思惟における神的なものの把握」(EW. X, S. 387-403) が示すように、シュライアマハー論とヘーゲル論はいわば対をなしており、それは、シュライアマハー論が1920年代の形而上学、歴史哲学をめぐる一連の論考のなかに属していたことを示唆している (EW. Xに所収の諸草稿、特に23番目以降の諸草稿を参照)。

②同一性の原理

シュライアマハーは啓蒙主義の神学（たとえば、理神論的な神学）における神と世界、神と人間との分離に対する反抗を、ロマン主義と共有している。

> 同一性の原理は、神がすべてのものの創造的な根拠であることを意味している。……理神論的なタイプの理論的認識──合理主義的であれ、あるいは超自然主義的であれ──と、カント的なタイプの道徳的服従は、主観と客観の分離を前提にしている。こちら側に主観であるわたしがおり、向こう側には客観である神がいる。そこには、相違、分離、距離が存在する。しかし、この相違は、同一性の原理の力において克服されねばならない（ibid., 391-392）。

同一性の原理、すなわち、有限者の内部における無限者の原理（相互内在の原理）は、神が万物の創造的根拠であることを意味しているが、これはシュライアマハーがドイツ観念論と共有する神秘主義的態度にほかならない。

③同一性の経験の表現としての「感情」

「直観と感情において、この距離（主観と客観の分裂：引用者補足）は克服される」（Tillich, 1923/24, 384）。シュライアマハーは宗教の本質を直観、感情と捉えることによって、宗教を軽蔑する教養人に対して宗教の存在意義を弁護しようとした弁証神学者である[5]。彼の言う感情とは主観的情緒・気分のことではなく、人間存在の深みにおける宇宙のインパクト、われわれの内面において現前する万物の根拠の直接的意識にほかならない。「魂の深みにおいて、世界の根底の深みが顕わになる。しかし、感情は魂の深みを示す名であり、宇宙の統一性は世界の根底を示す名である」（ibid., 385）。しかし、「感情」という用語が選ばれることによって、シュライアマハーの信仰論は多くの誤解を受けることになった（Tillich, 1951, 15・153）。これは、ティリッヒがシュライアマハーを批判する際の主要な論点にほかならない。

5　この点については、注３のクレイトンの研究書のほかに、次の拙書を参照。芦名定道『ティリッヒと弁証神学の挑戦』創文社、1995年、33-36頁。

④実定的な学としての神学

　神学の実定性の強調に関しても、シュライアマハーはロマン主義的であって、神学を歴史的現実についての実定的な学であると規定している[6]。教義学は、ある特定の時期に教会ないし教派のなかに存在する信仰内容の体系的展開であるから——実定的な記述から体系へ——、それは聖書学や教会史とともに歴史神学に属している。「キリスト教の信仰論は教義学ではない。それは学問的な語りにおける敬虔な感情の叙述であり、歴史的学科なのである」（Tillich, 1923/24, 386）。この点に関しても、ティリッヒは自らの神学体系を説明する際に繰り返し批判的に言及している（Tillich, 1951, 28-59）。その論点は次のようにまとめられる。

　まず、教義学が歴史的学科とされたことへの批判については次のように述べている。

　キリスト教信仰論は歴史的学科であって、敬虔な感情の学問的語りにおける叙述ではあるが、それは、「倫理学が行為の規範を与えないのと同様に、思惟の規範を与えない」（Tillich, 1923/24, 386）。ティリッヒのシュライアマハー神学に対する批判は、まさにこの点に向けられている。「組織神学の資料、媒介、そして規範についての諸問題は、その具体的—歴史的な基礎に関係している。しかし、組織神学は歴史的学科ではない（シュライアマハーが間違って主張したような）」（Tillich, 1951, 53）。組織神学とは、神学的規範によって構成された思想体系であって、宗教経験の単なる叙述ではない。現代の状況におけるメッセージの解釈としての神学を、過去の信仰経験の叙述に還元することはできないのである。また、シュライアマハー神学の基礎概念である「感情」（＝宗教的意識・宗教経験）に対しても、感情はあくまでも神学・教義を媒介するものであり、神学内容の源泉・資料ではないと指摘される。確かに、神学的な諸資料（その中心は、聖書テキストである）が信仰者において資料として受け取られるためには、それは信仰者の経験に媒介されねばならない（資料に対する実存的関係→啓示相関）。しかし、神学体系の内容は、この経験が生み出すものではなく、宗教的意識から信仰内容の一切が引き出されるわけではない。シュライアマハーの「感情」がこのよう

6　注5の拙書86-93頁を参照。

な意味で解されるべきかという点については、「むすび」において、レデカーの見解を参照することにしたい。

次に、教義学に対する倫理学の関連について。

後に見るように、シュライアマハーの信仰論においては、神学体系への導入が倫理学や宗教哲学からの借用命題によってなされる。ティリッヒは、シュライアマハーにおける宗教哲学が古典的な神学的伝統における自然神学に相当するものであることを指摘した後に（ibid., 30）、宗教哲学が神学の一部門ではなく、哲学に属するものであることを論じ、また倫理学に関しては、それは、教義学や弁証学と共に、組織神学の内に、それを構成する諸要素の一つとして包括されると述べている（ibid., 32）。これは、シュライアマハーの言う「借用命題」への批判と解することができるが、ティリッヒは、神学体系の具体的な構成に関しては、基本的にシュライアマハーの信仰論を高く評価している。特に、神学体系の最後に三位一体論が置かれたことはきわめて適切であると述べている（Tillich, 1963a, 285）。

⑤宗教の本質概念とキリスト論（Tillich, 1967, 405-409）

シュライアマハーのキリスト教信仰叙述あるいは実定的な学としての神学という理解の根底には哲学的宗教概念が存在している。これは、後に論じるように、「絶対的依存感情」として概念化される宗教の本質概念の問題であるが、それは実定的な学としてのシュライアマハー神学において実定的要素が突破される地点を示している——実定的と哲学的との緊張[7]——。

キリスト教が宗教の本質の最高の顕現であると言われるとき（ibid., 405-406）、その理由の一つは、キリスト教が無制約的道徳命令の源泉（起源）である神に対して目的論的に依存していること、つまり人類がそこへと向かっ

7　実定的と哲学的（本質、アプリオリ）との緊張関係は、『信仰論』において確認することができる。すなわち、「信仰論は一般的原理から出発して神論あるいは人間論や終末論をうち立てるという課題とはまったく関わりを有していない」（Schleiermacher, 1830, 10f.）。そこで、信仰論は所与として与えられる個別的なもの（実定的なもの）を記述することから始めねばならない。しかし、「単に経験的な把握は、本質的なものと自己同一的にとどまるものを、可変的なものと偶然的なものから区別するために、いかなる物差しも持ちあわせていない」（ibid., 12）。したがって、教会共同体や敬虔さに関わる本質概念を獲得するには、実定的なものの記述と哲学的な分析との二つの方法を統合することが必要となるのである。

て進むべき目標を提示する立法者としての神に依存した宗教であるという点に求められる（倫理的一神教、カント的）。

　しかし、ティリッヒは、もう一つの理由として次の点に注目する。すなわち、それは、キリスト教においては一切がナザレのイエスによる救済に関係づけられていること——救いとは歪められた宗教意識を十分に発展した宗教意識に変革すること——である。イエスは人類の単なる模範（a mere example）ではなく、神との一致における人間が本質的に何であるかを顕わにする原像（Urbild）である。ティリッヒが自らの組織神学において提案している三位一体論とキリスト論の新しい解釈・定式化（Tillich, 1957a, 145-150）は、内容的にこのシュライアマハーのキリスト論の線上において理解することができる。すなわち、ティリッヒは『組織神学・第二巻』において、「本性」（nature）という神学的に不適切な概念に基づく両性論を、キリストとしてのイエスの歴史的出来事における神と人との永遠的一体性の現実化として再解釈するよう提案しているが、このキリスト論は、「いくつかの特性において、信仰論で展開されたシュライアマハーのキリスト論に似ている。彼は両性論を神人関係論によって置き換えている」（ibid., 150）と指摘している。両性論を動的関係概念によって再解釈するという考えが、シュライアマハーのキリスト論と関係づけられている点については、今後のティリッヒ研究において究明を要する研究テーマであろう。ただし、ティリッヒは、シュライアマハーがイエスを人間の本質についての原像とすることによって、なおも人間学的概念にとどまっているのに対して、キリスト理解の核心が「神と人の本質的一体性」と表現される神と人間との関係性（その客観的構造）にあることをより明確化すべきであると主張している。これが、「新しい存在」という存在論的用語が採用された理由の一つにほかならない。

⑥罪論とその問題点（Tillich, 1967, 409-410）

　ティリッヒによれば、罪論においてシュライアマハーはドイツ古典哲学あるいは啓蒙主義の一般的傾向に従っている。罪は欠如、つまり「否」（a "no"）ではなく「まだ、でない」（a "not yet"）であると理解される。ティリッヒは、シュライアマハーの宗教思想の基礎を同一性原理に見ているが、この原理に立つことによって、罪理解のいわば相対化が帰結することになる——人類は

「まだ、でない」という精神の未熟段階にとどまっている点で普遍的に罪の状態にあるが、それは神と人間との絶対的な断絶や対立を意味するのではなく、同一性の原理の現実化がまだ未完成であることを意味するにすぎない。キリストは、すべての人類にとって未来に属する完全な状態の先取りである——。この罪論によっては、ティリッヒが繰り返し強調する信仰の逆説性や罪責意識は捉えられない[8]。「シュライアマハーは魂の深みと世界の根底の代わりに、感情と宇宙について語る。自然の肯定とヒューマニズムの遺産は、神秘主義と宗教改革とがそこで一致していた深淵を知らないのである」(Tillich, 1923/24, 385)。

三　ティリッヒの信仰論とシュライアマハー

「信仰論」という神学的学科の成立は、近代のキリスト教思想をもっとも良く特徴づけるものであり、この信仰論として神学体系を構築したシュライアマハーはまさに近代プロテスタント神学の父と呼ぶにふさわしい思想家といえる[9]。ティリッヒの信仰論——ティリッヒの信仰論は「ティリッヒの信仰についての論述」を意味する——とシュライアマハーの関わりを論じる前に、この「信仰論」の近代性について、簡単にふれておきたい。

パネンベルクはキリスト教思想史に関する著書のなかで (Pannenberg,

---

8 ティリッヒ（最初期）は、「差異・分離の原理」と「同一性の原理」の関係を、「神秘主義」と「罪責意識」との関係として論じている。その際に、次の学位論文において容易に確認できるように、同一性の原理や神秘主義は、常にそれらに対抗するもう一つの極とのバランスにおいて理解されているのである。ティリッヒのシュライアマハー批判は、この立場からなされたものと言えよう。

　　Paul Tillich, *Mystik und Schuldbewußtsein in Schellings philosophischer Entwicklung*, 1912, in: MW.1, S. 21-112.

　また、罪責意識との連関でシュライアマハーを論じる場合、次のヒックの神義論の連関におけるシュライアマハー論も考慮すべきであろう。

　　John Hick, *Evil and the God of Love with a Foreword by Marilyn McCord Adams*, Palgrave macmillan, 2007 (1966). 特に、第10章 (pp. 219-235)。

9 近代プロテスタント史におけるシュライアマハーの決定的な位置については、バルトも同様の評価を行っている。シュライアマハー選集へのあとがきにおける「19世紀（そして20世紀も!?）の教会教父（Kirchenvater）」という言葉はあまりにも有名である (Karl Barth, Nachwort, in: Heinz Bolli (hrsg.), *Schleiermacher-Auswahl*, Gütersloher Verlag 1983, S. 290-312)。

1997, 25-32)、近代の宗教的状況を宗教改革と宗教戦争から帰結したキリスト教世界の一元性の破れとして論じており、この状況こそが近代キリスト教思想の形成と発展の文脈であると指摘している。つまり、宗教改革と宗教戦争の結果固定化された複数の教派の共存状況は、特定教派のキリスト教理解（教派的な教義学）によってキリスト教世界がもはや統合不可能であること、さらにはキリスト教会の統合に支えられてきた政治的統合も問題化せざるを得ないことを意味する。こうしたなかで、宗教的あるいは政治的な統合を可能にするものとして、教派的な神学（あるいは神学的宗教論）に代わって、理性と国民国家の理念が登場することになる。教派的神学がその正当性を普遍的な仕方で根拠づけ得ないとすれば、それに代わるものは教派の伝統的な特殊性を超えた理性の普遍的な合理性の側に求められざるを得ないのであり、これを政治的制度的に保証するのが国家の役割となるのである。

　こうした状況に規定された理性的宗教論として、まず啓蒙主義の宗教論ともいえる理神論が登場する。理神論が合理性のみに頼り伝統的神学を無視し、無神論的思想傾向を助長したのに対して、理性に立ちつつも宗教的伝統の内実を再生しようとしたのがドイツ古典哲学の宗教論、つまり宗教哲学であった。この宗教哲学を中心とした思想世界のなかには、教派的信仰内容を独断的に反復するだけの教義学は、もはやその場を有しておらず、キリスト教教理の体系的記述は合理的な方法論によって遂行されねばならないことになる——なお、この宗教哲学は後にその内部あるいは周辺に強力な宗教批判論（フォイエルバッハ、マルクス、ニーチェ、キルケゴールなど）を生み出す——。ここに登場するのが、シュライアマハーの信仰論であり、もちろん、一方に教派的教義学の伝統は強力な潮流として存在し続けるが、それに対する学問的神学の伝統（自由主義神学）はこの信仰論の系譜から展開することになる。

　以上の意味で、信仰論は近代のキリスト教思想の状況を典型的に映し出すものと解することが可能であり、それは宗教経験を理解可能にする合理的な宗教概念の構築（宗教の本質概念）、現実の宗教経験の記述、という二つを方法論的な柱としつつ、教派的複数性（これは宗教的複数性へと拡張される）という状況のなかで宗教否定論（無神論・宗教批判）に対し答えるものとして構想されるのである。これら宗教本質論、宗教批判に対する宗教擁護、宗

教的複数性の積極的理解という三点は、シュライアマハーの信仰論(『宗教論』も含めて)のなかに明瞭に確認できる。こうした信仰論の意図を20世紀において継承したのがティリッヒにほかならない。

では、ティリッヒは自らの信仰論のなかでシュライアマハーをどのように論じているのであろうか。先に、ティリッヒのシュライアマハー論として、「シュライアマハーと感情における神的なものの把握」という題の草稿と、キリスト教思想史講義、そして『組織神学』の三つを取り上げたが、いずれにおいても信仰論との関連でティリッヒが論じる中心問題は、感情概念に関わっている。すでに指摘したように、この感情概念はシュライアマハーの信仰論を特徴づけるものであるにもかかわらず、ティリッヒによれば、この「感情」という用語選択こそがシュライアマハーの信仰論への誤解の一因となったのであり、さらにはその後のプロテスタント思想の信仰理解を歪めるものとなったのである。この点をさらに詳しく分析するために、1957年の『信仰の動態』(Dynamics of Faith)から、ティリッヒの信仰論の中心的論点を取り出してみよう。

この書のなかで、ティリッヒは信仰をまずその形式面・構造面において分析しているが(『組織神学』の言う神学の形式的基準)、その要点は以下の命題に集約できる。[10]

> 信仰とはわれわれに究極的に関わるものによって捉えられた状態である。われわれに究極的に関わるものによって捉えられた状態としての信仰は、全人格的な行為である。それは人格的な生の中心において起こり、人格的存在のすべての要素がそれに参与する。

信仰の究極性(あるいは絶対性)や全体性は、人間関係全般においてみられる一般的な信念や信頼から宗教的な信仰——これまで本章で用いられてきた「信仰」はこの意味の信仰であり、以下においても、「宗教的な信仰」ではなく、「信仰」と記すことにしたい——を区別する特性として位置づけら

10　Tillich (1957b, 231, 233). この命題のより詳細な分析としては、次の拙論を参照。芦名定道「キリスト教信仰と宗教言語」(『哲学研究』第568号、京都哲学会、1999年、44-76頁)。

れており、それは人間の人格性（人格的統合性）と相関させられている。「究極的関心」とはこうした信仰の特性を概念化するために選ばれた用語にほかならない。信仰者の人格性の全体に関係し、人格を人格として構成する（人格的存在者の自己同一性を可能にする）という意味で、信仰は信仰者にとって個々の制約的な存在者との諸関係が成立し意味づけられる地平として機能する。たとえば、この究極的関心（無制約的関わり）は無制約的要求——服従の命令や成就の約束——として意識されるが、他の人間関係において生じる様々な諸行為（能動性）は最終的にはこの無制約的要求（受動性）との関係において意味づけられるのである。もちろん、この信仰概念は信仰の形式的規定であって、信仰内容に含まれる存在者の実在性を定立するものではない。つまり、これは信仰内容に含まれる「神」の存在論証とは直接関連を持たない現象学的記述と理解されねばならないのであって、「関心」とは、現象学で言う意識の志向性にほかならない[11]。

　ティリッヒは以上の信仰の構造を説明する過程で、信仰に対する誤解あるいは歪曲という問題を論じている。信仰は人格の全体性に関わるものなのだから、人格の構成要素のいずれか一つにのみ信仰を限定する信仰理解（還元主義的信仰理解）は、信仰の誤解と言わねばならない。ティリッヒは、こうした信仰の還元主義的誤解として、主知主義的、主意主義的、情緒主義的の三つのタイプを取り上げる。信仰が人格の一構成要素に還元されるとき、信仰を特徴づける全体性は破壊され、信仰の矮小化が生じる。たとえば、信仰とは個人の内面の事柄、心の現実であり、公的な社会的実在には関わらない、といった信仰理解である。

　ティリッヒが、人格を構成するものとして取り上げる認識、行為、感情（情緒）の三つは、後に示すように、宗教や敬虔さの本質を論じる際にシュライアマハーが取り上げるものであるが、これは聖書自体に遡り、またキリスト教思

11　信仰が人格性を構成するという主張は、究極性や全体性といった形式的特徴づけを超えて、信仰の具体的な内容面への議論にも関係している（Tillich, 1957b, 250-256）。なぜなら、人格的存在者の自己同一性はその人格の具体的な形態化として把握されねばならないからであり、これは、信仰とは宗教的象徴やそれによって成立する意味世界のなかで具体化されるときにはじめて、生きた信仰として成立すること、したがって、信仰論は形式的議論から具体的内容の議論へと移行せざるを得ないことを意味している。

想において様々に取り上げられてきた信仰理解の基本的な枠組みなのである。
　シュライアマハーが取り上げられるのは、三つのタイプの誤解のうち、情緒主義的信仰理解との関わりにおいてである。このタイプの誤解に従えば、信仰は主観的情緒、心理的現象にすぎないことになる。この立場に立つ限り、宗教的象徴・隠喩には指示機能（実在を指示する機能）は存在せず、それはもっぱら情動を喚起するという審美的機能において理解される。したがって、宗教的象徴（それによって表現される教理も）は客観化可能な真理とは無関係であり、主観的気分の表現にすぎないことになる。宗教的真理という言葉は一種のレトリックとしては意味があるとしても、学問的に論じるに足るものではない[12]。もちろん、シュライアマハー以降の宗教現象学――たとえば、オットー――の研究成果が説得的に示すように、信仰にはこうした情動的心理的な要素が重要な構成要素として含まれ、信仰は気分や主観的心理との関わりなしには存在し得ない。しかし、もし信仰がティリッヒの言うように人格の全体性に関わるものであるとするならば、信仰は認識や意志決定といった理性的要素（理論理性と実践理性）をも内に含んでおり、単なる非合理性と同一視することは許されないであろう。
　むしろ、認識、行為、感情といった諸要素の全体性（と統一性）において信仰の現実態は理解されねばならないというのが、ティリッヒの信仰論の中心的主張であり、この点を概念化する用語として採用されたのが、「究極的関心」なのである。ティリッヒはシュライアマハーの絶対的依存感情と自らの究極的関心との類似性を明確に自覚しつつ、次のように指摘している。

　　近代プロテスタント神学の父であるシュライアマハーは、宗教を〈絶対的依存感情〉として記述した。もちろんシュライアマハーの意味における感情は通俗的な心理学におけるそれとは同じでない。それは漠然とした変わりやすいものではなく、特定の内容を持っている。すなわち、〈絶対的依存〉という内容をもっているのであって、これはわれわれが〈究極的関心〉と言い表した事柄に近い表現である。それにもかかわらず、

12　宗教的真理と隠喩・象徴の問題については、次の拙論を参照。
　　芦名定道「宗教言語と隠喩」（芦名定道『ティリッヒと現代宗教論』北樹出版、1994 年、155-179 頁、188-196 頁）。

〈感情〉という言葉は信仰を、認識することのできる内容と結びつかず、従順を命じる要求も伴わない、単なる感情的な刺激の事柄であるかのような推測を引き起こしてしまったのである（Tillich, 1957b, 249）。

　このシュライアマハー理解は、1920年代から50年代に至るまでティリッヒにおいて一貫して保持されている。ティリッヒも指摘するように、18世紀は啓蒙主義的合理主義に代表される理性の世紀であるばかりでなく、主観的感情に満ちた感傷の世紀でもあった（Tillich, 1967, 348-349）。こうした時代的気分のなかでシュライアマハーの信仰概念が情緒主義的に理解されたのはむしろ当然のことであり、同時代のヘーゲルも絶対的依存感情という信仰概念に触れた当初（『信仰論』の第一版に対して）はまさにティリッヒが情緒主義的誤解として指摘した受け止め方をしていたのである[13]。ティリッヒの「感情」概念に対する批判は、こうした思想史的理解に基づいている点に留意しなければならない。

四　シュライアマハーの信仰論からティリッヒへ

　ティリッヒがシュライアマハーをいかに解釈し、自らの信仰論のなかでどのように評価したかについては、これまでの議論より明らかになった。次にこうしたティリッヒのシュライアマハー理解の妥当性を論じるために、われわれはシュライアマハー自身のテキスト（『信仰論』）に向かわねばならない[14]。

13　山崎純「恐怖政治と宗教反動の時代を生きて――ベルリンにおけるヘーゲルとシュライアマハー」（『宗教を読む』情況出版、2000年、32-66頁）。

14　シュライアマハーのテキストに関しては、『信仰論』『宗教論』『弁証法』といった主要な著作における複数の版の異同が問題となる。しかし、本章では、こうした点も念頭においた上で、レデカー編集の改定版を用いることにしたい。

　　Schleiermacher (1830): Friedrich Schleiermacher, *Der christliche Glaube nach den Grundsätzen der evangelischen Kirche im Zusammenhange dargestellt* (1830/31, hrsg.v.Martin Redeker), de Gruyter, 1960.

　　Redeker (1960): Martin Redeker, Einleitung des Herausgebers, in: Schleiermacher (1960), S. XII-XL.

　　なお、『信仰論』については、本章のもとになった初出論文の刊行後に、邦訳（F. シュライアマハー『キリスト教信仰』安酸敏眞訳、教文館、2020年）が出版された。本

§2　教義学は神学的学科であり、それゆえもっぱらキリスト教会と関係しているのであるから、それが何であるかを説明することが可能になるのは、キリスト教会の概念について了解されている場合に限られる（Schleiermacher, 1830, 10）。

§3　すべての教会共同体の基礎である敬虔さは、それだけで純粋に考察される場合、知や行為ではなく、感情の、あるいは直接的自己意識の規定された形態なのである（ibid., 14）。

§4　敬虔さの表出はたとえどんなに多様であっても、敬虔さを他のすべての感情から区別することを可能にする敬虔さの諸表出すべてに共通なもの、つまり敬虔さの自己同一的な本質は、次の点に存する。すなわち、それは、われわれが自らを絶対的に依存的であると意識していること、あるいは同じことであるが、われわれが自らを神との関係性において意識しているということである（ibid., 23）。

　この三つの命題に端的に示されているように、シュライアマハーの議論は、「教義学・教義→教会・信仰共同体→敬虔さ→感情・直接的自己意識→絶対的依存感情」という順序で一歩一歩進められており、その点でその論述はきわめて明瞭である。しかし、感情や直接的自己意識などが何を意味するのか、また絶対的依存感情と神とはどのように関係するのか、といった点については、一定程度の説明を要するであろう。シュライアマハーは、これらの命題に続く論述のなかでこれらの問題を論じているが、ここでは、こうした点を一つ一つ確認することによって、シュライアマハーの信仰論の基礎を明らかにしてみたい。

　①　教会概念、つまり敬虔さの分析は、倫理学からの借用命題によって行われる。

書では、この邦訳との突き合わせを行うことはできなかった。これは、今後の課題である。なお、この邦訳は日本の宗教思想研究にとって画期的な偉業であり、合わせて、邦訳者の次の文献をお読みいただきたい。安酸敏眞訳『キリスト教信仰』の弁証――『信仰論』に関するリュッケ宛ての二通の書簡』知泉書館、2015年。

ここでシュライアマハーが言う倫理学とは、[15]自由な人間の行為によって成立する共同体、あるいは人間の生の全領域を対象とする学問を意味しており、いわば文化哲学とでも言うべきものである（Tillich, 1951, 30）。教会概念の分析について言えば、この考察の進め方に関して、まず教会的諸共同体の基礎にある自己同一的なものと諸現象において可変的に振る舞うものとを分離し、次に多様な現象の全領域を諸現象間の類似性と段階に従って区分し、最後に歴史的に発見される個々の共同体（共同体の本質の個別的な形態化）が位置づけられるべき場を明らかにする、という手順が示される（Schleiermacher, 1830, 12f.）。こうして、教会共同体の本質と歴史的諸現象とが学問的な仕方で把握可能になるのである。

2 教会共同体の概念は、敬虔さ（Frömmigkeit）、感情（Gefühl）・直接的自己意識（das unmittelbare Selbstbewußtsein）に帰着する。

シュライアマハーは、倫理的考察によって取り出された教会共同体の基礎（教会共同体の自己同一的な本質）を敬虔さと名づけ、それは感情という観点から規定されると主張するが、この感情の説明のために、まず指摘されるのが、感情とは意識の「状態」（Zustand）であるという点である。つまり、意識のない状態（いわゆる無意識）はシュライアマハーの意味する感情ではない。しかも、この意識的状態には「直接的」という規定が付与されている。この「直接性」という言葉が意味するのは、この自己意識が表象（自己イメージなど）によって媒介され対象化されたものではないということであって、直接的自己意識を例示するものとして、たとえば、すべての思惟や意欲が何らかの仕方で形態化された意識の背後へと退くような瞬間にも、そこに持続しているこの形態化された自己意識が、あるいはまた一連の思惟や意欲が継起する間においても変化することなく持続する自己意識の規定された形態が挙げられている（ibid., 16）。したがって、感情とは個々の変動する心理的情動や表象ではなく、生あるいは自己意識の根底において持続するもの──個々の現象が生起する場──として理解されねばならない。その意味で、感

---

[15] シュライアマハーの倫理学が同時代の倫理学（特にカント）との比較でいかなる特徴を有するかについては、次のトレルチの論文に詳しい。
　　Ernst Troeltsch, Grundprobleme der Ethik（1902）, in: *Gesammelte Schriften 2*, Scientia Verlag, S. 552-672.

情とは存在論的な概念と解することができよう。

　シュライアマハーにおいても、ヘーゲルと同様に、生（das Leben）は自己同一性の保持と自己変化の二重の運動の弁証法的統合（交代、Wechsel）として理解されている（ibid., 18）。認識は受動性（触発）に基づく一つの行為（認識行為）であるという点で、認識においては「自己にとどまること」（Insichbleiben）と「自己から踏み出すこと」（Aussichheraustreten）という主観の二つの形式は密接に結合し合っており、また、本来的な行為——認識から区別された実践理性の事柄——はまさに「自己の外に踏み出すこと」にほかならない。これに対して、「自己にとどまること」という契機は、その固有の意味においては、認識や行為にではなく、感情に属していると考えられる。したがって、感情（直接的自己意識）は、生の弁証法において能動性がまだ現実化せず受動性のみが現れている状態、つまり、生の弁証法の起点であり、また生の運動が常にそこへ立ち戻る終点にほかならない。「自己にとどまること」（自己同一性の保持）は、固有の意味においては感情に属しているのであって、このことは、認識や行為に対する感情の根源性を意味している。

　③ 感情は自己・人格的統合の一要素である。

　「認識、行為、感情に対する第四のものは存在しない」（ibid., 17）。認識、行為、感情の三者の統一性（あるいは「自己にとどまること」と「自己から踏み出すこと」の二者の統一性）について考える場合にも、それは三者に対する第四の構成要素としてではなく、自己自身の本質、これらの三者の共通の根拠として理解されねばならない（ibid., 18）。おそらく、この本質、根拠とは、ティリッヒが言う認識、行為、感情の人格的統一性に相当するものと言えよう。

　④ 認識、行為、感情は感情を基盤とした動的な相互連関において統合されている。

　敬虔さの固有の座としての感情は、認識や行為から明確に区別されており——感情は認識や行為から導出されない——、ここに『宗教論』以来シュライアマハーが強調する形而上学と倫理学とから区別された宗教の固有性の主張を確認することができる。しかし、具体的な宗教経験において認識や行為を完全に排除した感情の純粋形態などといったものが存在しないことは、

シュライアマハー自身十分にわきまえている。議論の最初の段階においては感情を認識や行為から区別することに強調点が置かれているが、次の段階においては、三者の動的な関係性と統合性が問われねばならないのである。シュライアマハーは、三者の構造的関係と動的関係の両面を、次のように論じている（ibid., 19-23）。

　敬虔さは認識と行為を刺激することによって両者を媒介し、あるいは自らのうちに両者を萌芽として含むことによって、認識や行為とともに生の統一性を構成している。すなわち、「敬虔さは知識と感覚（Fühlen）と行為とが結合した状態」（ibid., 22）であり、またもちろん、感覚を知識から、あるいは行為を感覚から一方的に導出することはできないが、三者の間には相互の移行プロセスが存在する。敬虔さは、いわば、知識と行為を媒介する自己意識の形態であって、これを介して知識から行為への、あるいは行為から知識への移行・運動が生成するのである（ibid., 23）。

　5　自己意識の現象学的記述と自己意識の「受動―能動」構造（ibid., 24f.）。

　以上のように、感情あるいは直接的自己意識と生の統一性・動態との関わりが論じられた後に、自己意識の記述・分析は、「絶対的依存感情」へと進められる。これは、倫理学からの借用命題として提示された議論であるが、内容的には、自己意識の現象学的記述と呼ぶことができるであろう。

　シュライアマハーは自己意識を分析するにあたって、まず自己意識を構成する契機として、自己措定性（Sichselbstsetzen）・存在すること（ein Sein）と自己非措定性（Sichselbstnichtsogesetzthaben）・何らかの仕方で生成したこと（Irgendwiegewordensein）の二つのものを取り出す。この二つの契機に基づいて、主観・自己は自らが現に存在していることを意識するとともに、他者に依存しつつ、他者と共に存在していること（Zusammensein）を意識するのである。この自己意識を構成する意識の二重性は、主観における自発性（Selbsttätigkeit）と受容性（Empfänglichkeit）の二重性に対応している。ここで注意すべき点は、自己意識にとって第一のもの（das erste）、より根源的なものとは、自発性の契機ではなく、他なるもの（外部）から何らかの仕方で触発されるという受容性の契機であること、活発な自己活動的な行為を伴った自己意識でさえもこの受容性によってあらかじめ方向づけられてい

るということである（ibid., 25）。この自己意識における受動性の優位――自己はまず他なるものからの作用・触発によって自己として存立する――こそが、他者の存在を自己意識のなかに組み込むことを要求し、続く依存感情の問題を引き起こすことになるのである。

6 感情は、自由感情（Freiheitsgefühl）と依存感情（Abhängigkeitsgefühl）の両極性を持つ。

　自己意識が主観・自己の有する意識であり、近代的自我の特徴が自らの能動性の強烈な自覚にあることを考えるならば、自己意識が自己の自由意識、つまり自由な行為の主体としての自己意識であることは容易に想像できるであろう。しかし、すでに見たようにシュライアマハーは、主観・自己において受容性を自発性よりもより根源的な要素として位置づけ、自己の存在とそれについての意識が他者との関係性を基盤にしていることを明確に主張していた。自己は自己の内から自発的に生成してきたのではなく、むしろ他なるもの（他からの影響・触発）によって生成してきたのである。この自発性の限界は主観の本質に属しており、この事態は他者への依存感情となって意識されることになる。こうした自由感情と依存感情に関して、シュライアマハーは次の二点を指摘している。

　一つ目は、自由感情や依存感情は直接的自己意識に属している。したがって、これらの感情は、自己像を介した自己の対象化に先立つ、自己の諸活動・諸機能の統合性における意識の動的生成のレベルの事柄であり、そのまま個別的な感情と同一視する――依存感情を憂鬱で消沈させる感情と、自由感情を高揚し喜びにあふれた感情と混同するなど――ことはできない（ibid., 25f.）。したがって、シュライアマハーの絶対的依存感情を心理主義的に解釈するのは間違いである。

　二つ目は、依存感情と自由感情は自己意識において両極を形成しており、相互に不可分である。つまり、依存感情のみ、自由感情のみといった状態は、世界内の他者との関わりに関する限り、自己・主観においては、存在しない。この自由感情と依存感情との不可分性は、主観と他者（主観と共に措定された他者）との相互作用に基づくものであって、世界内には絶対的自由感情も絶対的依存感情も存在しない（ibid., 26）。存在するのは、相対的自由感情と相対的依存感情にすぎない。

⑦ 自己意識の現象学は、他なるものとの関わりを介して、現存在の現象学へと展開される。

以上のようにして、シュライアマハーによる自己意識の分析は、世界の内における自己の存在の在り方、われわれの現存在の分析へと至ることになる。これは自己意識の構造の現象学的記述から、世界内における現存在の現象学的記述への展開と解釈することができるであろう。

シュライアマハーは、世界について次のように説明している。自己の存在は他から触発された受容性において成立し、常に他との相互作用の内に存在している。このもろもろの他なるもの——シュライアマハーは子どもと親や市民と祖国といった人間的社会的関係や天体を含めた自然との関係を具体例として挙げている（ibid., 27）——が一なるもの（Eines）として、つまり外部世界全体がわれわれ自身と共にある一なるものとして措定されるとき、それは世界と呼ばれる（ibid., 26）。こうして、われわれの自己意識は世界の内におけるわれわれの存在の意識、あるいはわれわれと世界との共存在の意識として成立することが明らかになる。注意すべき点は、以上の議論が20世紀の現象学的存在論（シェーラー、ハイデッガー、ティリッヒらを含めた）と表面的に類似しているだけでなく、自己意識が「われわれ」の意識として説明されていることである。つまり、シュライアマハーにおいては個的自己の意識ではなく、共同体的自己の意識が論じられているのであり、これは、シュライアマハーの信仰論が彼の言語論やコミュニケーション論との関わりで理解されねばならないこと、そしてこの点でフッサール的な意識の現象学の立場とは、異質な観点が導入されていることを示唆している[16]。しかし、自己意識の現象学的議論は『信仰論』においては倫理学からの借用命題として簡単に触れられているにすぎず、さらに詳細な分析は別の機会に譲らねばならない。

⑧ 自己との相関性において、自己の起源は神として定義される。

これまでの議論から、世界内の他者との関係の内に、絶対的依存感情は存

16　宗教を含めた共同体的現象に対して、フッサールの議論を適応するには、方法論的な困難が伴う。この点については、たとえば現象学を社会学へ適応したシュッツの議論との連関で、次の拙論を参照。

芦名定道『ティリッヒと現代宗教論』北樹出版、1994年、89頁、121頁。

在しないことが明確になった。したがって、敬虔さを絶対的依存感情と説明する場合に、その自己意識とはいかなる存在者との関係について述べられたものであるかが問われねばならない。結論的に言えば、これは自己と神との関係である。しかし、注目すべきは、この絶対的依存感情という用語を導入するにあたって、シュライアマハーが特定の神観念——たとえ人格神であろうと——を前提にしていないという点である。シュライアマハーの言う倫理学は諸現象の基礎にあってそれらに自己同一性を与えている諸現象の本質を扱っているのであって、敬虔さの分析に際しても、特定の敬虔さではなく、様々な敬虔さすべてを基礎づける自己同一的なものが、まず問われねばならないのである。神という用語は、次のような仕方で導入される。すなわち、「われわれの自己意識において共に措定された、われわれの受容的で自発的な現存在の起源（Woher）は、神という表現によって言い表されねばならない」（ibid., 28f.）、と。まず、特定の神観念を前提とし、その神が現存在の起源であるというのではなく、むしろ反対に、現存在の起源の方が「神」と呼ばれるのである（神の定義）。なぜ、現存在の起源に関して、神という表現が採用されたかについては、シュライアマハーは、現存在の起源が時間的存在の全体という意味での世界でも、その何らかの個別的な部分でもないから、という以上の説明を与えていない（ibid., 29）。しかし、その意味することとしては、起源で問われているのは、自己・主観が相対的な自由を意識できるような世界内の何か（あるいは世界自体）ではなく、それを前にしては自己の存在の依存性のみが意識されねばならない何かなのであり——オットーの言う聖なるものと被造物感情——、それを表現するのに、「神」という言葉がふさわしいということ、と解して良いであろう。

　このシュライアマハーの議論を評価するには、彼の論の進め方に応じて、次の二つの議論を区別しなければならない。つまり、自己意識に対して、起源の意識が絶対的依存感情という仕方で与えられているという議論と、それを神と解釈するという議論との二つである。前者の議論の妥当性を明らかにするには、さらに詳細な分析が必要となるものの、同様の議論として、例えば、ティリッヒが1920年代後半から30年代にかけて行った現存在の分析な

どを参照するならば、[17] こうした自己・現存在の起源の分析は決して単なる恣意的な学説ではないと主張することはできるであろう。また、後者の議論に関しては、神について一定の概念規定から議論を開始すること自体は正当な手続きであり、現存在の起源を神と表現することをアプリオリに否定する理由はない、とだけ指摘しておきたい。

以上の一連の議論（[1]〜[8]）から帰結するのは、起源への絶対的依存の意識が自己意識に本質的に属しているということであり、この意味で「神は感情においてわれわれに対して根源的な仕方で与えられている」ということである。つまり、自己意識を構成する起源意識によって志向されたもの（起源意識のノエマ）を神と名づけるならば、その場合、自己意識と神意識は不可分なものとして考えられねばならないのである。シュライアマハーの信仰論には、人間存在の本質に信仰が属しているという議論——人間は本質的に宗教的である——が含意されており、それゆえ究極的関心と自己の人格的統合性との相関というティリッヒの議論を、シュライアマハーに読み込むことは、決して不当な解釈ではないであろう。

五　むすび

本章では、ティリッヒの信仰論とシュライアマハーの信仰論とを比較することによって、信仰理解をめぐる絶対的依存感情と究極的関心との類似性を指摘するとともに、前者から後者への展開が信仰論の方法論的レベルにおける自己意識の分析から人間存在の存在論的分析への展開として解釈できることを論じてきた。この解釈の妥当性に関して十分な論証を行うには、シュライアマハー研究史を詳細に検討し、1980年代以降めざましい展開を示すシュライアマハー研究の成果を視野に入れることが必要になる。[18] しかしここで

17　この点については、本書第7章を参照。
18　シュライアマハーの専門研究の最近の動向をここで論評することはできないが、キリスト教神学においても、1980年代以降、シュライアマハー研究の急速な展開がみられることは、次の代表的神学者のシュライアマハー論からも知ることができる。
　　　Gerhard Ebeling, Zum Religionsbegriff Schleiermachers（1983）, in: *Theologie in den Gegensätzen des Lebens*（*Wort und Glaube, Vierter Band*）, J.C.B.Mohr. 1994, S. 55-75.

は、シュライアマハーの『信仰論』の改訂版編集者であるレデカーの説を紹介することによって、本章の解釈の妥当性を示唆するにとどめたい。

絶対的依存感情は無限なものそして無制約的なものとしての超越的なものによって捉えられていること（das Betroffensein）である。もし、感情と直接的自己意識という概念を心理主義的な誤解を排除する仕方で現代の用語法に対して解釈しようと欲するならば、現代の実存哲学とともに、この人間実存の根源的行為を存在についての配慮（Sorge）として、つまり現存在の基礎づけと有意味性についての配慮としておおよそ特徴づけることができるであろう。このことはティリッヒが彼の教義学においてすでに提案していることなのである（Redeker, 1960, XXXII）。

レデカーは、さらにこの指摘に続いて、「キリスト教的な敬虔な心の状態は啓示と同一ではない。キリスト教的な信仰経験は啓示の媒介であって、啓示自体ではないのである」(ibid.) と述べているが、これは、ティリッヒが『組織神学』においてシュライアマハーを批判しつつ主張していることにほかな

　　Wolfhart Pannenberg, Religiöse Erfahrung und christlicher Glaube（1993）, in: *Philosophie, Religion, Offenbarung*（*Beiträge zur Systematischen Theologie Band 1*）, Vandenhoeck & Ruprecht, 1999, S.132-144.
　　なお、この 50 年の現代キリスト教思想（この意味については、芦名定道『現代神学の冒険——新しい海図を求めて』（新教出版社、2020 年、40-51 頁）を参照）においては、シュライアマハーからトレルチ、そしてティリッヒ（さらにはパネンベルク）に至る思想系譜の意義が意識されるようになってきている。この点については、2012 年にドイツで開催された国際研究会議の大部の報告論集から明確にご理解いただけるものと思われる。ティリッヒとシュライアマハーに関しては、第 5 部に四つの論考が収録されている。
　　Ulrich Barth, Christian Danz, Wilhelm Gräb und Friedrich Wilhelm Graf (hrsg.), *Aufgeklärte Religion und ihre Probleme. Schleiermacher-Troeltsch-Tillich*, De Gruyter, 2013.
　　もちろん、ティリッヒとシュライアマハーとの関係については、次の研究文献が示すように、それ以前にも注目されてこなかったわけではない。
　　Marc Michel, *La Théologie aux Prises avec la Culture. De Schleiermacher à Tillich*, Les Éditions du Cerf, 1982.
　　この研究文献は、初期ティリッヒの『組織神学 72 のテーゼ（1913）』が扱われている点でも画期的である（付録で、ドイツ語原文とフランス語訳が対訳の形で収録されている）。

らない。つまり、「批判はシュライアマハーの『信仰論』における彼の方法に対して向けられねばならない。彼はキリスト教信仰の全内容を彼の言うキリスト教の〈宗教意識〉より導出しようとした。……経験は組織神学の内容がそこから引き出される資料ではなく、それが実存的に受け取られるための媒介なのである」(Tillich, 1951, 42)、と。もし、レデカーのシュライアマハー解釈が正しければ、ティリッヒは、シュライアマハーを批判するのではなく、むしろそのなかに自らの立場を確認すべきであったということになるであろう。この点をめぐるティリッヒのシュライアマハー解釈の適否は別にして、ここにおいてはティリッヒとシュライアマハーとの一致点が、ティリッヒが意識している以上に大きなものであったことを指摘しておきたい。以上より、ティリッヒの信仰論はそのシュライアマハー批判にも関わらず、シュライアマハーの信仰理解を継承発展させたものであると結論づけることができるであろう。

では、ティリッヒによってシュライアマハーは完全に乗り越えられたのであろうか。信仰論との関連に限定しても、シュライアマハーにはティリッヒによっては十分に展開されていないいくつかの重要な議論——コミュニケーション論、他者論など——を見いだすことができる。詳しい議論は別の機会に譲らねばならないが、われわれは、シュライアマハーの再評価を手がかりとしつつ、ティリッヒを超えてさらに先へと進まねばならないのである。

第 部

ティリッヒ思想の射程

...... 第 9 章 ......

ティリッヒと宗教社会主義

一 はじめに

　ティリッヒは、神学者あるいは宗教哲学者として著名な20世紀を代表するキリスト教思想家である。しかしティリッヒは、社会理論や政治思想に関しても、注目すべき独自の思想を残しており、それは、ドイツ時代の宗教社会主義論にまで遡ることができる。本章のテーマは、このドイツ時代のティリッヒの宗教社会主義であるが、まず、このテーマをめぐる研究史的状況を概観し、本章の意図について簡単に説明しておきたい。
　ティリッヒ研究の研究史は、おおよそ次のようにまとめられる。
　1 1965年以前（特に、1950年代以前）。ティリッヒの思想については、もっぱら『組織神学』（1951、57、63）を中心とした宗教哲学者・神学者という観点から研究が行われた。この時期、ドイツ語で書かれた一次文献を本格的に取り上げた研究は例外的である。したがって、宗教社会主義者としてのティリッヒが研究対象となることはほとんどなかった。
　2 1960年代から1980年代まで。この時期には、ドイツ語版全集の刊行（日本語著作集の刊行もこの段階に属する）によって、前期ティリッヒの思想が多くの研究者に注目されるようになった。その結果、前期と後期の相違と共に、それら相互の関連性をめぐる議論が盛んに行われた。これは、ティリッヒ研究において思想の発展史を念頭に置いた研究の必要性が意識される

ようになったことを意味している。哲学と神学との関係理解、思想の体系性やその基盤、歴史哲学、カイロス論、芸術論など、関連する研究テーマは広範に及び、こうした議論を代表するものとして、アーメルング、クレイトン、ヴェンツらの研究を挙げることができる[1]。この時期、宗教社会主義をめぐる研究もかなりの数にのぼるようになり、主なものだけでも、アダムズ、ブライポール、ストーン、シュタムらの研究が指摘できる[2]。しかし、使用可能なテキストの制約のため、初期の宗教社会主義論の形成の背景や、1920年代後半の新たな展開を可能にした哲学的基礎については、不明な点が残された。

---

1 この時期の発展史的な視点からの研究文献としては、次のものが挙げられる。
 Eberhard Amelung, *Die Gestalt der Liebe. Paul Tillichs Theologie der Kultur*, Gerd Mohn: Gütersloher Verlaghaus, 1972.
 Gunther Wenz, *Subjekt und Sein. Die Entwicklung der Theologie Paul Tillichs*, München: Chr. Kaiser Verlag, 1979.
 John P. Clayton, *The Concept of Correlation. Paul Tillich and the Possibility of a Mediating Theology*, Berlin/ New York: de Gruyter , 1980
 芦名定道『ティリッヒと現代宗教論』北樹出版、1994年。
 ────『ティリッヒと弁証神学の挑戦』創文社、1995年。
 なお、これらの拙論（博士論文の一部）は、それまでのティリッヒについての発展史的研究をふまえて執筆された。

2 この時期におけるティリッヒの宗教社会主義論に関連するものとして次の研究文献が挙げられる。
 James Luther Adams, *Paul Tillich's Philosophy of Culture, Science, and Religion*, Washington, 1965.
 Renate Breipohl, *Religiöser Sozialismus und bürgerliches Geschichtsbewußtsein zur Zeit der Weimarer Republik*, Zürich: Theologischer Verlag, 1971.
 René De Visme Williamson, *Politics and Protestant Theology. An Interpretation of Tillich, Barth, Bonhoeffer, and Brunner*, Baton Rouge: Louisiana State University Press, 1976.
 John R. Stumme, *Socialism in Theological Perspective. A Study of Paul Tillich 1918-1933*, Scholars Press, 1978.
 Ronald H. Stone, *Paul Tillich's Radical Social Thought*, Atlanta John Knox Press, 1980.
 Kurt Nowak, *Evangelische Kirche und Weimarer Republik. Zum politischen Weg des deutschen Protestantismus zwischen 1918 und 1932*, Göttingen: Vandenhoeck & Ruprecht, 1981 (1988).
 Robert P. Ericksen, *Theologians Under Hitler. Gerhard Kittel, Paul Althaus and Emanuel Hirsch*, New Haven & London: Yale University Press, 1985.
 A. James Reimer, *The Emanuel Hirsch and Paul Tillich Debate. A Study in the Political Ramifications of Theology*, Lewiston/Queeston/Lampeter: The Edwin Mellen Press, 1989.

[3] 1990年代以降。この時期になると、新しいティリッヒ著作集の刊行と未刊行文献の刊行（ドイツ語版全集の補遺・遺稿）によって、初期と前期のティリッヒの思惟について、より精密な議論が可能になる。たとえば、フランクフルト講義（1995年刊行）によって、『社会主義的決断』（1933年）の哲学的基盤となるヘーゲルとハイデッガーについての議論を確認することが可能になり、あるいはベルリン講義（2001年刊行）によって、初期の宗教社会主義論の背景が明らかになった。また、これまでしばしば指摘されてきた、前期の宗教社会主義論と後期の政治思想との関連性についても、新たな研究の展開がみられる[3]。

---

3 こうした問題意識は、注2で挙げたストーン（Stone, 1980）においてもみられるものであるが、ドンリィ（Donnelly, 2003）はこの問題に関わる研究史を批判的に検討しつつ本格的な議論を展開した研究として評価できる。

  Brian Donnelly, *The Socialist Émigré. Marxism and the Later Tillich*, Mercer University Press, 2003.

また、これらより最近の宗教社会主義に関連した研究論文を収めた著書あるいは論文集としては、以下のものが挙げられる。

  Raymond F. Bulman and Frederick J. Parrella (eds.), *Religion in the New Millennium: Theology in the Spirit of Paul Tillich*, Mercer University Press, 2001.

  Mary Ann Stenger and Ronald H. Stone, *Dialogues of Paul Tillich*, Mercer University Press, 2002.

  John J. Carey, *Paulus, Then & Now*, Mercer University Press, 2002.

  岩城聡「パウル・ティリッヒの宗教社会主義論をめぐって——1920年代から30年代へ——」『ティリッヒ研究』（現代キリスト教思想研究会）第2号、2001年3月。

  ———「ティリッヒ・ヒルシュ論争が明らかにしたもの——ティリッヒ神学と宗教社会主義が直面した課題」『ティリッヒ研究』（現代キリスト教思想研究会）第3号、2001年9月。

  ———「ティリッヒにおける宗教社会主義の神学的意義——ティリッヒ・ヒルシュ論争をめぐって」『基督教学研究』（京都大学基督教学会）第22号、2002年。

  ———「ティリッヒの宗教社会主義——その現代的意義についての一考察」『ティリッヒ研究』（現代キリスト教思想研究会）第7号、2003年9月。

  ———「ティリッヒの宗教社会主義と民族問題」『ティリッヒ研究』（現代キリスト教思想研究会）第9号、2005年。

なお、次の論集も、宗教社会主義の問題を含むティリッヒの政治思想を扱ったものとして重要である。

  Christian Danz, Werner Schüssler und Erdmann Sturm (hrsg.), *Religion und Politik* (Internationales Jahrbuch für die Tillich-Forschung, Band 4/2008), Lit, 2009.

ティリッヒの宗教社会主義論についての専門研究は、本来以上の研究史における最近の状況をふまえて、行われねばならないが——宗教社会主義論の研究には、近年利用可能になった初期前期の文献と結びつけることによって、ティリッヒの思想形成についての理解を深めるものとなることが期待できる——、本章は、こうした本格的な研究に向けた準備として[4]、ティリッヒの宗教社会主義論の全体を概観するにとどめたい。

本章でティリッヒの宗教社会主義論を取り上げる理由として付け加えておきたいことは、ティリッヒの宗教社会主義論が民族や民族主義の問題を宗教や政治との関わりで論じるのに必要な議論の射程を有している点である[5]。民族や民族主義をめぐる問題が現代の宗教思想の争点の一つであることを考えるとき、宗教社会主義論は、ティリッヒ研究という範囲を超えた意味をも

Marc Boss, Doris Lax, Jean Richard (éd.), *Éthique sociale et socialisme religieux. Actes du XVe Colloque International Paul Tillich Toulouse 2003*, Münster: Lit Verlag , 2005.

4　今後の本格的なティリッヒ宗教社会主義論の研究が扱うべき問題点としては、次のものが指摘できる。
  1. 主にティリッヒ思想研究の観点から
    ・20世紀初頭のティリッヒの宗教社会主義論の形成過程を、ベルリン講義などを手がかりに解明すること（注6、11を参照）。
    ・前期後半期（1920年代後半から1933年）の宗教社会主義論の展開を哲学思想の観点で評価すること（注15～19参照）。フランクフルト講義の分析あるいはフランクフルト学派との関わりについての考察が必要になる。
    ・中期ティリッヒにおける宗教社会主義論の展開を、ヒルシュやバルトとの比較、あるいは反ナチズム闘争との関わりを含めて、明らかにすること。これによって、後期の政治思想（『愛・力・正義』、『組織神学』などにおける）との関連性——宗教社会主義からの離脱の意味、あるいは宗教社会主義から精神分析へのテーマの移行——についても十分な理解が可能になる。
  2. 現代の政治思想の文脈において
    今後のティリッヒの宗教社会主義論の研究においては、神学思想史の連関はもとより、現代の政治思想の問題状況における、ティリッヒの位置づけと思想的意義を明らかにすることが求められる。政治哲学（注29を参照）や民族主義論（注5、20、30を参照）との関わりは特に重要である。
5　現代世界において、民族あるいは民族主義は最重要問題の一つとして位置づけられている。これは、宗教思想においても同様であるが、宗教に関しても、民族に関しても、問題は単純ではなく、本格的な理論構築が求められる。拙論「宗教的多元性とキリスト教——東アジアを中心に」（2006年12月2日の京都大学文学研究科公開シンポジウム報告書『グローバル化時代の人文学——対話と寛容の知を求めて』2007年2月、39-47頁）は、こうした理論構築へ向けた予備的考察といえる。

つと思われる。

　以上の問題意識に基づき、本章の議論は次のように進められる。まず、ティリッヒの宗教社会主義論の内容と特徴を概観する。続いて、『社会主義的決断』によって宗教社会主義論の視点から民族の問題を論じ、それと共に、『社会主義的決断』を特徴づける「待望の現実主義」について考察を行う。そして、最後に今後の研究を展望することによって、本章を締めくくりたい。

二　ティリッヒの宗教社会主義論とその背景

　前期ティリッヒ（1919-33 年）の思索を見るとき、そのなかで政治思想が重要な位置を占めていることがわかる。

> 今日まで教会を動かしてきたものは、教義的な問題提起だったが、今後は倫理的な問題となるだろう。
> 問題は三つの視点から成り立っている。Ⅰ. 社会体制一般、とりわけ社会主義体制に対するキリスト教の関係、Ⅱ. キリスト教と教会に対する社会主義および社会主義政党の立場、Ⅲ. 社会主義およびその政党に対する教会の課題（Tillich, 1919, 32）。

　ティリッヒが宗教社会主義への関与を明確にしたのは、第一次世界大戦の敗北と革命の嵐が吹き荒れる 1919 年のドイツの状況下においてであり[6]、ま

---

[6]　ティリッヒの宗教社会主義論形成の時代背景について、またそれに関連した伝記的な事柄（カイロス・サークルあるいはベルリン・サークルと言われたベルリン時代の宗教社会主義グループの活動などを含む）については、ティリッヒ自身による自伝的記述（Tillich, 1936）とパウクのティリッヒ伝（Pauck, 1976）を参照。また、ティリッヒらの宗教社会主義に先行するドイツとスイスの宗教社会主義運動や同時代の政治状況などを含めた研究としては、注 2 に挙げた、Breipohl (1971)、Nowak (1981)、あるいは次の文献を参照。

　　金井新二『「神の国」思想の現代的展開——社会主義的・実践的キリスト教の根本構造』教文館、1982 年。

　　井上良雄『神の国の証人ブルームハルト父子——待ちつつ急ぎつつ』新教出版社、1982 年。

　　また、ティリッヒと共に、カイロス・サークルの中心メンバーであった、メニッケやハイマンの思想に関しては、Breipohl (1971) のティリッヒを扱った章に付された

さにティリッヒはこの時代の思想的課題に取り組んだのである。問題は、第一次世界大戦後のドイツの社会体制の選択とそれに対するキリスト教の関わりであり、ティリッヒは、戦後ドイツの精神的統合には、キリスト教と社会主義の結びつきが不可欠であると考えた。それは、教会あるいは教養市民層と労働者階層との統合こそが、平等と正義に適った社会を可能にするという確信にほかならない[7]。

　もちろん、そのためには乗り越えるべき多くの課題が存在しており、ティリッヒの宗教社会主義論は、その課題の解決に理論面から寄与することを目指していた。最大の問題は、個人主義的に解釈され資本主義体制に適合したキリスト教と、無神論と解釈された社会主義との対立であり、実際、1920年代のドイツでは、この対立は大きな壁として存在していた——最終的に、ドイツのキリスト教思想はこの壁を越えることができないまま、ナチズムの台頭を許すことになる——。ここで、その詳細を論じる余裕はないが、20年代初頭の宗教社会主義論——前期の宗教社会主義論——の問題意識と特徴を、1919年の『教会の問いとしての社会主義』によってまとめておこう。

　1 キリスト教的な愛の倫理は本来個人の内面の問題に限定することはできない。むしろ、経済的政治的なエゴイズムや階級的な社会の分断、あるいは民族主義的な理念といったものによって生じる対立や不正義を告発し、平等で正義に適った社会秩序の実現を目指すという点で、キリスト教的愛の倫理は、社会主義の理念と合致できる[8]。社会統合には、経済的統合と精神的

　　　付論を参照（ibid., 225-235）。特に、ハイマンはアメリカ亡命後もティリッヒと思想的な交流があり、第二次世界大戦以降の思索については、次の著作が有名である。
　　　　Eduard Heimann, *Soziale Theorie der Wirtschaftssysteme*, Tübingen: J.C.B.Mohr, 1963（エドゥアルト・ハイマン『近代の運命』野尻武敏・足立正樹訳、新評論、1987年）.
　7　ティリッヒの宗教社会主義運動への参加は、第一次世界大戦後のドイツ再建という時代状況に位置づけることができる——ノヴァークは、「11月革命への応答」という表題の下で、初期の宗教社会主義グループの成立を論じている（Nowak, 1981, 46-53）——が、その目指された社会体制の基本性格に関しては、Tillich (1919) からも確認することができる。特に、Ⅰの「第7項」では、教育における平等が論じられている。
　8　近現代の思想家・知識人において社会主義への共感はティリッヒだけのものではない。この点は、次の哲学概念史辞典の「社会主義（Sozialismus）」の項目によって、確認できる。
　　　　Joachim Ritter and Karlfried Gründer (hrsg.), *Historisches Wörterbuch der*

統合が不可分な方法で一体化することが必要であって、社会主義が前者の担い手であるのに対して、宗教は精神的な統合の基盤となる。この社会主義と宗教との一致を理論的また実践的に目指すことが、宗教社会主義論の課題にほかならない。

②　社会主義が無神論であるというのは正しくない。たとえば、マルクス主義的社会主義は、唯物論的と言われるが、ティリッヒによれば、正確には経済学的と言うべきであって、共産主義がそれ自体として精神性の否定を含意しているわけではない[9]。「無神論はむしろブルジョワ文化の遺産であり、扇動的目的のゆえに、社会民主主義に好んで押しつけられたのである」(Tillich, 1919, 18)。また、キリスト教をルター主義と同一視する人には、革命権はキリスト教的でないと思われるかもしれないが（二王国論）、しかし、キリスト教には、革命権を認め、また革命義務を要請する伝統も存在する[10]。

③　ティリッヒの宗教社会主義において参照された社会主義は、ソビエト共産党の一党独裁的なマルクス主義（教条主義的マルクス主義）ではなく、むしろ、前期の宗教社会主義は、1919年に革命のなかで死んだグスタフ・ランダウア（Gustav Landauer, 1870-1919）のアナーキズム的社会主義、連邦主義的アナーキズム（föderalistische Anarchismus）の影響を受けたものである[11]。この時期にベルリン大学私講師として行われたベルリン講義——

Philosophie. Band 9, Schwabe & Co. AG, 1995, 1166-1210.

9　マルクス主義を唯物論としてではなく、むしろ歴史哲学（歴史過程の弁証法的預言者的解釈）として評価する点は、1933年の『決断』に至る前期の宗教社会主義論だけでなく、中期から後期にかけての議論（Tillich, 1935; 1942; 1948）においても確認できる。

マルクス主義とキリスト教との関わりは、ティリッヒの思想的実践的関心事であるが、現代においては、ティリッヒに当時の両者の対立図式から新しい関係構築に向かいつつある。『福音と世界』2018. 5（新教出版社）の特集「マルクス主義とキリスト教——マルクス生誕200年に考える」において、「マルクス・エンゲルスの宗教観について」（不破哲三）などの諸論考が収録されており、新しい思想動向が感じられる。

10　キリスト教の革命論については、『教会の問いとしての社会主義』Ⅱの「第23項」において具体的に述べられている。

11　ランダウアがティリッヒの宗教社会主義論へ及ぼした影響については、ベルリン講義より知ることができるが、シュトゥルムは、文化の神学の構想（1919年）をランダウアとの関わりで検討している（Sturm, 1997）。政治理論だけでなく、文学理論を含むランダウアの思想に関しては、このシュトゥルムの論文が収録されたシンポジウム論集を参照。

Erdmann Sturm, »Nicht den Staat wollen wir anbeten, sondern den Geist...«,

1919年の夏学期の「キリスト教と現代の社会問題」——では、アナーキズムが取り上げられ、ランダウアについてもかなり詳しく論じられている。[12]

続いて、前期ティリッヒの前半期（1920年代前半）における宗教社会主義論の内容へと考察を進めよう。そのためには、この時期の宗教社会主義論の集大成といえる、1923年の『宗教社会主義要綱』（＝『要綱』）が参照されねばならない。

ティリッヒは1923年のこの論文で、宗教社会主義の立場を、その宗教社会主義の基本姿勢と目標、宗教社会主義運動の理論的あるいは実践的な具体的課題、そして宗教社会主義の展望という三つのポイントに従って説明している。特に歴史思想という点で重要なのは、宗教社会主義の基本姿勢と目標であり、それらはカイロス、神律、デモーニッシュなもの、ユートピアといった諸概念と密接に関わっている。

たとえばカイロスという概念は、1922年の「カイロス」（カイロスⅠ）において、歴史解釈の基本概念として登場した。[13] それに比べて、23年の『要綱』における説明は簡略であり、内容的にも特に新しい主張はみられない。カイロスは預言者的歴史観の内実を示す時間概念であり、第一次世界大戦後の宗教社会主義者の歴史意識——第一次世界大戦後の状況は古い秩序と価値の危

---

    in: Hanna Delf, Gert Mattenklott (hrsg.), *Gustav Landauer im Gespräch. Symposium zum 125. Geburtstag*, Max Niemeyer Verlag, Tübingen, 1997.

12　このベルリン講義の概略については、編集者シュトゥルムの解説（Tillich, 1919/20, 1-26）を参照いただきたい。特に、ランダウアの政治思想に関しては、1919年の夏学期の第一講義「キリスト教と現代の社会問題」の第13講義（S.189-202）と第14講義（S.203-213）が重要であり、ランダウアの著書『社会主義への呼びかけ』（Aufruf zum Sozialismus, 1911）——ランダウアが殺害されたのが1919年5月2日、この『社会主義への呼びかけ』の新しい版の序文が書かれたのが1919年1月3日、そしてティリッヒは、1919年に大学講師としての初めての講義でランダウアを取り上げた——が、かなり詳しく取り上げられている。ティリッヒとランダウアとの関わりについては、今後の研究のなかで詳細な分析を行わねばならない。

13　ティリッヒのカイロス論は、これまでも繰り返し研究者によって取り上げられてきた。

    特に、1920年代前半のカイロス論の問題とその後の展開については、ヒルシュ論争という文脈におけるキリスト論との関係の明確化、そしてユートピア主義との区別の強調などの視点から、かなりの解明がなされてきたといえる。本書著者によるこうした点に関する研究については、京都大学に提出の博士学位論文「P.ティリッヒの宗教思想研究、1994年」の「第5章 カイロス論と歴史解釈」（特に、第3節「カイロス論の形成と展開」と第4節「キリスト論と歴史解釈」）を参照いただきたい。

機であると同時に、神律的文化と社会の建設の決定的なチャンスであるとのカイロス意識——を表現するために新約聖書から取られたものである（マルコ福音書1章15節。Tillich (1923b, 108)）。カイロスは現在と未来、存在の聖と当為の聖とが互いに触れ合う充実した時機（Zeitmoment）であり、その緊張のなかから新しい創造がなされ、聖なる内実に相応しい形式が生み出される。これは預言者的精神において、サクラメンタルな態度と合理的形態とが一つに結びつけられることに対応する。ここで、重要なことは、預言者的精神の時間意識としてのカイロスがティリッヒの宗教史の枠組みにおいて理解されていることと、それがユートピア主義と区別されることであって、以下これらについて要点を確認してみよう。

まず、宗教史の枠組から説明しよう[14]。サクラメンタルな精神状況から、神政、そして自律と他律の分離・対立状況と自律の形式化を経て、デーモン化の危機と新たな神律の探求に至る精神史のプロセス、これがティリッヒの宗教史の理念的枠であり、この枠組みのなかで、預言者的精神のカイロス意

14　宗教史の枠組みを構成する各項は、次のように特徴づけられている。
　　1) サクラメンタルな精神状況：聖と俗とは未分化。合理性は未発達。神話と祭儀において神的なものとデーモーニッシュなものとが未分離。原初の神律的状態。
　　2) 神政（die Theokratie）：無制約的なものの担い手である神による支配。無制約的要請や正義の担い手である神的なものをデーモーニッシュなものから峻別。預言者的批判の明確化。
　　3) 自律と他律の分離・対立状況：合理的理性が非合理的あるいは反理性的なものに対する批判者として登場し、人間の精神的生のあらゆる領域に浸透して行く。これによって、サクラメンタルな精神状況は完全に破られ、その反動として他律化する。
　　4) 自律の形式化：いわゆる世俗化、深みの次元の喪失。
　　5) デーモン化の危機：空洞化した文化体系にデーモーニッシュなものが再度現れる。古くからのサクラメンタルなデーモーニッシュなもの：人間の自律性の発展を抑圧し破壊する。
　　　　新たなデーモーニッシュなもの（自然的デーモーニッシュなもの）：精神の空洞に侵入する権力意志、機械や技術や経済による人間支配の社会システム、民族主義と国家社会主義。
　　6) 新たな神律の探求：形式化、世俗化した自律的文化と他律化した教会との対立を克服し、新たに登場するデーモーニッシュなものを打ち破る精神性が求められるようになる。宗教社会主義は、この新たな神律探求の担い手にほかならない。
　　ティリッヒにおけるこの宗教史の枠組みの意義については、芦名（1994、210-211）を参照。

識はそれに先立つサクラメンタルな態度（→聖なるものの経験基盤との関係性を保持する）と後にそれから分離し自立する合理的態度（→聖なるものの経験基盤との直接的関係から自立する）とを内包するものとして、つまり聖なる無制約的な内実（サクラメンタル）と合理的な制約的な形式とを統一した精神的態度として位置づけられる。こうした枠組みのなかで、現代において預言者的精神を継承する宗教社会主義は、形式化・空洞化して行く文化に対して、聖なるものの象徴の再活性化とそれに基づく新しい共同体意識を創設し（ibid., 128）、また古くからのサクラメンタルなデモーニッシュなものと新たなデモーニッシュなもの（ibid., 117-128）の侵入に対する闘いに加わるという課題を持つものとして理解されることになる（ibid., 112）。このように、宗教史・精神史という議論の枠組みは、ブルジョワ社会の精神状況（近代化と世俗化を含む）や全体主義の台頭という宗教社会主義が直面する歴史的状況の意味解釈を可能にするものなのである。これは、ティリッヒの宗教社会主義論に精神史という観点からの奥行きを与えると同時に、宗教社会主義論を過度に枠づけることによって、歴史的現実との間に齟齬を生み出すといった問題点も伴っている。良くも悪くも、宗教史・精神史の枠組みは、ティリッヒの宗教社会主義論の特徴であり、かつ問題点でもあるのである。

次にカイロス意識とユートピア主義との区別に考察を進めよう[15]。

宗教社会主義は、その目標が個別的―創造的で具体的―歴史的に生み出

---

15 後にティリッヒはユートピア主義とユートピア精神――『組織神学』第三巻では、「第一にカイロイはデーモン的な仕方で歪曲されうる。第二にカイロイは誤りうる。後者の特性は、〈偉大なカイロス〉においてさえも、常に何らかの度合いでそうなのである」（Tillich, 1963a, 371）と論じられているが、これはユートピアの両義性にも関わっている――とを区別し、前者を徹底的に批判するようになるが、初期の宗教社会主義論においてもすでにユートピア主義の危険性は明確に意識されている。つまり『綱要』では彼岸的ユートピア（絶対的な神の支配を具体的理想として、歴史の彼方に求める。ここでは超越的な理想社会が制約的歴史と並置され、実体化される。これによって制約されたものからその固有の価値が奪われる）と此岸的ユートピア（無制約的なものが歴史のなかでは完全には実現されないことを忘れ、完全な理性の王国を樹立しようとする）が分けられた上で、これら二つの形態のユートピア主義と宗教社会主義運動が依拠するカイロス意識との区別が主張されたのである。なお、ティリッヒのユートピア論については、次の拙論を参照いただきたい。

芦名定道「ティリッヒのユートピア論」『ティリッヒ研究』第3号、現代キリスト教思想研究会、73-82頁。

されるということによって、ユートピアから区別される。それが望むのは神律であって合理的ユートピアではない（ibid., 110）。

　このカイロス意識とユートピア主義（ユートピアの否定的な側面）の区別という主張は、1920年代初頭の宗教社会主義運動に対するティリッヒの反省に基づくものと解することができる。ティリッヒの宗教社会主義は、第一次世界大戦後の状況が歴史の転換点にあるというカイロス意識に従って、神律的社会の建設に主体的に参与することを主張したが、20年代初頭の革命的な状況は収束へと向かい、神律的社会建設の夢は急速に色あせてゆく。20年代初頭のカイロス意識は何だったのか、それは結局人々を幻滅に導くユートピア主義の幻想に過ぎなかったのではないか。こうした問いを、ティリッヒ自身自問せざるを得なくなる。23年の『要綱』では、こうした状況変化のなかで、宗教社会主義運動の総括と立て直しの必要性が意識されつつあったと言えよう。そのポイントが、カイロス意識とユートピア主義との区別という議論だったのである。

　なお、それと共に問題となるのは、宗教社会主義運動が目指す神律的社会と神の国との関係である。確かに、「神がすべてにおいてすべてとなる」（第一コリント15章28節）と表現される「神の支配」（神の国）――預言者的歴史理解の核心（歴史の目標）――はユートピア主義ではないという点で、ティリッヒが神律と呼ぶものと一致する。しかし、後のカイロス論において、神の国と神律が明確に区別されることになるという点からわかるように、1923年の時点ではなおも不明瞭な点が残されていた。ともかくも、ある歴史的状況をカイロスとして意識するということはその時点を神律の生起の時として自覚することであり、宗教社会主義とはそのカイロス意識、カイロス信仰に基づいて神律的精神状況の現実化に参与する運動なのである（ibid., 112）。

　以上のように、ティリッヒの宗教社会主義論は、ティリッヒらのカイロス意識（歴史意識）に基づいて形成されたものであって、後に展開される歴史理論の源泉となった。このことは社会主義を宗教的哲学的に深化させるという課題が、社会主義の存在論、歴史哲学、倫理的―宗教的問いという三つの点において問われることの内に明確に示されている（Tillich, 1924）。特に注

意すべき点は、存在論と歴史哲学とは、ティリッヒの批判者たちが主張するように、相互に分離されたもの、あるいは対立するものとは考えられていないことである[16]。「存在論自体が動態論へと駆り立てる」(ibid., 124)。つまり、歴史哲学は存在論から当然問題化すべき事柄なのであり、具体的には歴史の下部構造、歴史の運動、歴史の目標といった一連の問題として展開される。これは、1924年の論文「社会主義の宗教的そして哲学的な継続的形成」においても論じられるように、史的弁証法の問題であるが、こうした歴史哲学的諸問題こそが、ティリッヒの20年代後半の思想的発展を特徴づけるものなのであり、宗教社会主義論の範囲で言えば、われわれは1933年の『社会主義的決断』において、社会主義の歴史哲学、特に史的弁証法の問題が深められていることを確認することができるのである[17]。

---

16 ティリッヒにおいて、存在論と歴史哲学との関係はかなり錯綜している。従来のティリッヒ研究では、ティリッヒ（特に後期ティリッヒ）の存在論に対して、キリスト教的な歴史意識や聖書的思惟を存在論化（無時間的な抽象的な思考方法への置き換え）するものであるとの批判——R. ニーバー、ネレンベルク、大林浩らによる優れたティリッヒの批判的研究とそれらの受け売り的な議論——が多くみられたが、存在論と歴史的思惟との対比（対立図式）は、1920年代後半以降のティリッヒ自身の議論（Tillich, 1927c; 1930a; 1933）などにおいて確認することができる。しかし、宗教社会主義論の哲学的構築の作業から確認できるのは、存在論か歴史的思惟かの二分法とは別の理論構築であり、今後、ステレオタイプ的なティリッヒ解釈を超えた研究の深化が求められる。

17 『社会主義的決断』は、前期ティリッヒの思想的な到達点を示す主著であって、そこで扱われている議論はきわめて広範な内容と射程を有しており、その主要な問題点について論評するだけでも、かなり本格的な取り組みを必要とする。本章で論じた、方法論、民族、史的弁証法などの議論のほかに、宗教社会主義あるいは社会主義一般について今後論じるにあたって興味深いのは、近代社会における社会主義原理の位置づけの問題である（Tillich, 1933, 322-357）。修正原理・批判原理を基本性格とするブルジョワ原理は、それだけでは存立できないという限界を有しており、それがブルジョワ原理と封建的精神性（起源の絆）との妥協をもたらし——ブルジョワ社会はブルジョワ原理だけで成り立っているわけではない——、ここに、社会主義原理に固有の内的な矛盾が生じることになる。つまり、社会主義原理がブルジョワ原理と戦う際に、ブルジョワ原理と結合した「起源の力」をも否定せざるを得ないという事態を生じ、それによって起源の力との統合が不可能になる。しかし、本章でも論じたように、社会主義原理が存立するには、その構成要素としての起源の力が必要であり、ブルジョワ原理と起源の力との妥協的提携という近代社会の歴史的状況は、社会主義原理が起源の力を獲得することを困難にする。これは、まさにキリスト教と社会主義との対立という事態であって、宗教社会主義は、この対立の克服を目指していたのである。

三 『社会主義的決断』の射程

　ティリッヒは、1920年代後半になるとベルリンを離れ、マールブルク、ドレスデンなどの諸大学を経て、1929年にフランクフルト大学に哲学科教授として着任する。この間、宗教社会主義についても継続した取り組みがなされ、そこに新しい思想展開を確認することができる——後期の宗教社会主義論。この時期に、ティリッヒは信仰的現実主義という自らの立場を明確化する[18]——。この新しい宗教社会主義論がもっともまとまった形で提示されたのが、この時期の主著『社会主義的決断』であり、以下、この著作から、民族あるいは民族主義に関わる議論を取り出し、考察を加えてみたい。同時に、『社会主義的決断』を特徴づける「待望の現実主義」の分析によって、この著作に示された思惟の射程を明らかにしてみよう。

(1) 宗教と民族

　『社会主義的決断』において展開される後期の宗教社会主義論の特徴は、政治理論を展開するための方法論・基礎論が明確化されたという点に認められる。

> 政治思想の根源は、人間存在そのもののうちに求められねばならない。人間とその力や緊張について思い描くことなしに、政治的存在と政治思想の基盤に関して何かを述べることなどできない。人間についての教説なしには、外面的な現象の描写以上であるような政治動向についての教説も成り立たない（Tillich, 1933, 288f.）。

　この政治思想の根源を明らかにするための人間論として、ティリッヒが参照するのは、ハイデッガーの『存在と時間』（1927年）における人間存在の

---

[18] 1920年代前半の宗教社会主義と1920年代後半以降におけるその展開については、Stumme（1978, 32-47）を参照。ティリッヒ自身は、20年代半ばにおける変化を、むしろ歴史的思想的状況の変化として捉えていた（Tillich, 1930b）。

分析（基礎的存在論）であり、[19]ティリッヒは、次のように議論を行っている。基礎的存在論の目標は、他の自然物と異なる人間存在独自の存在構造の記述であるが（「世界─内─存在」）、ティリッヒはそれを「人間の自己」における「二重性」、つまり、二重存在としての人間存在と表現する。人間は、自己を世界のなかにすでに置かれているものとして見いだす（被投性）とともに、未来において成就すべき自己のあり方を要請として意識する（企投性）。これは、伝統的には、自然と精神、存在と意識、といった仕方で問われてきた問題であるが、ポイントは「政治思想は人間全体から生まれる」こと、つまり、人間における二重性こそが問われるべき政治思想の二つの類型の根拠である、という点である。人間は、世界に投げ込まれた存在であり、これは、人間のなかに「どこから」（自分あるいは自分たちはどこから来たのか）という起源の問いを生み出す。この起源の問いに対しては、古代から様々な起源神話によってその答えが物語られてきたが、「この起源神話的な意識が、政治におけるあらゆる保守的でロマン主義的な思惟の根なのである」（ibid., 291）。起源神話では、共同体の起源・由来は血縁と地縁の自然的な絆として象徴表現されるが、これこそが民族意識あるいは民族主義の根本をなすことに注目しなければならない。

　しかし、この起源への意識がすべてではない。なぜなら、人間は世界に投げ込まれたあり方を超えて、未来に向けて新しいあり方を決断的に選び取る存在者だからであり、それは、「どこへ」の問いとして、実現すべきものへの要請・責任性の意識を生み出す。ここに起源神話的な思考の絶対化は崩壊させられることになる。これが、「政治における自由主義的、民主主義的、

19　『決断』におけるハイデッガーの基礎的存在論へのこうした言及は、同時期のフランクフルト講義（1931/32 年にフランクフルト大学で行われたヘーゲル講義。本書第 7 章を参照）を含めて、ティリッヒとハイデッガーとの関わりを論じる上で重要である。
　この点については、芦名定道「南原繁の政治哲学の可能性」（南原繁研究会編『政治と宗教──南原繁再考（その一）』横濱大氣堂、2024 年、3-27 頁）で若干の議論を行った。
　また、フランクフルト時代のティリッヒをめぐる諸問題（フランクフルト学派の思想家との関わりや宗教社会主義論、ユダヤ問題をめぐるブーバーとの対論など）については、次の論集が重要である。
　Gerhard Schreiber und Heiko Schulz（hrsg.）, *Kritische Theologie. Paul Tillich in Frankfurt（1929-1933）*, De Gruyter, 2015.

そして社会主義的な思惟の根なのである」(ibid.)。この未来への要請の意識は、起源の神聖化・絶対化を批判する精神性の基盤であり、自由主義・民主主義の根本をなすわけであるが、しかし重要なことは、この起源の批判は、完全な起源の否定ではないという点である。議論のポイントとなる部分を引用してみよう。

> これは、起源が両義的であることを意味している。起源のなかには、真の起源と現実的な起源との緊張がある。現実的な起源は真の起源の表現ではあるが、真の起源を覆い隠し歪曲するものでもあるのだ。純粋な起源神話的意識は、この起源の両義性に気づかない。だからこそ、この意識は起源に執着し、起源を超えようとすることを冒瀆と感じるのである(ibid., 292)。

つまり、しばしば自民族中心主義・排他主義に陥り、戦争の正当化（理由づけ）となることからもわかるように、現実の民族主義（現実としての民族的起源の意識）は歪みや逸脱（＝デーモン化）の危うさを内に秘めたものであり、それゆえに、要請の意識（正義要請の意識）に基づき批判することが必要になる。これが、民族主義に対する民主主義・自由主義・社会主義の批判的な役割にほかならない。しかし、これは民族意識や民族主義の否定を意味しない。なぜなら、現実としての民族意識は民族意識のすべてではなく、真の民族意識の一つの表現に過ぎないからである。問題は、要請──自民族中心主義を超える正義の要請。「人間は他者によってのみ、この無制約的要請を知る」──の意識による批判が、「真の起源の完成に向かう」(ibid.) という点である[20]。ここで、ティリッヒの念頭にあるのは、旧約聖書の預言者の思想である。預言者は真のイスラエル民族の実現に向けて、現実のイスラ

---

20 こうした正義の下における起源の二重化という事態は、キリスト教的政治思想において重要な意味を有しており、ティリッヒ以外の思想家においても、確認することができる。本書の筆者は、次の拙論で、内村鑑三における「民族のメタファー化」としてこの点について論じた。

芦名定道「宗教的多元性とキリスト教──東アジアを中心に」(2006年12月2日の京都大学文学研究科公開シンポジウム報告書『グローバル化時代の人文学──対話と寛容の知を求めて』2007年2月、39-47頁)。

エル民族を批判することができたのである。

　したがって重要なのは、起源と要請の相互関係を正確に理解することである。要請（修正原理・批判原理）は、起源の逸脱を批判的に相対化し修正を行う、しかし、この要請の意識自体が起源（実体原理・形成原理）に由来するものであり、要請は真の起源の実現を目指す。問われているのは、人間存在の「有限性」を構成する両極構造——起源と要請、形成と批判。なお、ティリッヒにおいては積極的実体原理が批判原理に先行するとされる——であり、この有限性の分析が、民族主義・ロマン主義的な政治思想と民主主義的・社会主義的な政治思想という、政治思想の二類型の相互の関係性を規定しているのである。

　ここで、ティリッヒの後期の宗教社会主義に基づいて、宗教と民族との関わりをまとめておこう。人間存在が自然の絆（＝民族的基盤）を基盤として、あるいはこの絆を媒介することによって成立するという点で、人間の共同存在に特定の形態を与える「民族」（具体化の原理）は不可欠である。それゆえ、宗教には民族の積極的な意義を認めることが要求される。しかし他方、宗教は、正義の要請に適った真の起源を成就するために、現実の起源神話・民族主義による逸脱に対して批判するという役割を果たさねばならない。したがって、一方で民族的基盤を失った宗教は、抽象的な観念の世界に逃避するものとなり、その現実性を喪失する。しかし他方、民族主義の逸脱を批判し得ない宗教は、その存在意味を失う。こうした二つの危険を回避することが、宗教社会主義の目的であり、そのために宗教社会主義は、キリスト教と社会主義との媒介を行おうとするのである。

　このキリスト教と社会主義とを媒介するものとして重要になるのは、両者に共通する現実理解・歴史理解であって、ティリッヒは、これを「待望の現実主義」として提示する。これは、ティリッヒに続く世代の神学者であるモルトマンらが、「希望」の問題を神学思想の中心に位置づけることとの関わりからも興味深い。

(2) 待望の現実主義

　ティリッヒによれば、宗教社会主義が社会主義一般と共有する社会主義的原理は起源の力、自己充足的調和信仰の破壊、要請という三つの要素から成

り立ち、それらは「待望」の象徴において統合される。つまり、社会主義的原理は待望の象徴において具体的なイメージにもたらされるのである。待望とは前方に目標を持つ一種の緊張・動態であり、起源の円環を突破して新しい事象に向かう。これは、1920年代後半の歴史哲学における「存在と生成」の対比の延長上の議論であるが（Tillich, 1927c, 109-113; 1930a, 190-194）[21]、重要なことは、1923年の『要綱』でも問題とされていた、社会主義の待望の象徴とユートピア主義との区別である。ユートピア主義が例外なく幻滅に終わるのに対して、待望の象徴は次の点で異なっている。

> 社会主義は歴史における幻滅を知っている。……しかし、預言が強い幻滅にもかかわらず待望を放棄しなかったように、社会主義も人間の根本的態度である待望を断念しない。というのも、預言は〈占い術〉ではないからである。……預言者的態度の前提は、歴史がそれ自体のなかにそのあらゆる瞬間において、新しいものへの、要請され約束されたものへの方向づけをもっているということにほかならない。待望は主観的な態度ではない。それはその根拠を歴史自体の推進力の内にもっている。……成就は、単なる経験的な概念ではない。……待望とは、対象化されない待望である（Tillich, 1933, 362）。

このように待望は主観的あるいは客観的のいずれにも還元することができない。[22] 待望されるもの（新しいもの）はその実現が約束されたものであり、歴史自体の運命と動態に基礎を置く限りにおいて、人間の行為に依存しない。しかし、それは実現されるべきものとして要請され、人間の自由な行為を通して現実化する。この存在と当為、成就と決断の緊張的統一が社会主義的待

21　「存在と生成」という議論については今後詳細な解明が必要である。ここでは、存在と生成という基本構造の解明が方法論的には現象学的な本質直観に関わっていること、また存在と生成の対比で問われていたのが歴史の一回性や新しさ——存在の展開（Entfaltung）と歴史の発展（Entwicklung）との区別にも関わる——であったことを指摘しておきたい。なお、以上に関連して、注15も参照。

22　待望が主観性と客観性のいずれにも還元できないという議論は、ティリッヒ自身における宗教社会主義的なカイロス意識への確信とその挫折の自己了解という問題から生じたものであるが、より一般化するならば、批判的現実主義としての宗教的現実の理解（芦名、1994、155-179）に関わっている点に留意すべきである。

望の特徴であり、その預言者的性格を示すものなのである。確かに、カイロスが「現在」における時の充実であるのに対して、待望は「未来」を志向する。しかし、待望は起源を内に含むことによって現実性と具体性を獲得し（それゆえ政治的ロマン主義との結合が起こり得る）、未来において実現すべき要請によって、自己充足的調和信仰と起源の円環とを突破する（つまり、ブルジョワ精神の克服と新しいものへの開放性）。

待望における主観と客観の関係は、史的弁証法（historische Dialektik）に関してもあてはまる（ibid., 373-377）。ここでティリッヒが問題にしているのは歴史の運動と人間の行為との関係である。ティリッヒはヘーゲル、マルクスに継承されている預言者的伝統のなかに、歴史的行為者の背後にあって目標に向かって進展して行く歴史という思想が存在することを指摘する[23]。イスラエルの預言者たちにおけるヤハウェの意志、ヘーゲルにおける理性の狡知（die List der Vernunft）、マルクスにおける経済発展の法則は、いずれも現にある存在が人間の意識的主体的行為にもかかわらずときには人間の一切の知恵と意志に反して、あるいはそれらを利用しつつ、あるべき存在（要請）へ向かって動いているという認識を表現している――ヘーゲルの『歴史哲学講義』とも合致する――。マルクス主義においては、一方では機械論的な経済決定論に変質することによって社会主義から人間の主体的実践の意味が奪い取られるという事態が生じた。また他方では、人間の主体性とは無関係に歴史の発展が計算可能であり、いわば共産主義社会は資本主義の崩壊をへて自動的に成立するという公認マルクス主義への反発が、逆に人間の主体性が歴史の決定要因であるという立場を生み出した[24]。ティリッヒはこれら両方の立場に対して、それらは史的弁証法を正しく理解していないと批判する。歴史の進展はそのなかに新しいものの創造が生起する限り、それを計算

---

23 キリスト教的歴史理解が西洋の歴史哲学において有する意義については、レーヴィットの議論が有名であるが――たとえば、Karl Löwith, *Meaning in History*, Chicago:The University of Chicago Press, 1949――、同様の議論は、ティリッヒにおいても、多くの著作において容易に確認できる。特に、キリスト教的歴史理解の特徴を簡潔に提示したものとしては、Tillich（1948（1939））が指摘できる。

24 ティリッヒのマルクス理解、特にマルクス主義における唯物史観や人間理解については、Tillich（1935; 1942）などで知ることができるが、こうしたマルクス理解がフランクフルト学派におけるマルクス解釈に関わっていることは研究者（たとえば、Stumme, 1978 など）が指摘するとおりである。

し尽くすことはできない。これは、過去の時点においてあらかじめ潜在的に存在していた可能性の実現に現在あるいは未来の出来事が還元される、歴史には真に新しいものなど存在しない、という存在の閉じた円環のなかに歴史プロセスを閉じ込める立場に対する批判である。しかし、歴史は人間の主体性、決断に一方的に依存するものでもない。歴史はそのなかに人間の主体的決断にもかかわらず、あるいはその決断をも生み出し用いつつ一定の方向へと向かって進行するという方向性・衝動を含んでいる。

> 歴史は、常に至る所において、起源の結びつきから終極的な成就への道である。しかし、歴史はこの道を人間の行為を通して進む。……人間の行為を度外視しては、存在は成就することも、成就しないこともない。……存在の成就とは、要請に応じて実現された人間の行為なのである (ibid., 375f.)。

したがって、史的弁証法は「存在の運動 (Seinsbewegung) と要請の統一」であり、歴史は主観によって一方的に構成されるのでも、主体的決断を離れたところで客観的プログラムに従って進行するのでもない。[25] 歴史のプロセスが主観—客観の分離を超えた存在の運動として運命的に生起し、主体の自由な決断と行為を媒介して要請の成就に向かう、というこの歴史理解は、ティリッヒが 1920 年代初期の宗教社会主義論を深めるなかで成立したものである——たとえば 1926 年の『カイロスとロゴス』を参照——。ティリッヒの歴史理解はその後『組織神学』第三巻にいたる長い発展過程においてさ

---

25 この歴史哲学・歴史論の展開については、注 22 で見た待望理解との関連が問題になるが、さらに、1923 年の学問論における意味付与と意味成就との区別をめぐる議論まで視野に入れることが有益かもしれない。「精神を担う形態の行為は意味付与行為である (sinngebende Akte)」が、「むしろ、意味付与行為は意味充実行為 (sinnerfüllende Akte) である。あらゆる形式において存在するものに内在する意味 (der innewohnende Sinn) が、精神的行為においてそれ自体へと至る、つまり、実在の意味が精神的なものにおいて実現するのである」(Tillich, 1923a, 204f.)。精神を担う形態としての個人と社会において遂行される精神的行為が、精神と実在との双方に依拠した意味充実行為であるという議論は、歴史的プロセスとそれにおける歴史解釈の基本構造の問題として解釈できるように思われる。

らに豊かに展開されて行く。[26]

　以上のように、ティリッヒの『社会主義的決断』は、政治思想として広範な射程を有するものであり、現代の思想状況においても、再評価すべき内容を含んでいる。たとえば、これまで論じてきたユートピア主義とカイロス意識との区別と、この区別をめぐる一連の議論の深化は、宗教社会主義だけでなく、キリスト教的な社会実践・政治運動一般に伴う問題に取り組む上でも、示唆的である。つまり、宗教社会主義などのキリスト教的な政治運動は、歴史的状況への主体的な参与・決断に基づくと共に、歴史自体の動態・動向とその認識に依拠する点で、単なる主観主義や幻想ではない。しかし、この運動体が目指す新しい理想的な政治状況の建設が、現実の歴史のなかにおいてどこまでも暫定的で断片的なものにとどまらざるを得ないとすれば──後に重要になるティリッヒの用語で言えば、これは歴史の両義性（ambiguity）にほかならない──、こうした運動体は常に挫折を運命づけられていることになる。問題は、繰り返し挫折するにもかかわらず、なおも理想的社会の建設に主体的に参与し続けることを可能にするものは何か、ということであり、『社会主義的決断』における待望の現実主義は、この問題への取り組みの中心に位置していたのである──神の摂理と人間的自由との関係性の問題も論理構造としては同一の問題に属している[27]──。

　しかし、この『社会主義的決断』が出版された年に、ヒトラーが政権を掌握し、ティリッヒ自身が関わった宗教社会主義運動は、社会主義を自称し民族主義を内に取り込んだナチズム（革命的ロマン主義）の前に挫折を余儀なくされた。ティリッヒは、ナチスによって大学から追放された最初の大学人のリストに加えられ、『社会主義的決断』は発禁処分となる。こうしてティリッヒは、アメリカ亡命によって、ナチズム批判の場を、ドイツからアメリ

26　『組織神学』第三巻（Tillich, 1963a）の歴史理解に至るティリッヒの思想発展については、まだ十分な解明がなされているとは言えない（注４での指摘はここにも妥当する）。

　　『組織神学』第三巻の歴史論の分析も含めた本格的な研究が望まれる。その際に、次のロリンクの研究は議論の出発点とされねばならないであろう。

　　　Eberhard Rolinck, *Geschichte und Reich Gottes. Philosophie und Theologie der Geschichte bei Paul Tillich*, München/Paderborn/Wien: Schöningh, 1976.

27　この点、注19で記載した次の拙論の問いにも関連している。芦名定道「南原繁の政治哲学の可能性」。

カに移すことになったのである。[28]

四　展望

　現代世界において、民族・民族主義は人類共通の問題となっている。宗教の役割あるいは存在意味を問う場合に、民族の問題を避けて通ることはできない。しかし、現代の宗教論において、宗教と民族との関わりを明確に取り扱うに必要な理論的基盤は果たしてどこに見いだすことができるのであろうか。その点で、本章で論じたティリッヒの宗教社会主義論は、民族に対する宗教の二重の関係性（民族の肯定と批判）を明確に分析することを可能にしており、現代の宗教論において、再評価に値するものと言えよう――もちろん、時代状況に規定された制約・限界も存在するが――。

　今後、筆者は、ティリッヒの宗教社会主義論を現代の政治思想の文脈において位置づける作業を進めると共に――リベラリズムとコミュニタリアニズムの論争の文脈にティリッヒ宗教社会主義論を位置づけるとどうなるか[29]――、正義の要請に基づく現実の民族主義の批判とそれを介した「真の民族

---

[28] アメリカ亡命後のティリッヒ、特に後期における政治思想の後退という問題点については、これまで様々な仕方で論じられてきた――Donnelly（2003, 1-22）もこの点に関わっている――。しかし、少なくともアメリカ亡命後の中期ティリッヒにおいて、政治思想への取り組みがきわめて活発に行われていることは、パウクの伝記的研究やストーン編集の『平和の神学』（Ronald H. Stone (ed.), *Paul Tillich. Theology of Peace*, Louisville, Kentucky: Westminster/John Knox Press,1990。芦名定道監訳『平和の神学』新教出版社、2003 年）所収の論考から、明らかである。また、こうしたティリッヒ解釈を促したともいえる、ティリッヒの「宗教社会主義を超えて」（Tillich, 1944b）も、その内容を見るならば、それまでの宗教社会主義を否定したものでないことは明白である。二つの世界大戦は、それぞれティリッヒの思想の発展史において時期を画するものとして位置づけることができるが――第一次世界大戦は初期から前期への、第二次世界大戦は中期から後期への――、その理解と評価に関しては、慎重な取り扱いが必要である（(芦名、1994、40）の議論を参照）。

[29] リベラリズムとコミュニタリアニズムをめぐる問題状況については、(井上、1999、125-140）を参照いただきたい。こうした現代の思想状況のなかに、宗教社会主義論をどのように位置づけるかについては、今後の研究が必要となるが、リベラリズムとコミュニタリアニズムの問題が両者の単純なあれかこれかでは処理できないことに留意しなければならないであろう。ティリッヒの宗教社会主義論、特に、注 17 で紹介した議論は、リベラリズムとコミュニタリアニズムをめぐる問題に対して、重要な意味を持つと思われる。

的起源」の実現という問題を、民族のメタファー化として捉え、宗教論としての展開を試みたいと考えている。[30]

---

30 民族や宗教という問題は、東アジアの神学における共通テーマと言うことができる。たとえば、2006年11月24〜25日に京都で開催された「日韓神学フォーラム」では、「民族主義を超えて」という問題意識の下で、民衆神学、土着化神学、フェミニスト神学について討論が行われた。特に、フォーラムの討論冊子に収録された、イ・ジョンベ論文は、東アジアの神学を民族主義との関わりで構想する上で示唆的である。
  イ・ジョンベ「抵抗的ナショナリズムから文化的ナショナリズムへ——韓日の歴史を癒すためのアジア神学の模索：土着化神学の観点から」（冊子『日韓神学フォーラム 2006 「民族主義」を超えて——日韓の和解のためのアジア神学の模索』、26-42頁）。
  なお、同フォーラムで、本書著者は「日韓キリスト教神学と土着化——民族をめぐって」との題で研究発表を行った。

第10章

ティリッヒの生の次元論と現代科学

一 はじめに

なぜキリスト教神学にとって科学が問題となるのか。この問いは神学の本質に関わっている。なぜなら、そもそも神学自体が一つの学問としてあるいは科学として理解されることを要求するからである。しかも、この神学が一つの科学であるとの主張は神学と他の諸科学との関連性を含意している。ドイツ観念論の知識論・学問論におけるような体系性とまでは行かなくても、科学としての神学は他の諸科学あるいは他の知識との相互連関——何らかの意味での知の体系——の内に位置づけられるのでなければならない。これについては人間存在における全体性の要求との関連を指摘できるかもしれない。[1] いずれにせよ、神学にとって科学の問いはいわば論理的に不可避なものなのである。しかし、現代の思想状況において改めてなぜ科学なのか。

---

1 パネンベルクは人間の経験構造の分析（経験可能な現実の全体性という超越的理念が経験の多様性に統一を与えるものとして要求される）に基づいて神学と現代の科学論との関わりを論じている。これは神学の科学性の問題にとっても重要な論点を構成しており、この点については、パネンベルクの次の文献を参照。また、パネンベルクの議論の批判的検討としてはマーフィーの研究が重要である。

  Wolfhart Pannenberg, *Wissenschaftstheorie und Theologie*, Suhrkamp Verlag, 1977.
  Nancey Murphy, *Theology in the Age of Scientific Reasoning*, Cornell University Press, 1990.

この現代特有の問題状況については、現代世界の直面する危機的状況がまず緊急の倫理的問いを生じ、ついでその倫理を根拠づける新しい知の形成が要求されている点を指摘すれば十分であろう。ここに新たな仕方で神学と科学との関係が問われる理由が存在しているのである。本章では以上を念頭に置きながら、ティリッヒの生の次元論について考察を進めることにしたい。

二　ティリッヒと科学論

本章で論じるべき問題を明確にするために、まず、ティリッヒの思想の発展史における科学論の展開を概観することにしよう。ティリッヒの科学論は、様々な問題領域に関わっておりその全体像を示すことは容易ではないが、ここではティリッヒ神学の発展過程より科学論の二つの発展の線を取り出してみたい。

ティリッヒ神学における科学論の第一の発展の線は、1923 年の学の体系論から 1950 年代の組織神学へと続く神学体系の展開のなかに確認できる。23 年の『諸学の体系』においては、認識行為の現象学的分析——正確には超論理的方法による分析——によって認識行為を構成する諸原理が取り出され、それに基づいて諸科学の体系の全体的構図が示される[2]。この諸科学の相互連関のなかに「神学」もその固有の場が与えられている。詳細は省略せざるを得ないが、神学は学の体系内の他の諸科学と二重の関係において結ばれている。一方で、神学は精神科学に分類される。この観点から見るならば、神学は、たとえば生物学のような自然科学とはきわめて疎遠でほんのわずかの関連しか持たないことになる。しかし、他方で神学は、神律的体系学という規定からわかるように、学の体系内に固有の場が与えられた一つの学であるのにとどまらず、体系内できわめて特異な位置を占めている。他の諸科学が人間がそこに生きている意味世界内の事物やその関係を対象とし、その点で意味世界の形式や内容に関わっているのに対して、神学、つまり意味世界

---

[2] ティリッヒの 1923 年の学の体系論（Tillich, 1923a）については、次の拙論を参照。
芦名定道『ティリッヒと弁証神学の挑戦』創文社、1995 年、172-183 頁。
なお、このティリッヒの学の体系論は、『諸学の体系——学問論復興のために』（清水正・濱崎雅孝訳、法政大学出版局、2012 年）というタイトルで邦訳が出版されている。

の内実（Gehalt）——意味の根底にして深淵——に関わる神律的体系学としての神学は、意味根拠についての学という性格をもち、したがって学の体系の内実を介して他の諸科学に対して等しく関係づけられるのである。以上の連関に限定して言えば、内実とは伝統的な自然神学において典型的にみられるような、個別的な知に対する知の形而上学的枠組みに相当するものと言って良いであろう。こうして、自然科学と神学は意味形式と意味内実という観点の下で相互に関連づけられることになる。

　それに対して、1950年代の組織神学になると、「科学研究と神学との接点は、科学と神学の両者における哲学的要素のなかにある。したがって、神学の特殊科学に対する関係は神学と哲学の問題になる」（Tillich, 1951, 18）と言われるように、神学と科学の関係づけに関して明確な変化が生じていることがわかる。神学と諸科学とは意味の「形式—内実」という仕方で関係づけられるのではなく、両者は哲学（存在論）を介して間接的に触れ合うに過ぎない。この第一の発展の線は、ティリッヒの神学と哲学の基礎論のレベルにおける、1923年の意味論あるいは認識論から1950年代の存在論への移行と解釈することができる。つまり、学的認識を典型とする認識行為の分析から、人間存在の存在構造の分析へと、問題設定が移行したということである。これは、神学と科学との関係を問う上でも重要な変化と言えよう——科学の営みを単に知識論のレベルにおいてではなく、人間存在のレベルから再考するという課題が生じる——。

　第二の線は、神学と科学との関係論においてしばしばみられる類型論を用いることによって、次のように表現することができる。つまり、神学と科学の区別・分離から調和・協力への強調点の移動である。この発展の線は、先の1920年代から50年代への変化とは別に、ティリッヒの後期から晩年期の思想において確認できる。先の第一の線上における神学と科学の関係論はその内容の違いはあっても、神学と科学の混同を許さず両者の差異性を強調する点で一貫していた。この神学と科学の分離・区別という見方は、ティリッヒにおける思想の発展史のかなりの期間を規定している。またこの分離・区別の議論は、ティリッヒと同時代のプロテスタント神学者に広くみられる立場であり、われわれはその典型をブルトマンによる聖書テキストの実存論的解釈のなかに確認することができるであろう。つまり、科学は客観化可能な

知識・事実の問題に関わり、神学は実存的な意味の問題に関わるという議論である。この立場はピーターズの言い方を借りれば、神学と科学の二言語理論（The Two-Language Theory）と表現できる[3]。科学の言語は事実言語であり、神学の言語は価値あるいは意味の言語である、したがって両者はまったく質が違うという議論である。この立場に従えば、神学はアダムとエヴァがいつどこで生まれその人種は何であったのかなどという事実問題に関わるのではなく、アダムとエヴァの神話が人間存在について、特にその罪の根元性について何を語っているのかという点から創世記のテキストを解釈すべきである、ということになる。同様の議論は1950年代のティリッヒにおいても確認できる[4]。しかし、1950年代も末に近づく頃になるとこれとは別の議論、つまり神学と科学の調和・協力の議論がみられるようになる。

> 宗教、科学、そして哲学の対立の時期は原理的には過ぎ去った。もちろん、より古い思想時代に逆戻りしてまだ生きているような人も存在してはいるが。われわれは寛容の時代に生きている。しかしそれは満足のゆくものではない。なぜなら、それはお互いを認め合ってはいても、統一することはないからである。……われわれは常に再統合の時期に向かって努力している。……協力は今日可能な事柄である。これは多くの場所において始められており、これがますます力をまして現実のものとなるという希望をわたしは表明したい（Tillich, 1963b, 172）。

神学と科学の今後に期待されるのは、それぞれが相互の区別を忘れて引き起こした過去の対立でも、また現在も広くみられティリッヒ自身長い間取ってきた神学と科学との分離に基づいた寛容（無関係あるいは無関心）でもなく、新しい協力と再統合なのである。実際、最近50年間の現代神学を特徴づけているのはティリッヒの言う神学と科学の協力・調和・再統合の模索の試みであり、われわれはその実例として、パネンベルク、トランス、ピーコッ

---

3 Ted Peters, Introduction, in: Ted Peters (ed.), *Science and Theology. The New Consonance*, Westview Press, 1998, pp.17-18.
　　また、現代キリスト教思想における科学論の問題状況については、次の拙論を参照。
　　芦名定道『自然神学再考――近代世界とキリスト教』晃洋書房、2007年。

4 Tillich (1958, 3-4).

ク、ポーキングホーン、ラッセル、ヘフナー、クレイトンなど多くの思想家を挙げることができる[5]。

　これまでの考察を整理すると次のようになる。神学と科学の関係の問いは、知識論や学問論という領域から存在論への展開を要求する。その際に、従来の対立、分離の関係論から協力、統合の関係論への展開をどのように評価し、また現実化できるかがポイントになる。それは一方で人間存在の存在構造という基本問題を視野に入れつつ、他方で現実的で個別的な諸問題との突き合わせを行うという課題にほかならない。本章で取り上げる生の次元論とはまさにこうした問題連関に属していると言えよう。

　以下、次の順序に従って議論は進められる。まず、ティリッヒの生の次元論の内容を分析し、それがティリッヒの自然哲学に相当するものであることを、初期ティリッヒのシェリング論などとの関わりで明らかにする（三）。続く四節では、ティリッヒの生の次元論のキリスト教思想における意義を、健康・病の問題との関わりにおいて論じる。最後に、ティリッヒの生の次元論を現代の生命科学の文脈に位置づけることにより、むすびとしたい（五）。

三　生の次元論と自然哲学

　ティリッヒの思想の発展史において次元論が具体的に展開されるのは、1950年代後半以降（後期ティリッヒ）であり、前節で述べた分離から協力への類型論の変化がみられる時期に対応している。したがって、ティリッヒ神学における分離型から協力型への転換を検討するために、次元論は最適のテーマといえる。次元論が展開される文脈としては次の二つが挙げられる。1.宗教と文化の関係論。2.病・医療の問題。これらのうち、前者は文化あるいは生の深みの次元としての宗教というティリッヒの有名な宗教論の問題で

---

[5]　こうした研究者を含む最近のキリスト教思想における科学論の動向については、注3の文献のほかに、次の文献も参照。
　　　Ian G. Barbour, *Religion and Science. Historical and contemporary Issues*, Harper San Francisco, 1997.
　　　芦名定道『現代神学の冒険——新しい海図を求めて』新教出版社、2020年。

あるが、これについての考察は他の場に譲ることにして[6]、本章では議論を後者に限定したい。こうした具体的な文脈に即した議論を行うに先立って、生の次元論の全体像を『組織神学　第三巻』の叙述に基づいてまとめ、その特徴を明らかにすることにしよう。

「生の多次元的統一性」(the multidimensional unity of life) と言われるように、次元概念は本質と実存の結合である生の現実性をいかに把握するのかという実在理解に関わっている。しかし、「生」を有限的な存在者の現実性という意味に解する場合 ──この点でティリッヒは「生の哲学」を念頭においている──、まずこの生はどのようにして捉えられるのかが問われねばならない。この生を捉えるための方法としてティリッヒが用いるのは、『組織神学』自体の方法でもある「現象学」にほかならない (Tillich, 1963a, 17)。生を捉える際にその出発点に置かれているのは、理論化に先だって具体的な経験において現前している生の諸現象を記述する「生の現象学」なのである。もちろん、意識に現前する現象を記述するといっても、『組織神学』の一部門としてそれを行うのであるから、実際になされる記述はティリッヒの神学体系の構成に規定されざるを得ない。ここでは、以下「生の現象学」の内容を「本質的要素と実存的要素の混合（mixture）」と「次元」概念、そして「可能性の現実化」という三つのポイントに従って要約することにしたい。

1) 生は『組織神学』の体系に基づき、本質存在（第一巻）と実存存在（第二巻）に対して「本質的要素と実存的要素の混合」(ibid., 12) と説明される──『組織神学　第一巻』で有限的な存在における「本質存在」「実存存在」の二重性（duality）と言われたものに相当する──。これは「存在の現実性としての生」(life as "actuality of being") ともあるように (ibid., 11)、生が存在するものの現実性として本質と実存という二つの局面によって構成されることを意味している。したがって、生の現象学の立場から言えば、まず「生」の現象（＝現実性）が記述され、そこから本質と実存という存在の相が抽出されたと理解すべきであろう。「混合」「二重性」が意味するのは、生の現実においては本質と実存が相互に他へ還元できない区別された相であると共に、不可分な仕方で結合することによって現実性を構成している、という事

---

[6] 芦名定道『ティリッヒと現代宗教論』北樹出版、1994年、86-99頁。また、本書第11章も参照。

態である。これは、生の現実はたとえば科学的な分析が可能となる合理的な構造を有する（本質）と同時に、その合理的構造からは演繹できない疎外状況に陥っている（実存）ということであり、どちらの相が欠けても生の理解は一面的なものとならざるを得ない。その意味で、生の根本規定はこの両義性の内に見いだすことができるのである。

2）こうした二つの相の混合としての生は構造と生成の二つの観点から記述することができる。まず、生の構造論に相当するのが、生の次元論である。生の現実性は多様な諸要素の統一体として現象しているが——存在の多様性と統一原理の探求（ibid., 12）——、問題はその際にいかなる用語（隠喩表現）を使用するかである。ティリッヒの選ぶ隠喩表現は「次元」（dimension）であり、ティリッヒが指摘するようにここで問われているのはどの用語が現代の思想的流行に合致しているかといった古い伝統的な用語の新しい用語による単なる置き換えではなく、生の現実にふさわしい実在理解はどのようなものであるのかということなのである（ibid., 15）。この点を説明するために次元と対比されるのが、層（level）の隠喩であり、もし、生を層という隠喩によって記述するならば、生は多層的統一体と捉えられることになるであろう。ティリッヒによれば、層という実在理解は、特定の一つの層に属する諸事物をその平等性においていわば平均化する見方であると共に、諸層を上下の階層に秩序づけることによって、上の層の事物と下の層の事物の間に、支配—被支配、抑圧—反抗・服従といった関係を設定するものである（ibid., 12-15）。もちろん、このような実在観が比較的よく妥当する生の現実も存在する。たとえば、中世のキリスト教世界を規定していた階層性である—— H. R. ニーバーの言う「文化の上なるキリスト」[7]——。しかし、民主主義やプロテスタンティズムに規定された人間の生の現実を理解するには、この層の隠喩は不適当である。このように、生の現実を記述するのにいかなる隠喩を用いるのかという問題——階層性と万人祭司のいずれが現実のモデルとして選

---

7 「文化の上なるキリスト」（Christ above Culture）はニーバーが『キリストと文化』（H. Richard Niebuhr, *Christ and Culture*, Harper & Brothers, 1951）で展開する「キリストと文化」の関係をめぐる五類型の一つである。もし次元と対比される「層」メタファーによって宗教と文化の関係を論じるとするならば、ニーバーの言う「文化の上なるキリスト」の類型はまさにそのための典型的事例と解することができるであろう。

択されるべきか——は、現象学に価値判断という異質な方法を統合するように要求する（ティリッヒの言う批判的現象学）。トレルチが本質概念は理想概念であると説明しているように、生の現実性の記述においては現象学と言えども完璧な価値中立性を保持することはきわめて困難なのであって、場合によってはそれを保持することを断念しなければならないのである[8]。しかし、隠喩の選択に関してさらに確認すべきは次の点である。つまり、隠喩の選択は記述される生の現実のなかで何が具体的記述の対象とされているかにも依存している。先に、われわれは生の次元論の文脈として、宗教と文化の関係論、病と健康の問題を挙げたが、以下論じるように、これらの生の現実は層論によってではなく、次元論によって記述されるべきであるというのが、ティリッヒの主張なのである。

　たとえば、病や健康の問題においては、身体と心のいずれかに限定しても十分に理解可能な症例が存在する一方で、身体のゆがみと心のゆがみが相互に絡み合い、どちらか一方の領域における治療だけでは効果がない場合がある。これは身体という実在の層の上に心の層が乗るという層的見方が近似的な実在像にすぎないことを意味している。これに対して次元論では、実在あるいは生の現実性を理解するために別の見方が提出される。「『次元』隠喩は空間的領域から採用されたものであるが、それは相互干渉が存在し得ないような仕方で存在の諸領域の相違を記述するのである」(ibid., 15)。次元概念の採用は、生の現象を構成する諸要素あるいは諸特性が相互に矛盾しあったり排除しあったりするものではない——あるいは、諸次元の間には価値的な上下関係は存在しない——という点を表現することを意図している。それと同時に次元論は、心と身体を分離可能な存在として実体化するような心身二元論（あるいは心身二層論）も否定する。確かに、諸次元は相互に区別された独自の質を持っているものの、空間を構成する縦と横と高さの三つの軸（次元）が互いに矛盾しあうことなく空間のすべての点で交差し共在しているのと同様に、すべての次元は生の現実において一つに統合されている。こ

8　宗教現象についての学問研究にとって、価値中立性の問題は方法論的基礎に関わっている。ティリッヒは彼に先行するトレルチやウェーバーの議論を念頭に置きながら、1923年の学の体系論において、抽象的な価値中立性や相対主義を自らの「動的真理理解」「超論理的方法」によって克服しようと試みている（Tillich, 1923a, 254-262; 1926c, 272-275)。

のような空間を構成する次元の特性が、生の現実性を記述するのにふさわしいというのが、ティリッヒの見解なのである。

　こうした構造的観点から、たとえば人間的生（広義の生）の現実について、ティリッヒは無機的次元、有機的次元、心理的次元、精神の次元を区別する（ibid., 17-30）。それらはそれぞれ物質、生命（狭義の生）、心、精神と言い換えても良いであろう[9]。すでに論じたように、これらの諸次元はそれぞれが他の次元に還元できない固有の実在性を有すると同時に、本質の相においては互いに矛盾し合うことはない――矛盾が問題化するのは実存という相においてである――。この点において、ティリッヒは還元主義的実在理解を否定しているといえる。社会のいわゆる下部構造は宗教の物的存在基盤であったとしても、宗教の現実性は下部構造には還元できない、つまり宗教はそれ固有の法則性を有する独自のリアリティーなのである。しかしまた、諸次元をばらばらに実体化することもできない。たとえば身体なしの霊魂の不死性をティリッヒは認めない（Tillich, 1963a, 409-412）。生命の存在は物質の存在を前提とし、また心の存在は生命を、精神の存在は心をそれぞれ前提としている。こうした諸次元間の順序の議論はティリッヒが進化論的図式を認めていることを意味している。物質レベルにおける複雑度の増大が自己組織化プロセスを介して次の実在の次元である生命を生み出すという最近のシステム論の議論自体はティリッヒの念頭にはなかったとしても、後に見るように、現代の自然科学が提示する物質、生命、心、精神からなる自己組織化の連鎖は、ティリッヒの次元論の説明として読むことができるように思われる。

　また、第一節で論じた科学論との関連で言えば、諸次元の区別はそれぞれの次元に関わる諸学間相互の区別と自律性を保証する。物理学は物質の次元を扱い、神学は精神の次元における宗教を自らの固有の対象とする。したがって、自然科学と神学とは原理的に対立するはずがない。これは先に事実と意味の区別として述べたことにほかならず、これだけなら、ティリッヒは科学と神学の分離論にとどまっていることになる。問題はそれぞれの固有性を持つ諸次元が人間の生の現実において一つに統一されていることをいかに適切に解明するかである。この統一性にこそ、科学と神学の協力を論じる根

9　第6章の注24を参照。

拠が存するのである。

　3）生の記述は構造とともに生成の観点を要求する。なぜなら、「生は可能的存在の現実化として定義される」からである（ibid., 30）。すでに言及したように、諸次元は単に空間的に併存するだけでなく、それらの間には生成の順序と言うべき関係性が認められた。ここにおいては、生の生成に関して、新しい次元の生成と必ずしも新たな次元の生成を伴わない生成一般とを区別して説明することにしよう。

　まず、新しい次元の生成であるが、これは無機的次元から有機的次元が、有機的次元から心の次元が、そして心の次元から精神の次元がいかに生成するかという問題であり、それぞれ生命の発生、心の発生、文明の発生といったテーマにおいて従来論じられてきたものである。このような新しい次元の生成に関して——「次元の現実化は宇宙の歴史の内における歴史的出来事である」（ibid., 26）——、ティリッヒはアリストテレスの運動論と進化論とを結びつけて議論を進めようとする[10]。

> 有機的生命の起源の問いはより重大である。ここにおいて二つの観点、つまりアリストテレス的観点と進化論的観点とが対立している。前者はデュナミス、可能態という用語によって種の永遠性を強調するが、後者はエネルゲイア、現実態において種の出現の諸条件を強調する。しかし、次のように定式化するならば、こうした相違が矛盾を生み出す必要はないことが明らかになる。すなわち、有機的なものの次元は本質的に無機的なものの次元に現在している、その現実的な出現は生物学や生化学によって記述される諸条件に依存している、と（ibid., 20）。生の新しい次元の出現は条件づける次元における諸条件の布置（constellation）に依存している（ibid., 25）。

生の次元論におけるこれら二つの観点の統合は、ティリッヒの次元論がド

10　進化論に関連した議論は、学の体系論のなかにも見いだすことができる（Tillich, 1923a, 155-158）。ここでは、進化論は生物学にとって異質な方法（die heterogene Methoden）という議論のなかで言及され、創造神話と同様に一つの神話（ein Mythos）であると述べられている。この点で、後期ティリッヒにおける進化論評価との相違に留意しなければならない。

イツ観念論の自然哲学を現代の生命科学を視野に入れつつ展開したものであること、つまりそれがティリッヒ自身の自然哲学に相当することを意味している。初期ティリッヒが取り組んだシェリングの自然哲学では、「自然は見える精神であり、精神は見えざる自然である」(Schelling, II, 56)、精神とは「まどろみ状態」から目覚めた自然である (Schelling, III, 453) と述べられている。ティリッヒは、無機的次元から精神の次元に至る諸次元の生成を、まどろみからの覚醒という「可能性から現実性への現実化」の図式において捉えている[11]。ティリッヒがアリストテレス的な運動論の枠組みを次元の生成論に導入しようとするときに、そこにはアリストテレスに遡りシェリングやヘーゲルにおいて結実した自然哲学の伝統に立って自らの自然哲学を構築しようとするティリッヒの意図を読みとることができる[12]。こうした自然哲学の試みについては、科学と神学の接点が両者の哲学的要素のなかにあるという先に引用した『組織神学』の言葉を思い起こすならば、自然というテーマをめぐる自然科学と「自然の神学」の協力（再統合）の具体化が自然哲学を要求すると解することができるであろう。自然哲学としての生の次元論は、アリストテレス的概念枠を進化論などの生命科学（生物学、生化学による新しい次元生成の諸条件の科学的解明）の知見と統合することによって、神学（自然の神学）と自然科学の間に新たな関係を切り開くことを意図しているのである[13]。

次に、新しい次元の生成よりもより包括的な生の生成一般——個的生命体の成長や社会現象の発展などを含む——に目を向けよう。次元の生成に限定されない生の生成一般を記述するために、ティリッヒはヘーゲル（若きヘー

11　シェリングからの引用は次のテキストから行われる。なお、ティリッヒのシェリング論については、本書第6章を参照。
　　F.W.J.Schelling, *Sämmtliche Werke* (Hrsg.v.K.F.A.Schelling), Stuttgart / Augsburg. 1856-1861.
12　アリストテレスからヘーゲル、シェリングに至る自然哲学の展開については次の文献を参照。松山壽一『ドイツ自然哲学と近代科学』北樹出版、1999年、212-248頁。
13　こうした観点からのティリッヒ研究としては次のものを参照。
　　Gert Hummel (hrsg.), *Natural Theology versus theology of Nature ? Tillich's thinking as impetus for a discourse among theology, philosophy, and natural sciences*, de Gruyter, 1994.
　　Roy D. Morrison, II, *Science, Theology and the Transcendental Horizon. Einstein, Kant and Tillich*, Scholars Press, 1994.

ゲル）の生の概念に依拠しつつ議論を展開する。[14] すなわち、生の生成は、自己同一、自己変化、自己帰還の三つの要素によって弁証法的に構成され、このような三要素から構成された生は、自己統一、自己創造、自己超越の三つの機能（運動）において自らを生成すると考えられる（Tillich, 1963a, 30-32）。生は、特に個的生命体において明瞭にみられるように、一定の形態（中心を有すること）を維持しつつ時間経過のなかで変化してゆく。しかもその際に自己同一性は繰り返し新たに再構成される。変化のない自己同一も自己帰還しない自己変化も、生きた生命体にとっては死を意味する。こうした生の諸要素によって成り立つ構造体から、自己統一と自己創造と自己超越の三つの生の運動が生じてくるのである。精神の次元が現実化した人間の生に即して言えば、生は自らの世界を有する自己としての統一性を保持しつつ、文化的な営みを通して自己創造を行い、しかもその有限な生の限界を超えてより高いものへと進もうとする（昇華）。こうして、自己統一に関わる道徳、自己創造としての文化、そして自己超越としての宗教は、精神の次元における生の生成運動として統一的に捉えられることになるのである。[15]

　以上の生の次元論から次の諸問題が浮かび上がってくる。これまでの分析より、ティリッヒが生の次元論において自然科学との接点を確保しようとした点が確認されたが、それはティリッヒ自身がその概要を示した以上のいかなる具体性を持ちうるのか、つまり生の次元論は現代の生命科学の議論との

14　ティリッヒのヘーゲル論、特に若きヘーゲルにおける「生の弁証法」に関する議論については、本書第7章を参照。

15　自己超越としての宗教についてはルックマンの宗教概念との比較など論ずべき問題が多く存在するが、こうした点については次の拙論を参照。

　　芦名定道『ティリッヒと現代宗教論』北樹出版、1994年、80-81頁、110-111頁。
　　この生の生成過程における道徳、文化、宗教の統一性は、1920年代から多様な仕方で展開された「文化の神学」の一つの帰結といえる。アダムズの古典的な研究（James Luther Adams, *Paul Tillich's Philosophy of Culture, Science, and Religion*, Harper & Row, 1965）はもちろん、最近のティリッヒ研究でも、文化の神学は重要な研究テーマである。

　　A. James Reimer, *Paul Tillich: Theologian of Nature, Culture and Politics*, Lit, 2004.

　　Christian Danz und Werner Schüssler (hrsg.), *Paul Tillichs Theologie der Kultur. Aspekte – Probleme – Perspektiven*, De Gruyter, 2011.

　　この二つの文献から、「文化の神学」自体が広範な諸テーマを包括するものであることがわかる。

関わりでいかなる展開が可能なのか。さらにまた、ティリッヒの生の次元論は、人間が現代において直面している諸問題に対していかなる妥当性を有しているのか、生の次元論をキリスト教思想として展開する意義はどこにあるのか。以下の諸節では、こうした諸問題について検討を行うことにしよう。

四　生の次元論と健康・病

　次に、生の次元論のキリスト教思想における意義を具体的に検討するために、健康と病の問題を取り上げることにしたい。ティリッヒは1950年代を中心に、人間の病や健康の問題を様々な観点から検討しており、この問題群は後期ティリッヒを特徴づけるものとなっている。[16] その基本にあるのは、「キリスト論は救済論の一機能」であり（Tillich, 1957a, 150）、「救済の本来の意味とわれわれの現在の状況のいずれの観点からしても、救済は〈癒し〉と解釈するのが適切であろう」（ibid., 166）との主張である。つまり、キリスト教思想の核心点は人間存在の癒しの問いであり、したがって、もし、生の次元論がキリスト教思想として有意味な議論であるとするならば、それは癒しとの関わりで、より限定して言えば、健康や病との関連において評価されねばならないのである。ここでもう一度確認したいのは、ティリッヒが生の次元論を展開していたのが、まさに病や治療という文脈においてであったという点である。それゆえ、生の次元論の成立過程に即して判断しても、それを健康や病といった問題連関において評価することは正当なのである。

　生の次元論と健康や病との関わりを検討する前に、後期ティリッヒにおいて健康や病がどのように論じられているかを見ておくことにしよう。この問題群に関してティリッヒが行った議論は、前期ティリッヒにおける「文化の

16　ティリッヒの医療、健康、病をめぐる一連の諸論文は、次のルフェーブル編集の論文集に主要なものが収められており、本章ではこれより引用がなされる。また、こうした諸問題にみられる後期ティリッヒの思想的特徴については、シェーファーの研究を参照。

　　Perry LeFevre (ed.), *Paul Tillich. The Meaning of Health. Essays in Existentialism, Psychoanalysis, and Religion*, 1984.
　　Karin Schäfer, *Die Theologie des Politischen bei Paul Tillich unter besonderer Berücksichtigung der Zeit von 1933 bis 1945*, Peter Lang, 1988.

神学」の構想に遡るものであるが、われわれはルフェーブル編集の論文集所収の諸論文からその全貌を知ることができる（LeFevre, 1984）。ティリッヒの生の次元論との関連で健康や病の議論の展開を見るには、この論文集中の「宗教と健康との関係」（1946a）と「健康の意味」（1961）とを比較することが有益であろう。この二つの論文は先に指摘したように、宗教的な救済を、癒しとの、そしてさらには健康との関わりで扱っている点で共通の問題意識に従っており、そこには一貫した議論の展開を確認することができる。特に重要なのは、癒し、健康、そして病という現象が、多様な諸観点から、しかも諸観点の区別を超えたそれらの相互連関において論じられていることである（多様性とその統一）。たとえば、人間存在の癒し・治療には、通常の医療機関における身体的治療や精神分析による心理的治療から呪術的治療や宗教的癒しに至るまで多様な方法が存在し、しかもそれらは様々な相互連関において結びついている。

> 根本的な問題がまだ残っている。精神的実在と身体的実在に対して、人間本性の〈中間的領域〉はいかなる構造的関係を有するのか。もしこの問いが答えられるとするならば（もちろん、すべての科学的答えと同様に暫定的な仕方であったとしても）、癒しの諸方法相互の諸関係がそこから導き出されるであろう（Tillich, 1946a, 47）。

1946年の論文では、人間存在に関して身体的、心的、精神的の三つの領域が区別され、この人間存在の統一を指し示すものとして「人格」概念が位置づけられている（ibid., 47-48）。この議論の前提とされるのは、古代以来の身体、魂、精神（霊）という三区分的人間論（これは治療方法の三区分に対応する）であるが（ibid., 24-28）——これについては金子晴勇の諸研究、たとえば『キリスト教人間学入門——歴史・課題・将来』（教文館、2016年）を参照——、「霊的癒し（spiritual healing）は精神的癒し（mental healing）の深みの次元（the depth-dimension）である。それは、必ずしも現実的にではないにしても、精神的癒しのなかに潜在的に現前している。たとえ、それが精神療法的な状況の厳粛さや深遠さにおいて表現されているにせよ、あるいはまた明確に宗教的な諸顕現において表現されているにせよ、そうなの

である」(ibid., 50) と言われるように、ここにすでに次元論への展開が予示されていると言えよう。

このような人間存在における癒しの諸方法の区別と相互連関という問題は、人間的生の現実における次元論の展開を促しつつ、それを理論的枠組みとすることによって次第により整理された形で議論されるようになる。それが、1961年の論文であり、そこにおいては、「物理的次元、化学的次元、生物学的次元、心理的次元、精神的次元、歴史的次元」という多次元の統一体としての生という理解が明確に表明され、それに基づいて、健康、病、治療についての次元論が示されるのである (Tillich, 1961, 167-173)。特定の次元に限定された「分離的治療」は医療行為としては不可避的であるが、人間存在の病とその癒しを全体として見たときに、癒しは他の諸次元の治療方法との共働を要求する（全体的治療）。

> 人間イエスに適用されたこの神話論的象徴（普遍的治癒者の象徴。論者補足）がきわめて鮮明に示しているのは、宗教的なものと医学的なものとの統一性なのである。もし救済が癒しの意味で理解されるとするならば、宗教的なものと医学的なものとの間には対立ではなく、きわめて密接な関わりが存在しているのである (ibid., 173)。

こうした次元論に基づく病、治療、健康の理解は、現代社会において宗教としてのキリスト教の存在意義を論じる上で重要なポイントとなるであろう。なぜなら、現代医療の現場では高度に専門化し多様な治療方法に従って病の治療が行われている——それは人間の生を構成する次元の多様性からの当然の帰結である——。しかし、そのうえで問題になるのは、一人の人間の病の苦しみは複数の次元のゆがみが複合する仕方で現象しているという事態を前にして、その人間の苦しみをいかにして癒すのかということである。もし、ある人物の苦しみを全体的に癒そうとするならば、その人の折れた骨をつなぎ、ホルモンのバランスを回復し、幼児期に作られた心のトラウマを解消し、家族関係を再建し、失業問題を解決するなど、一見それぞれ別個の事柄に見えても実は複雑な相互作用の下にある諸次元のゆがみ全体を視野に入れねばならないであろう。こうした人間の病の現実を全体として取り扱うに

は、単なる治療方法の専門化や高度化だけでは十分でなく、生の全体を包括的に扱う視点、あるいは治療の諸方法の統合が不可欠になる。これは、現代医療の現場で近年ますます自覚されつつある事態であり、宗教と科学の協力を積極的に模索する意味の一端はここに認められるであろう。

　以上のような病と癒しの次元論は、ティリッヒの指摘にあるように、新約聖書におけるイエスの宗教運動自体のなかで確認可能な事柄であり[17]、したがって宗教としてのキリスト教を理解する上でも有効な視点と考えられるであろう。それは、イエスにおける病の癒しが心身の治療であることを超えて、しばしば家族のもとに返れという命令（帰還命令）と結びつく点に示されている。たとえば「悪霊に取りつかれたゲラサ人の癒し」の物語（マルコ5章1-20節）は、次のように結ばれている。

　　イエスが舟に乗られると、悪霊に取りつかれていた人が、一緒に行きたいと願った。イエスはそれを許さないで、こう言った。「自分の家に帰りなさい。そして身内の人に、主があなたを憐れみ、あなたにしてくださったことをことごとく知らせなさい」。その人は立ち去り、イエスが自分にしてくださったことをことごとくデカポリス地方に言い広め始めた。人々は皆驚いた。

17　こうした医療人類学の議論を聖書学（イエス研究）に積極的に結びつけているものとして、次のクロッサンの研究を参照。

　　John Dominic Crossan, *The Historical Jesus. The Life of a Mediterranean Jewish Peasant*, HarperSanFrancisco, 1992.

　　―――, *Jesus. A Revolitionary Biography*, HarperSanFrancisco, 1995.

　また、ティリッヒの次元論についての、また次元論と病・癒やしの問題との関係をめぐる研究文献としては、次のものをあげることができる。

　　Karin Grau, "Healing Power" – *Ansätze zu einer Theologie der Heilung im Werk Paul Tillichs*, Lit, 1999.

　　Tabea Rösler, *Paul Tillichs vieldimensionale Anthropologie. Von der Cartesianischen Vernunft zur lebendigen Person*, Neukirchener Verlag, 2013.

　ティリッヒにおいて、病や癒やしといったテーマは決して周辺的なものではなく、その点、次の研究は興味深い。

　　Stephan Peeck, *Suizid und Seelsorge. Die Bedeutung der anthropologischen Ansätze V.E.Frankls und P.Tillichs für Theorie und Praxis der Seelsorge an suizidgefährdeten Menschen*, Calwer, 1991.

現代の聖書学において論じられるように、[18] もし、「奇跡それ自体は特に強調されず、癒された者への関心が最後まで持続する。具体的には、物語が家族（社会）への帰還命令をもって終る」という点がイエス伝承の最古層に属する特徴であるとするならば（荒井、1979、273）、イエスの治療活動が被治療者個人の精神的あるいは身体的な治療を超えた要素を本来含んでいたと考えるには十分な根拠があると言えよう ——病は身体や心などの特定の次元に限定されるのではなく、病の苦しみは共同体からの疎外、自己からの疎外、そして宗教的な疎外（汚れとしての病）の複合的な効果として現前するのである——。すなわち、イエスの治療行為は病人の苦しみの癒しが家族関係の回復をもってはじめて完了することを示唆しているように思われる。宗教的観点から見た〈癒し〉は、身体的生命の次元や心の次元のほかに、社会関係の次元と統一的に理解されねばならないのである。このように人間存在を諸次元の全体性に即して捉えようとするとき、神学は諸科学との協力関係を樹立するよう努力せざるを得ないことになる。身体や心や社会関係におけるゆがみをそのままにして、魂の宗教的救いを論じたとしても、それは単なる抽象的な机上の空論と言わねばならない。人間の病の癒しという課題に関して、それに関わる諸次元に即した個別の問題（分離的治療）と、諸次元の統一性が提起する問題（全体的治療）とを、相互に区別しつつも統一的に捉えて行くとき、神学と科学の関係はきわめて具体的な問題として論じ得るものとなるのではないだろうか。

「生の過程の弁証法はそれぞれの次元において同一である」「各々の次元においては他の諸次元が前提とされている」「健康についてはその充実した観念と縮小された観念が存在する」「完全な癒しはすべての諸次元のもとにおける癒しを包括している」（Tillich, 1961, 172）。

18　共観福音書におけるイエスの治癒物語の原初形態（その理念型）に関しては、次の荒井説を参照。また、この問題については、次の拙論も参照。
　　荒井献『イエス・キリスト』講談社、1979 年。
　　芦名定道「現代キリスト教神学の生命論」（平成 4、5 年度科学研究費補助金（一般研究 C）研究成果報告書　研究代表者　神野慧一郎『心身問題とバイオエシックスにおける生命概念との関わりあいについての考察』1994 年、57-68 頁）。

これらは、生の次元論に基づいた病や健康についての考察の結論であるが、これに従えば、身体的な健康のみを追求し、健康の基準を能力（「できる」ということ）に置くような健康理解はあまりにも不十分であることがわかるであろう。完璧な身体の健全さ（病の完全な排除）という現代の健康理解はそれ自体一種のユートピアであり、むしろ、「病」「老い」「障害」の現実に伴う様々な機能低下にもかかわらず、諸次元の統一体としての生全体においては生きる力に満ちあふれているような生の形態化が求められているのである。同様の問題意識はティリッヒ以降のキリスト教思想においても様々な仕方で展開され、特に生命や環境の問題を神学的に議論するなかで重要なテーマとして意識されるようになってきている。最後にその実例としてモルトマンの健康論を紹介しよう。[19]

　健康の問題については、「健康は多次元的に捉えられねばならない」（Moltmann, 1985, 273）とあるようにモルトマンも独自の健康の次元論を展開している。モルトマンの場合、「次元」としては自己関係、社会関係、人間の生涯、超越的領域との関係という人間存在を構成する関係の四つの次元が挙げられており、「病気である一人の人間の治療は、一つの次元で行われるのではなく、これら四つの病人の人間的次元を顧慮し、彼のなかにある〈人間であることへの力〉（die Kraft zum Menschsein）を強め再生しなければならない」（ibid., 277）と主張される。これら列挙される次元の内容については相違があるものの、その趣旨はティリッヒの見解と基本的に一致していると考えて良いであろう。この〈人間であることへの力〉とは、たとえ病や障害や老いといった否定的な状況下においても、それにもかかわらず自らの存在を肯定し得る力であって、ティリッヒならばこれを〈生きる勇気・存在への勇気〉（Courage to Be）と表現したであろう。いずれにせよ、人間の健康は身体の次元だけでなく、心や精神の次元を視野に入れその全体性において論じる必要があるのである。これは身体に一面化した現代の健康文化に対して再考を促すものであり、神学と科学の関係という問題はこうした具体的な議論のなかに位置しているのである。

19　健康の問題を含むモルトマンの身体論については次の文献を参照。
　　Jürgen Moltmann, *Gott in der Schöpfung. Ökologische Schöpfungslehre*, Chr. Kaiser ,1985, 248-278.

五　むすび

　これまで本章においては、ティリッヒの生の次元論とそのキリスト教思想における意義について考察を行ってきた。しかし、この問題が、神学と自然科学との積極的な関係性の構築という自然哲学的課題に関わっていることを思い起こすならば、ティリッヒがいわばプログラムとして提示した生の次元論については、現代科学、特に生命科学との関わりにおいてそれがいかなる現実性を持ちうるかが論じられねばならないであろう。そこで、最後に本章の結びとして、ティリッヒが進化論を念頭に置きながら略述した生の諸次元の現実化（新しい次元の生成）の順序を現代科学の観点から考察することにしたい。

　物質、生命、心、精神といったティリッヒが生の諸次元として記述したものについては、現代の自然諸科学から、特に諸次元の相互関係――ある次元から別の次元がいかに生成するのか――をめぐり多くの関連した議論が提出されている。そのなかより、自己組織化の問題を取り上げてみよう[20]。この先駆けとなったのは、プリゴジンが非平衡系の熱力学として理論化した議論であるが、それによれば、熱力学的平衡から隔たった非線形非平衡系（開放系）においては、系の複雑度の増大に伴って動的秩序の自己形成が行われる。つまり、ある次元（たとえば高分子化合物の系）のなかに取り込まれた過剰なエネルギーが熱として散逸するときにその散逸を促進するように系が構造

20　自己組織化についての研究は現在少なからぬ数にのぼるが、宗教の問題も視野に入れているものとして特に清水博の次の文献を参照。それによれば、「生きている状態」は、特定の分子や要素の有無ではなく、多くの分子や要素の複合体・マクロな系の持つグローバルな状態・相であり、高い秩序（全体論的で動的秩序）を自ら発現し維持する能力（自己複製機構）を持つことである、と説明される。

　　清水博『生命を捉えなおす――生きている状態とは何か　増補版』中公新書、1990 年。
　　「自己組織現象と生命」（『岩波講座　現代思想 12　生命とシステムの思想』岩波書店、1994 年、71-120 頁）。
　　なお、キリスト教思想と現代科学との関わりについては関連する文献は膨大にのぼるが、本書著者によるものとして、次の文献を参照。
　　芦名定道『現代神学の冒険――新しい海図を求めて』新教出版社、2020 年。
　　―――『脳科学とキリスト教思想』三恵社、2022 年。

変化をおこし、そこに元の系に対して言えばマクロなレベルに相当する新しい秩序構造（生命という新しい次元）が作られる、という散逸構造における自己組織化のメカニズムである。もちろん、こうした仕方による生命の起源の説明は、一つの完成した理論として提出されているわけではない。しかし、いわゆる原始大気からアミノ酸の連鎖による高分子化合物が生成するという化学進化のメカニズムの科学的解明が生の次元論における新しい次元の生成——物質から生命へという進化のプロセス——の議論にとって、その具体的な基盤となることは十分に期待できるであろう。しかも、この自己組織化によるマクロな秩序形成の議論は、物質や生命の次元の諸現象だけでなく、心や精神（社会・歴史）の次元にも拡張可能であり、ティリッヒが生の諸次元の生成の順序として略述した全体像を理解するのに有力な議論といえる。こうした現代科学の切り開いた展望において見るならば、生の次元論をティリッヒの自然哲学として位置づけ、それを媒介として自然科学と神学との関係を再構築する試みは、追求に値する研究テーマと思われる。

　デイヴィスは、以上のような自己組織化のプロセスにおける階層的諸秩序——これまで論じてきた諸次元の生成の連鎖——を論じるなかで、キリスト教思想に対して伝統的な神学的問題の再検討を要求しているが、その議論の結論部分において次のように述べている。

> 同様の仕方で、物理的宇宙の全体は自然的な神の心を表現する媒体であるかもしれない。この文脈で言えば、神は最高の全体論的概念であり、おそらくは人間の心のレベルの上には記述対象となる多くの諸レベルが存在しているのである（Davies, 1983, 223）。

このデイヴィスの言う「自然的な神」という観念をどのように評価するかは別にして、[21] 生の次元論は単に実在（特に自然）の見方に関わっているの

21　デイヴィスの次の文献における議論は、宗教あるいは神学が現代物理学の進展によっていかなる問いを突きつけられているのかという点に関して、物理学の立場からなされたものであるが、キリスト教思想として傾聴すべき論点を含んでいる——ギルキーは好意的に言及している——。しかし、デイヴィスが提案する神概念に関しては、汎神論という批判が避け得ないように思われる。あるいは、やや曖昧な表現になるが万有在神論と言うべきかも知れない。

みならず、キリスト教神学の根本問題である「神」理解にもその影響は及ばざるを得ないのである。諸次元からなる多次元的統一体としての宇宙（物質から精神までを包括する）と、神とはどのように関係しているのであろうか。以上のような展望において神、そして生の現実を問うことは、ティリッヒ研究にとってのみならず、キリスト教思想を現代文化のコンテクストにおいて論じる場合にも重要な試みとなるのではないだろうか。

Paul Davies, *God and the New Physics*, J.M.Dent & Sons Ltd., 1983.
Langdon Gilkey, *Nature, Reality, and the Sacred. The Nexus of Science and Religion.* Fortress Press 1993, p. 62.

…… 第 **11** 章 ……

ティリッヒとその思想的遺産
生の現象学を中心に

一 はじめに

　ティリッヒは、20世紀のプロテスタント神学と宗教哲学が置かれた問題状況を体現した思想家の一人であり、20世紀を理解する上で、象徴的な位置を占めている。しかし、ティリッヒの思想は、バルトやブルトマンらの同世代の思想家と同様に、19世紀の思想との対決継承を推し進めつつも、その思想的遺産は21世紀をその射程に入れている。本章では、ティリッヒの死後に展開されてきたこの半世紀の思想状況を念頭に、ティリッヒの思想的遺産を論じてみたい[1]。ティリッヒの思想的遺産と言っても、その範囲はティ

1　ティリッヒの思想的遺産をテーマとした論集は少なくない。
　　Raymond F. Bulman and Frederick J. Parrella (eds.), *Religion in the New Millennium: Theology in the Spirit of Paul Tillich*, Mercer University Press, 2001.
　　John J. Carey, *Paulus. Then & Now, A Study of Paul Tillich's Theological World and the Continuing Relevance of his Work*, Mercer University Press, 2002.
　　Richard M. Pomeroy, *Paul Tillich: a theology for the 21st century*, Writer's Showcase, 2002.
　　Russell Re Manning, *Theology at the End of Culture. Paul Tillich's Theology of Culture and Art*, Peeters, 2005.
　　Christian Danz und Werner Schüßler (Hrsg.), *Paul Tillichs Theologie der Kultur. Aspekte-Probleme-Perspektiven*, De Gruyter, 2011.

リッヒが取り組んだ問題領域に対応して広範な内容が指摘できる。しかし、ティリッヒの思想的遺産としては、次のものを挙げれば、その意義は十分に理解することができるであろう。それは、同世代の思想家と比較しても、著しいものといえる。

1. 宗教的多元性と宗教間対話[2]
2. エコロジーの神学[3]
3. 科学技術の神学[4]

Russell Re Manning (ed.), *Retrieving the Radical Tillich. His Legacy and Contemporary Importance*, Palgrave Macmillan, 2015.
なお、ティリッヒの思想的遺産については、本書筆者の次のエッセイも参照。
芦名定道「ティリッヒ―― 21世紀へのメッセージ」『福音と世界』2000年4月号、新教出版社、18-23頁。

2 宗教的多元性をめぐる思想展開は、現代のキリスト教思想の中心テーマに数えられるべきものであるが、ティリッヒはその先駆的な思想家であり、ティリッヒをこの文脈で論じた研究は少なくない。
藤倉恒雄『ティリッヒの神と諸宗教』新教出版社、1992年。
Pan-Chiu Lai, *Towards A Trinitarian Theology of Religions: a Study of Paul Tillich's Thought*, Kok Pharos, 1994.
Mary Ann Stenger and Ronald H. Stone, *Dialogues of Paul Tillich*, Mercer University Press, 2002.
Robison B. James, *Tillich and World Religions. Encountering Other Faiths Today*, Mercer University Press, 2003.
Christian Danz, Werner Schüßler und Erdmann Sturm (Hg.), *Religionstheologie und interreligiöser Dialog* (Internationales Jahrbuch für die Tillich-Forschung, Band 5), Lit, 2009.
Stefan S. Jäger, *Glaube und Religiöse Rede bei Tillich und im Shin-Buddhismus. Eine religionshermeneutische Studie*, De Gruyter, 2011.

3 本章で論じるティリッヒの「生の現象学」は、環境思想に関わる様々な論点を含んでいるが、ティリッヒからエコロジーの神学と言うべき議論を展開する試みは、当然追究されるべき研究テーマの一つである。たとえば、次の研究が挙げられる。
Michael F. Drummy, *Being and Earth. Paul Tillich's Theology of Nature*, University Press of America, 2000.

4 科学技術あるいは科学という文脈でティリッヒを論じた研究としては、注1の最初に挙げた論集『新しい千年紀における宗教』の第6部「科学と宗教」に所収の諸論考が挙げられる。本書著者も、キリスト教文化学会で「原子力とキリスト教思想――矢内原とティリッヒ」という講演を行ったが(関西学院大学　大阪梅田キャンパス(アプローズタワー)1005教室、2014年11月15日)、この講演は、同学会の学会誌に掲載された。
こうした観点からのティリッヒ研究としては次のものも参照。
Gert Hummel (hrsg.), *Natural Theology versus theology of Nature? Tillich's thinking as impetus for a discourse among theology, philosophy, and natural*

本書では、生の現象学という視点から、ティリッヒの思想的遺産とその意義について考察を試みたい。それによって、ティリッヒの思想を再構築するとともに、21世紀の現代におけるキリスト教思想の可能性についても、一定の展望が見いだされるであろう。

まず、続く「二」では、ティリッヒの「生の現象学」構想自体を概観し、その議論の明確化が行われる。それを前提に「三」では、生の現象学をさらに展開するための再構築を試みてみたい。そして、最後の「四」では、先に挙げた諸問題を含めた、ティリッヒの思想的遺産について再度議論が行われる。なお、本章の「二」は本書第10章における議論を前提としており、内容的にも重複している。

二 生の現象学の構想

ティリッヒの思想的源泉は、初期から前期の、つまりドイツ時代の思索にその多くを見いだすことができる。ここで論じる「生の現象学」も例外ではない。しかし、それがその全貌を現すには多くの年月を必要とした[5]。つまり、生の現象学についての最重要なテキストは、ティリッヒの最晩年の『組織神学』第三巻（1963年）であり、ここに長いティリッヒの哲学的思索（自然哲学）の到達点を確認することができる。その議論の展開の主要な文脈の一つが、前章で扱った健康・病の問題である。以下においては、『組織神学』第三巻において展開された「生の現象学」の概要をその中心的な論点について確認してみたい。

まず、「生の現象学」の神学的基礎（『組織神学』の神学体系における位置づけ）である。『組織神学』第三巻は、第4部「生と霊」、第5部「歴史と神の国」から構成されるが（第4部と第5部によって現実の「生」の全体が扱われる）、これらは、それに先立つ、「存在と神」（第2部）、「実存とキリスト」

---

   sciences, de Gruyter. 1994.
   Roy D. Morrison, II, *Science, Theology and the Transcendental Horizon. Einstein, Kant and Tillich*, Scholars Press, 1994.
5 たとえば、『組織神学』第三巻を特徴づける「両義性」（ambiguity）は、1920年代の思索（マールブルク講義における Zweideutigkeit）に遡るものであるが、次元論は、1950年代後半以降の思索の展開において構築されたものである。

（第3部）を前提としている。つまり、人間をめぐる、第2部の「存在」（Being）と第3部の「実存」（Existence）に対して、第4部と第5部のテーマとなる人間的生は「本質的要素と実存的要素の混合」（Tillich, 1963a, 12）と説明される——『組織神学』第一巻では有限な存在における「本質存在」「実存存在」の二重性（duality）と言われた[6]——。これは「存在の現実性としての生」（life as "actuality of being"）とも言われることからわかるように（ibid., 11）、「生」こそが本質と実存という二つの相あるいは要素によって構成されるもっとも包括的な実在・現実であると言わねばならない。したがって、本質と実存とは、現象として記述される「生」（＝現実性）から抽象化されたものにほかならない。また、本質と実存の「混合」（"mixture"）は、引用符が付されていることからわかるように、一つの隠喩表現として、生の基本特性である曖

---

6 もちろん、本質と実存（現実存在）とは、人間のみに使用されるべき概念ではない。しかし、『組織神学』では、それらの概念は「問いと答えの相関」という方法論において、つまり、状況から読み取られた宗教的問いに対してキリスト教的メッセージをその答えとして解釈するという議論の文脈に位置する訳であるから——人間の本質＝有限性に内包される問いに対する答えとしての「神」、人間の実存＝罪責に内包される問いに対する答えとしての「キリスト」——、本質と実存については、人間存在が焦点となると考えるべきであろう。なお、本質と実存の混合としての「生」については、人間に限定されない最大範囲の「生」（無機物も「生」に含まれる）が問題とされ、「生命の次元」では生命体全般へ、そして「精神の次元」では人間へと範囲が絞り込まれる。

「生の現象学」が展開される『組織神学』第三巻の第4部に関連した諸テーマをめぐるティリッヒ研究としては、次のものが挙げられる。

John Charles Cooper, *The "Spiritual Presence" in the Theology of Paul Tillich. Tillich's Use of St. Paul*, Mercer University Press, 1997.

Richard M. Pomeroy, *Paul Tillich: a theology for the 21st century*, Writer's Showcase, 2002.
 Chapter 3. The Uncertainties of Life: The Search For Security
 Chapter 4. The Divine Spirit
 Chapter 5. Life and The Divine Spirit
 Chapter 6. The Trinity

Gert Hummel, Doris Lax (Hg./Ed.), *Trinität und/oder Quaternität. Tillichs Neuerschließung der trinitarischen Problematik* (Beiträge des IX. Internationalen Paul-Tillich-Symposiums Frankfurt/Main 2002), Lit, 2004.

茂洋『ティリッヒ神学における存在と生の理解』新教出版社、2005年。

石浜弘道『霊性の宗教——パウル・ティリッヒ晩年の思想』北樹出版、2010年。

Tabea Rösler, *Paul Tillichs vieldimensionale Anthropologie. Von der Cartesianischen Vernunft zur lebendigen Person*, Neukirchener Theologie, 2013.

昧さ（両義性）を指示するものと解すべきであろう。これは、「生」が科学的方法によって分析可能な合理的な構造を有する（＝本質）と同時に、その合理的構造からは演繹できない偶然的な歴史的状況によって規定されているということである。つまり、現実性としての「生」は実存的疎外に陥っており、「経験」を通して（アポステリオリに）把握されねばならない。これらどちらの相が欠けても生の理解は一面的なものとならざるを得ない。キリスト教的象徴表現に即して言えば、「生」は人間存在における「創造の善性」と「堕罪」との両義性、あるいは善と悪の両義性をその基本特性としているのである。

　では、この両義性に規定された「生」についてどのように論じることが可能なのだろうか。このためにティリッヒが採用したのが現象学的方法論であり、生については、「生の現象学」と言われるものなのである[7]。現象学という方法論については、しばしばその細部の手続きが明確に説明されず、議論はもっぱら方法の帰結に集中する傾向がみられるが、ティリッヒにおいても事態は同様であり、本節では、生の現象学の帰結として二つの点を取り上げることにする。

　「生の現象学」の帰結の第一点は、生の弁証法的プロセス（あるいは弁証法的プロセスとしての生）であり、ティリッヒはヘーゲル（若きヘーゲル）の生の概念に依拠しつつ次のような議論を展開する[8]。生は、自己同一、自己変化、自己帰還の三つの要素からなる弁証法的プロセスとして構成され、このような三要素から構成された生は、自己統一、自己創造、自己超越の三つの機能（運動）において自らを生成する（ibid., 30-32）。生は、特に個的生命体において明瞭にみられるように、一定の形態（中心を有すること）を維持しつつ時間経過のなかで変化してゆく。しかもその際に自己同一性は繰り返し新たに再構成される。変化のない自己同一も自己帰還しない自己変化も、生きた生命体にとっては死を意味する。こうした生の諸要素によって成り立つ構造体から、自己統一と自己創造と自己超越の三つの生の運動が生じ

7　現象学は『組織神学』の全体にわたる方法であり──現象学をめぐる議論は1920年代の学の体系論や宗教哲学の方法論に遡る──、『組織神学』第一巻では、「現象学的接近方法は保持される。これは、『批判的現象学』であり、直観的─記述的要素と実存的─批判的要素を結合したものである」（Tillich, 1951, 107）と言われている。

8　本書第7章を参照。

てくるのである。なお、次に見る次元論に基づいて論じられる精神の次元に即して言えば、人間（＝人間的生）は自らの世界を有する自己としての統一性（『組織神学』第一巻における「自己―世界」という人間存在の存在論的基本構造）を保持しつつ、文化的な営みを通して自己創造を行い、しかもその有限な生の限界を超えてより高いものへと進もうとする（昇華）。こうして、自己統一に関わる道徳、自己創造としての文化、そして自己超越としての宗教は、精神の次元における生の弁証法的プロセスのなかで統一的に捉えられることになるのである。[9]

　以上のようなプロセスとしての生の記述は、まさに生きた「生」にふさわしいものといえるが、[10]ティリッヒの「生の現象学」においてさらに注目すべき論点は――生の弁証法的理解はドイツ観念論の自然哲学の線上にある――、次元論に基づいた「多次元的統一体としての生」の議論であり、これは、生のプロセスに対して、生の「構造論」と名づけることができる。このように、人間の生の現実がプロセスと構造の二つの視点からアプローチできることは、19世紀から20世紀にかけての人文社会科学の展開が示すとおりである。たとえば、言語学は通時的な歴史言語学からはじまりその後共時的な構造主義的言語学が出現した。つまり歴史学から現象学、そして構造主義へと向かう方法論の展開である。

　現実性としての生は多様な諸要素の統一体として現象しており――存在の多様性と統一原理の探求（ibid., 12）――、ティリッヒは、多様性を内包した統一体として生を叙述するために、「次元」（dimension）という隠喩の採用を提案したのである。現代の隠喩論によれば、隠喩とは語の装飾の事柄ではなく、本来現実の認知に関わるものであり、[11]現実の多様性を「次元」隠喩で記述する現実理解と、「層」隠喩による現実理解との間には、次のような大きな違いが存在する。たとえば、層という現実理解は、まず多様な実在を

9　芦名定道『ティリッヒと現代宗教論』北樹出版、1994年、79-81頁。

10　ティリッヒによれば、神的生も「生」である限り弁証法的プロセスとして表象され、宗教史的には三位一体はその表現と解される（Tillich, 1951, 228; 1963, 284）。

11　ここではリクールの隠喩論が念頭に置かれているが、本書筆者はこれまで諸論文でこの点を論じてきた。比較的最近のものとして、2014年度の『キリスト教学研究室紀要』第3号（1-18頁）に掲載された拙論「キリスト教思想と宗教言語――象徴・隠喩・テキスト」が挙げられる。

諸層に区分し、次に諸層を上下の階層に秩序づけることによって、上の層の事物と下の層の事物の間に、支配―被支配、抑圧―反抗・服従といった関係を設定するものである（ibid., 12-15）。こうした現実理解は、近代以前の現実理解の基本であり、たとえば、中世のキリスト教世界を規定していた階層秩序（封建的身分制度など）に合致したものであった――これは形而上学に「存在の連鎖」として語られる――。しかし、この階層秩序を叙述する「層」隠喩は近代以降の人間の生の現実（平等な人格を有する人間存在）を理解するには不適当であろう。これに対して、近代民主主義やプロテスタンティズム（トレルチの言う新プロテスタンティズム）と密接に関わる平等な人格的個人によって構成された社会を記述するには「層」とは異なる別の現実理解が必要であり、ティリッヒの次元論が提示したのは、この実在あるいは生の現実性を理解するための別の見方なのである。「次元」隠喩は、空間的領域についての数学的記述（幾何学）から採用されたものであるが、多様な存在者が相互に区別されながらも対立的あるいは排除し合わない仕方で存在することを記述するに相応しいと、ティリッヒは考えた（ibid., 15）。というのも、空間を構成する縦と横と高さの三つの軸（次元）が互いに矛盾しあうことなく空間のすべての点で交差し共在しているのと同様に、すべての次元は生の現実において一つに統合されているからである。次元論によって、心と身体を分離可能な存在として実体化し序列化するような心身二元論（あるいは心身二層論）は否定されることになる。以上の点で、次元概念こそが生の現実性を記述するのにふさわしいというのが、ティリッヒの見解にほかならない――次元概念による人間の共同体的生の記述はイエスの宗教運動における「神の国」にこそ相応しいといえるであろう――。

　こうした構造的観点から、人間的生（広義の生）の現実について、ティリッヒは無機的次元、有機的次元、心理的次元、精神の次元を区別する（ibid., 17-30）。それらはそれぞれ物質、生命（狭義の生）、心、精神と言い換えてもよいだろう（第6章 注24を参照）。これらの諸次元はそれぞれが他の次元に還元できない固有の実在性を有する（＝還元主義的実在理解の否定。全体論的実在理解）と同時に、諸次元をばらばらに実体化することもできない（＝伝統的な二元論的実在理解の否定）。たとえば身体なしの霊魂の不死性をティリッヒは認めない（ibid., 409-412）。生命の存在は物質の存在を前提とし、

また心の存在は生命を、精神の存在は心をそれぞれ前提としている。こうした諸次元間の順序の議論はティリッヒが進化論的図式を認めていることを意味している。ティリッヒの次元論は、現代の自然科学が提示する物質、生命、心、精神からなる自己組織化の連鎖を叙述するものとして解釈できるであろう。[12]

以上がティリッヒの生の現象学の概略であるが、最後にこの生の現象学によって記述された生の理解の背後にある自然哲学について次の点を確認したい。先に生の現象学の帰結として生の弁証法的プロセスを取り上げたが、生の次元論もこの生成プロセスと無関係ではない。生の構成する諸次元の間に、進化論的な生成の順序が設定されることは、生の生成論がその構造論を規定していると解釈可能であって、それは、前章で論じたように、アリストテレスの運動論と進化論とを結合する試みである（ibid., 20・25）。

では、こうしたアリストテレスと進化論との統合という自然哲学的構想はどこから生まれたのであろうか。それは、本書ですでに言及した若きヘーゲルの生の弁証法との関連において示唆されているように、ドイツ観念論の自然哲学を現代の生命論を視野に入れつつ構築されたものなのである。初期ティリッヒが取り組んだシェリングの自然哲学では、「自然は見える精神であり、精神は見えざる自然である」（Schelling, II, 56）、精神とは「まどろみ状態」から目覚めた自然である（Schelling, III, 453）と述べられており、無機的次元から精神の次元に至る諸次元の生成が、まどろみからの覚醒という「可能性から現実性への現実化」の図式において捉えられている。[13] ティリッ

12　自己組織化とティリッヒの次元論との関わりについては、自己組織化を扱った次の拙論を参照。ティリッヒの次元論についてもそこで簡単に触れられている。
　　芦名定道「第四章　脳科学は宗教哲学に何をもたらしたか」『脳科学とキリスト教思想』三恵社、2022年、63-93頁。
13　本章でのシェリングからの引用は次のテキストから行われる。なお、ティリッヒのシェリング論については、本書第6章のほかに以下の研究を参照。
　　F.W.J.Schelling, *Sämmtliche Werke* (Hrsg.v.K.F.A.Schelling). 1856-1861 Stuttgart/Augsburg.
　　Russell Re Manning, *Theology at the End of Culture. Paul Tillich's Theology of Culture and Art*, Peeters, 2005. (Chapter 2: The Philosophical Foundations of Tillich's Theology of Culture. Schelling and the search for '*die echte Unbedingtheit*', pp. 57-103).
　　また、アリストテレスからヘーゲル、シェリングに至る自然哲学の展開については

ヒがアリストテレス的な運動論の枠組みを次元の生成論に接続しようと試みるとき、そこにはアリストテレスに遡りシェリングやヘーゲルにおいて結実した自然哲学の伝統に立って自らの自然哲学を構築しようとする意図を読みとることができるのである。

三　生の現象学の再構築

本節では、前節における「生の現象学」の概観を前提に、ティリッヒ以降の問題状況をも念頭におきつつ、その再構築が試みられる。この点に議論を進めるために、まず、『組織神学』第三巻における第4部「生と霊」と第5部「歴史と神の国」に対する、森田雄三郎の批判的コメントから出発したい。

> 元来「単独者」としての現存在を意味した「実存」なる語が、この「単独者」において真の意味を回復されるはずの共同体の意味、この共同体と実存との関係を明らかにされぬままに、今日の一般的傾向として歴史的個としての人間にも、共同体的生としての人間にも、無造作に適用されるきらいがある。しかし、「わたし」と「われわれ」は、それほど単純に同一視されたり、単純に相互転換されるとは、考えられない。歴史における個と種と類の関係は、ブルトマンにおいても、ブルンナーにおいても、ティリッヒにおいても、あまりにも単純に把握されている（森田雄三郎『キリスト教の近代性』1972年、512頁）。

これは、ティリッヒに限らず、20世紀神学全般におよぶ鋭い指摘であるが、[14] もちろん、ティリッヒ研究の視点からは、いくつかの反論を行うこと

次の文献を参照。
　　松山壽一『ドイツ自然哲学と近代科学』北樹出版、1999年、212-248頁。
14　森田の議論については、「今日の世界においてキリスト教弁証」の可能性をどのように考えるかという文脈でなされたものであり、そこで、「『自然神学』と信仰的実存との関係全体を首尾一貫して再検討することなしには、今日の世界においてキリスト教弁証は十分に果たされないであろう」（同書、512頁）、「実存と共同体の関連を聖書的神学的視点と自然神学的視点の両側面から解明し、これを全体として統一的に論じるのでなければ、福音宣教の弁証の試みはけっして今日の世界において成功しないであろう」（同書、513頁）と述べられている点に注目すべきであろう。

は困難ではない。そもそも、ティリッヒにおいて、個と共同体は両極関係において捉えられており、それは、『組織神学』第一巻の「個別化と参与」の存在論的両極性（Tillich, 1951, 174-178）に根拠づけられるものであること、また、国家などの共同体と個的人格との類比の限界についてティリッヒが明確に自覚していること（Tillich, 1954, 625-626）が指摘できる。『組織神学』第三巻でなされた第4部と第5部という区分自体が、「『わたし』と『われわれ』は、それほど単純に同一視されたり、単純に相互転換されるとは、考えられない」（Tillich, 1963a, 297-298）との認識に基づいているのである。

では、ティリッヒに対して、森田の提起した批判はまったく当てはまらないのであろうか。生全般の歴史的次元（第4部）と固有の「歴史」（第5部）を区別し、第5部を第4部の延長としつつも両者を分離して扱う、という論点に関して、ティリッヒの議論はなおも不十分、理論的に曖昧ではないだろうか。これらが、本節で追究される問題である。前節における議論に即して言えば、それは二つのレベルにおける弁証法、つまり、生の弁証法的プロセスと歴史の弁証法との関係をどのように理解するのかという問題である。

そのために、ここで注目したいのは、「服」「服装」という隠喩、つまり隠喩としての「服」をめぐる弁証法である。まず、この「服」「服装」という隠喩が、個と共同体に関わるということについて、ジョルジョ・アガンベンの『いと高き貧しさ――修道院規則と生の形式』を参照することから、考察を始めたい。[15]

アガンベンは生と規則という観点から修道院規則を論じる際に、「修道士の衣服」の問題を取り上げている。それは、「服」とは「ある特定の美徳や生き方の象徴またはアレゴリーをなしている道徳化のプロセス」に位置しているからである（アガンベン、2014、20）。アガンベンは、アウグスティヌスを始め、様々な事例に言及しているが――「キリストの戦士」としての修

---

15 ジョルジョ・アガンベン『いと高き貧しさ――修道院規則と生の形式』みすず書房、2014年。(*Giorgio Agamben, Altissima povertà: Regole monastiche e forma di vita*, Neri Pozza editore, 2011.)

なお、「服」「衣服」は「着る」「脱ぐ」という動作から考えるとき、これらが聖書においても重要な位置を占めることがわかるであろう。この点については、芳賀力『神学の小径Ⅲ――創造への問い』（キリスト新聞社、2015年、264-265頁）を参照。

道士の「革製のベルト」（バシレイオス）など[16]——、「古い修道院規則において、入門者が世俗の衣服を脱いで修道服を受ける瞬間の決定的性格」（同書、21）は、「生」と「服」との緊密な関係を示している。つまり、服は生き方なのである。もちろん、アガンベンにおいて問題とされる修道院規則とは、共住生活としての修道制の問題であり、そこでの「生」としては共同的生が念頭に置かれているわけであるが——隠修生活者による単住修道生活は脇に置かれている（同書、18）——、修道制という共同体自体は、そのなかに共同性（われわれ）と単独性（わたし）の緊張を内包しており、「服」は本節の問題にふさわしい隠喩といえる。

では、服と生との関わりは、どのような仕方で論じうるのであろうか。ここでは、服を作る洋裁職人の側から見ることにしよう[17]。洋裁職人が、顧客からの注文を受け、その客が一生着続けることができる服を作る場合、その営みは、服を仕立てること（裁つ）と仕立て直すこと（繕う）という一連の作業から構成されることになる。それは着る側の生の弁証法的プロセス（＝変化と自己同一性を含む成長）に寄り添う技と解することができるだろう。まさにアガンベンが指摘する、「服は生き方」「服は生」という関係がここに成立する。確認すべきは、服においては、仕立て・繕う側と着る側という複数性（共同性）が存在するとともに、この両者が接しつつも区別されることであり、ここに「われとわれわれ」の弁証法が見いだされる[18]。しかし、この弁証法は歴史的次元を有しているものの、まだ固有の意味における歴史とその弁証法には届いていない。ティリッヒの次元論では、すでに見たように諸次元の間には現実化の順序（進化論的）が存在し、歴史的次元はそれに先

---

16 聖書における軍事的比喩や軍隊用語の使用、また戦士としての修道士などの問題については、石川明人『キリスト教と戦争——「愛と平和」を説きつつ戦う論理』（中公新書、2016年）を参照。
17 本章のこの部分は、池辺葵のコミック『繕い裁つ人』を原作として、2015年に映画化された『繕い裁つ人』から発想を得ている。「洋裁職人」という設定はそのためである。
18 「われ」「われわれ」が哲学的思惟自体において問題化することは、まさにヘーゲルにおいて読み取ることができる事態である。「われわれ」をヘーゲル哲学において主題化した論考として、次の論文を参照。
　　辻村公一「ヘーゲル・吾々にとつて」（辻村公一『ドイツ觀念論斷想Ⅰ』創文社、1993年、149-171頁）。

行する諸次元を前提とするが（＝諸次元を包括する）、それは先行する諸次元の現実態がそのなかに見いだされる諸領域(特定の次元が優勢な生の部分)に歴史的次元が潜在的に含まれるということを意味する。したがって、「歴史的次元は生の全領域に顕れている」（Tillich, 1963a, 25）が、これに対して、固有の意味における「歴史」は、歴史的次元が現実化した領域に適用されるべき概念なのである。この典型的な領域としては、人類史が挙げられるが、歴史は「世代から世代へ受け渡された一連の記憶」（ibid., 300）としての伝統において表現されるのである。

　服の隠喩を、固有の意味における歴史に接続するにはどうしたらよいだろうか。視点を洋裁職人から洋裁店へ移すとき、つまり一代目の洋裁職人と二代目の洋裁職人との間に生じうる、仕事の継承と新しい試みの関係性に注目するとき、そこに歴史に触れる弁証法が浮かび上がってくる。たとえば、一代目が繕い裁った服を、二代目が繕い続けることと、二代目が新しい独自の服を仕立てることとの全体からなる洋裁店の営みにおいてである。この継承と変化からなる世代を超えた営みは、「繕う」と「裁つ」に対して諸世代を「結ぶ」と表現できるように思われるが、「服」という隠喩から以上のようにみられた「生」の全体は、「繕う」「裁つ」「結ぶ」という洋裁店の営みに即して、洋裁職人（一代目と二代目）と顧客との間に展開する生の弁証法的プロセスとまとめられる。世代を包括した生の弁証とは、本来の歴史における弁証法であり、それは世代ごとに、「わたしとわれわれ」の弁証法に分化し、さらに世代的時間の内部で、職人と客のそれぞれの「わたし」の生の弁証法へと分節していく。ティリッヒは『組織神学』第三巻の生の弁証法的プロセスのなかで、第5部を第4部の延長上にしかも区別された一つの「部」として展開したが、おそらく、それは以上の仕方で再構築できるであろう。

　隠喩に注目した議論は、「服」から「店」へ、そして「建物」「建築」へと視点を移すことによってさらに先に続けることも可能であり、またさらに理論的な追究を進めるためには、人間の日常的現実をめぐる知識社会学が参照されるべきであろう。[19] しかし、これらの問題については別の機会に論じる

19　建築と宗教が密接な関係を持ちうることについては、次の文献にみられるように、ティリッヒの「文化の神学」（建築の神学）から確認することができる。
　　P. ティリッヒ『芸術と建築について』（教文館、1997 年。原著は、John & Jane

ことにして、生の弁証法的プロセスと宗教との関わりについて考察を行うことによって本節を結びたい。

すでに述べたように、生の弁証法的プロセスという議論との関わりにおいて言えば、宗教は精神の次元における生の自己超越性として規定される――「宗教は精神の次元のもとにおける生の自己超越性（the self-transcendence of life）と定義された」（Tillich, 1963a, 96）――。この宗教の規定は、自己統一に関わる道徳、自己創造としての文化、そして自己超越としての宗教を、精神の次元における生の弁証法的プロセスにおいて統一的に捉えることを可能にするという点に特徴があり、それによって歴史的現実における、文化、道徳、宗教の分化・分離と緊張・対立、そして宗教の両義性（デーモン化と世俗化）が説明可能になる。しかし問題は、この宗教の規定によって、「宗教」は汲み尽くされるのかということである。生の自己超越性とは、生（多次元的統一体）の内部における機能あるいは動態であり、生を超えた「超越」を顕わな仕方で視野に入れるものではない。それは、「生の現象学」が相関の方法の「問い」の側に位置していることからも了解できることであり、その点で、生の自己超越性としての宗教は、宗教哲学的な範囲にとどまっていると言うべきかもしれない[20]。こうした連関で興味深いのは、後期ティリッヒの次元論に関連したもう一つの宗教概念、つまり「深みの次元」（the dimension of the depth）であろう。再度、森田による批判的指摘を参照したい。

> 有限な人間精神と無限な神的霊との関係は、有限な人間精神の領域の内の関係を使用する比喩によっては表現不可能である。しかも有限な人間

Dillenberger (eds.), *Paul Tillich. On Art and Architecture*, The Crossroad Publishing Company, 1987. である）。

また、宗教論と知識社会学との関わりについては、次の拙論を参照。

芦名定道「宗教とは何か」（芦名定道・小原克博『キリスト教と現代――終末思想の歴史的展開』世界思想社、2001年、2-14頁）。

[20] ここで想起されるのは、カント哲学における「尊敬」「崇高」の概念である。リクールの「宗教の哲学的解釈学――カント」（ポール・リクール『愛と正義』（久米博編）新教出版社、2014年）において展開される議論――カントの宗教哲学は希望の哲学的解釈学である――は、本章で触れた哲学と宗教との関わりについて考える上で参照されるべきものである（本書第4章も参照）。

精神はかかる比喩を使用して表現せざるをえない。この比喩によって象徴される次元は「深みの次元」(the dimension of the depth)、「究極的なものの次元」(the dimension of the ultimate)、「永遠なるものの次元」(the dimension of the eternal) とも呼ばれるけれども、そこでは次元概念は根本的に変質する。この場合の次元は、有限的存在に適用される「次元」概念とは根本的に異なる（森田、1972、503）。

確かに「次元」は、有限的存在である「生」をその多様性において記述するために採用された隠喩表現であった。したがって、それが「生」の「深み」に適用されるときに、隠喩はいわば二重化されることになる（隠喩の隠喩）。深みの「次元」は、生の統一性を構成する諸次元に並列されるもう一つの「次元」ではなく、これらの次元の「深み」なのである。[21] したがって、先の問題は、この「深み」は生の内部に回収されるのか、と言い換えられることになる。おそらく、この問いに対しては、人間の言語によって到達可能なものは無限としての無限（無限自体）ではなく——ティリッヒにおいても「実体形而上学」はもはや成立していない——、「有限と無限」の相関性であって、「深み」はこの「相関」に位置している、と答えるべきであろう。そして、この相関から、この深みを人間の生に回収しさらには社会的心理的関係に還元しようとする近代的学の野望と、深みをいわば他者として禁欲的に保持し

---

21 「深みの次元」については、次の拙論を参照。
　　芦名定道「深みの次元の喪失」村上陽一郎・細谷昌志編『宗教——その原初とあらわれ』ミネルヴァ書房、1999年、75-92頁。
　　この拙論でも論じたように、「深み」は神秘主義的伝統において繰り返し現れた隠喩表現であり、ティリッヒの関連では、ベーメやシェリングが問題とされねばならないわけであるが、波多野宗教哲学における次のエックハルト論も、この問題を考える上で、示唆的である。
　　「神秘主義者マイステル・エックハルトに次の如き興味深き論述がある。魂は恵みによってのみならず、また一切の恵みを超えて（oberhalb aller Gnade——換言すれば象徴によらず直接性において）神と成る。……魂は神的一者のなかに沈みに沈む。しかもいつまでも底には達し得ぬ。……神と合一した魂は、実は、神において失った自己を神よりして再び授かる被造者なのである。……『神に成る』というも厳密の意味における直接的同一性を意味し得ぬ。神のなかには底の底がある。魂はその底の底まで達することも究め尽すこともなし得ぬ」（波多野精一『宗教哲学序論・宗教哲学』岩波文庫、2012年、413-414頁）。
　　「深み」は神の底には接するとしても「底の底」には届かないと言うべきだろうか。

ようとする知的誠実さとの双方が分岐することになる。こうして生の弁証法的プロセスは「深みの次元」を介して宗教経験の核心に関わるものとなるのである。しかしここでは、ティリッヒにおいては、歴史を貫く生の弁証法的プロセスとその深みとの相関に「宗教」が位置づけられていることを確認するにとどめたい。

四　結び

本章は、21世紀を視野に入れた「ティリッヒの思想的遺産」の指摘から始められた。本章を締めくくるにあたり、冒頭で取り上げられた思想的遺産から、「宗教的多元性と宗教間対話」「エコロジーの神学」について、生の弁証法的プロセスの議論との関連を論じておきたい。

「エコロジーの神学」には環境倫理と重なる問題領域が含まれているが、ここで注目したいのは、平等原則を基盤にして、環境倫理において不平等が問われる三つの領域[22]つまり、自然の生存権（人間とほかの生命体との不平等）、世代間倫理（現在世代と未来世代の不平等）、地球全体主義（先進国と途上国の不平等）の内の、世代間倫理である。従来の近代倫理学の枠組みで「世代間倫理」が展開されなかったことについては、様々な論点が挙げられるべきと思われるが、「近代社会が作り上げてきた倫理的決定システムは『相互性』を特徴」としており、人格間の相互性は「現在の世代内での相互性に帰着する」（加藤、1991、31）点が指摘されねばならないだろう。処分不能なゴミの蓄積（核の廃棄物も）や資源の枯渇という問題が突きつける未来世代の不利益を、倫理的問いとして捉える根拠が、従来の倫理学のなかでは曖昧なものにとどまっているのである。したがって、世代間倫理を倫理学的に提起するには、未だ実在しない未来世代を倫理的存在者として位置づける論拠が必要となる。この点で、生の弁証法的プロセスが諸世代を包括する歴史的プロセスとして構想されることは、倫理学的という点は別にして、少

22　ここで環境倫理の三つの領域として挙げたのは、加藤尚武『環境倫理学のすすめ』（丸善ライブラリー、1991年、特に1章「環境倫理学の三つの基本主張」）に基づいている。なお、環境倫理については、岡本裕一朗『異議あり！　生命・環境倫理学』（ナカニシヤ出版、2002年）も参照。

なくとも「エコロジーの神学」としては世代間倫理を提起するための場を指示するといえるのではないだろうか。本来、キリスト教思想は、過去世代、現在世代、未来世代を包括する共同性を問うてきたのであり、それはエコロジーの神学と無関係ではない。

　しかし、生の弁証法的プロセスという議論は、エコロジーの神学に世代間倫理を導入する際の手がかりを与えるだけではない。それはさらに宗教間対話に関係づけることができるのである。すなわち、東アジアの宗教文化的伝統における儒教の中心的位置を考えるとき、東アジアにおける宗教的多元性下での宗教間対話において、キリスト教思想には儒教との対話が問われねばならないはずであるが、この点で注目すべきは、儒教が生の弁証法的プロセスと同様に諸世代を包括する論理を有していることである[23]。ティリッヒによれば、対話にはそれを可能にする共通基盤が必要であって、[24]過去と現在と未来の諸世代を包括する問題領域の設定は、キリスト教思想と儒教の対話にその基盤を提供することが期待できる。生を諸世代を貫いて進行するプロセスとして描くことによって、キリスト教思想は儒教と議論すべき共通テーマを見いだすことができるのである――そしてその一つが「家族」なのである[25]――。

　以上のように、ティリッヒのキリスト教思想のなかには、今後の批判的展開を待つ、豊かな思想的遺産が見いだされるのである。

23　本章の儒教理解については、次の加地伸行の論考などが参照されている。
　　　加地伸行『儒教とは何か』（中公新書、1990 年）、『沈黙の宗教――儒教』（ちくまライブラリー、1994 年）、『家族の思想――儒教的死生観の果実』（PHP 新書、1998 年）。
　　　加地はこれらの文献において、〈家の宗教〉としての儒教という視点から、死生観とともに、生命倫理（脳死・臓器移植）に論究している。
　　　なお、ティリッヒを東アジアの宗教思想との関連で論じた研究として、次のものが挙げられる。
　　　Insik Choi, *Die taologische Frage nach Gott.Paul Tillichs philosophischer Gottesbegriff des »Seins-Selbst« und sprachliche Verantwortung des Glaubens in Begegnung mit dem Taogedanken Laotzus*, Peter Lang, 1990.
　　　Kin Ming Au, *Paul Tillich and Chu Hsi. A Comparison of Their Views of Human Condition*, Peter Lang, 2002.
24　ティリッヒの宗教間対話をめぐる議論については、芦名定道『ティリッヒと現代宗教論』（北樹出版、2004 年、224-228 頁）を参照。
25　芦名定道「東アジアの宗教状況とキリスト教――家族という視点から」（現代キリスト教思想研究会『アジア・キリスト教・多元性』創刊号、2003 年、1-17 頁）を参照。

······ 付論 1 ······

キリスト教学研究室とティリッヒ
ティリッヒ歿後 50 年を記念して

　2015 年度の『キリスト教学研究室紀要』第 4 号は、「ティリッヒ特集」として企画されたが、なぜ京都大学キリスト教学研究室の紀要で、ティリッヒ歿後 50 年の特集を行うのかについて、つまり、キリスト教学研究室とティリッヒとの関わりについて、説明しておきたい。

　ティリッヒとの関わりということで、まず思い出されるのは、1960 年の日本訪問に際して、ティリッヒが、京都大学で講演と講義を行ったことである。高木八尺編訳『ティリッヒ博士講演集——文化と宗教』(岩波書店、1962 年) によれば、それは、次の日程と題目であった。

5 月 25 日の京都大学での講演「宗教と文化」
5 月 27 日、6 月 1 日、3 日、10 日の京都大学での連続講義「宗教哲学の諸原理」

　これだけからも、ティリッヒと京都大学との深い学問的な関わりがうかがえる。実際、京都大学・基督教学講座の設置に尽力し、その初代主任教授となった波多野精一 (1877-1950 年) には、ティリッヒへの直接的言及はみられないが——東京神学大学図書館の波多野文庫にはティリッヒの文献が含まれているものの——、波多野宗教哲学は、問題意識・思想内容においてティリッヒのそれときわめて類似している。その点については、次の拙論を参照いただきたい。

　　芦名定道「宗教的実在と象徴——波多野とティリッヒ」
　　　(現代キリスト教思想研究会『近代／ポスト近代とキリスト教』
　　　2012 年、3-21 頁)。
　　芦名定道「アガペーとエロース——ニーグレン・波多野・ティリッヒ」
　　　(京都大学基督教学会『基督教学研究』第 33 号、2013 年、23-41 頁)。

太平洋戦争後に基督教学講座の教授となり、現在のキリスト教学研究室の基礎を築いた有賀鐵太郎になると、ティリッヒとの関わりはより直接的かつ明確なものとなる。有賀は、1930年に同志社大学文学部神学科教授に就任後、1935年にユニオン神学校に再留学し（同志社大学卒業後、1922年に一度目の留学）、1936年に『オリゲネス研究』で、Th.Dの学位を授与された。ティリッヒがユニオン神学校で教えていた期間が1933年から1955年であったことから考えて（初めは客員教授として）、有賀とティリッヒの出会いは有賀のユニオン神学校再留学の時期に遡ることが推測できる。しかし、土居真俊によれば、有賀は1934年に同志社大学で『社会主義的決断』（1933年）の講読を行っており（土居真俊『ティリッヒ』日本基督教団出版部、1960年、239頁）、有賀のティリッヒへの関心は再留学以前からのものであったとも考えられる。有賀は、1960年のティリッヒ日本訪問の受け入れ側の中心人物の一人であり、京都大学での講演の通訳を担当した。また、ティリッヒとの思想面での関わりは、『キリスト教思想における存在論の問題』（著作集4、創文社、1981（1969）年）の「第四章　現代神学における存在論的一断面」において、現代の存在論的思惟の代表としてティリッヒを論じている点によく示されている。
　しかし、ティリッヒの神学あるいは哲学の思想内容に本格的に踏み込む形での本格的な関わりが明瞭に確認できるのは、有賀に続いて、基督教学講座の主任教授となった武藤一雄である。武藤のティリッヒへの内在的かつ批判的な論究は、現在のティリッヒ研究の水準から見ても注目すべきものであり、それは、次の著作・論文などにおいて確認できる。それは、ティリッヒの「相関の方法」との神学的宗教哲学的な方法論レベルでの対論と解することができるであろう。

　　『神学と宗教哲学との間』（創文社、1961年）、特に「第三章　歴史主義の諸問題」「第四章　終末論の諸問題」
　　「神学的宗教哲学について」（1983年）（『神学的・宗教哲学的論集II』創文社、1986年、3-21頁）。

　また、ティリッヒとの思想的な関わりとしては、波多野の退職（1937年）

から有賀の就任（1948年）までの間の時期、講師また助教授として基督教学講座を担当し、その後関西学院大学に移った松村克己も挙げることができる。松村は『根源的論理の探究』（岩波書店、1975年）の「第一部」で、「一 根源的論理の探究、二 信仰の論理——アナロギア、三 Analogia Imaginis」を論じているが、ここでのアナロギア・イマギニスとは、ティリッヒがキリスト論との関わりで提唱したアナロギア論であり、松村とティリッヒの関わりの特徴がよく表れている。

このように歴代の主任教授らがティリッヒと深い関わりにあったことからも予想できるように、キリスト教学研究室出身の研究者で、ティリッヒについて論究した者としては、今井晋、小川圭治、金子晴勇など、多彩な人々が挙げられる。しかし、特にティリッヒ研究という点で忘れてならないのは、森田雄三郎であろう。森田は、フルブライト留学生として1963-64年に、ユニオン神学校に留学したが、ちょうど刊行されたばかりの、ティリッヒ『組織神学』第三巻（1963年）について、ユニオン神学校の演習で報告を行うなど、ティリッヒ神学に深い関心を有していた。『キリスト教の近代性』（創文社、1972年）の「第九章 キリスト教の弁証の歴史性（実存論的神学と「伝統の神学」と「弁証神学」）」の論述は、森田のティリッヒ論の代表的なものである。

以上のようにして、京都大学キリスト教学研究室とティリッヒとの学的関わりは形成されたわけであるが、それは、その後、次のような形となって展開することになる。

一つは、日本におけるティリッヒ研究の発展に貢献した『ティリッヒ著作集』（白水社）の刊行に、キリスト教学研究室の関係者が、次のような仕方で関与したことである。

> 水垣渉：『ティリッヒ著作集 第二巻（倫理の宗教的基礎）』（白水社、1978年）の翻訳と解説。
> 武藤一雄と片柳栄一：『ティリッヒ著作集 第十巻（出会い）』（白水社、1978年）の翻訳と解説。
> 田辺明子：『ティリッヒ著作集 第七巻（文化の神学）』（白水社、1978年）の後半13篇の翻訳。

なお、水垣と片柳は、武藤一雄に続くキリスト教学研究室の主任教授である。
　もう一つの展開は、1999年から2007年まで継続された「ティリッヒ研究会」の活動である。この研究会の成果は、『ティリッヒ研究』（創刊号〜11号）に収録され、京都大学学術情報リポジトリ（http://repository.kulib.kyoto-u.ac.jp/dspace/handle/2433/57565）で読むことができる。また、この研究会の共同研究の成果として、ロナルド・ストーン編『平和の神学　1938-1965』（新教出版社、2003年）の共訳も挙げられる。
　最後に、ティリッヒとキリスト教学研究室の関わりとして指摘したいのは、キリスト教学研究室の出身者によって、ティリッヒ思想をテーマとした少なからぬ数の博士学位論文が執筆されたことである。

　　芦名定道「P. ティリッヒの宗教思想研究」（1994年）
　　今井尚生「前期 P. ティリッヒの思想展開における歴史の問題」（1997年）
　　川桐信彦「ティリッヒの芸術神学」（2006年）
　　近藤剛「初期ティリッヒ思想研究」（2007年）
　　鬼頭葉子「後期ティリッヒの宗教思想における歴史と共同体の再構築
　　　　――時間・空間概念を手掛かりに」（2010年）

　この文章を本書に付論1として収録するにあたり、次の課程博士学位論文を追加したい。

　　平出貴大「宗教の根源への問い
　　　　――前期・中期パウル・ティリッヒの宗教哲学的思索」（2024年）

　これまでの説明からご理解いただけるものと思われるが、ティリッヒは京都大学キリスト教学研究室と深い学問的な関わりのある思想家であり、こうした事情から、2015年度の『キリスト教学研究室紀要』では、ティリッヒ歿後50年を記念して「ティリッヒ特集」を企画した次第である。

付論 2

ティリッヒ関連文献の書評

　本書著者は、これまで日本で出版されたティリッヒ関係文献について書評を行ってきた。ここでは、代表的なものとして二つの書評を収録する。なお、これらのほかにも、次のような書評も存在する。

- 「藤倉恒雄『ティリッヒの神と諸宗教』」、日本基督教学会『日本の神学』32、1993年、156-161頁。
- 「パウル・ティリッヒ著、大木英夫・相澤一訳『宗教の未来』」、一般財団法人キリスト教文書センター『本のひろば』2000年2月号、12-13頁。
- 「P. ティリッヒ著、相澤一訳『宗教と心理学の対話──人間精神および健康の神学的意味』教文館」、財団法人キリスト教文書センター『本のひろば』2009年11月号、10-11頁。

1. 茂洋著『ティリッヒ神学における存在と生の理解』

(新教出版社、2005年、143頁)

　本書の著者、茂洋氏は、ティリッヒ研究者のなかで、ティリッヒと直接言葉を交わしたことのある世代に属しており、日本における学問的なティリッヒ研究の先駆者の一人である。「はしがき」において述べられているように、氏のティリッヒ研究は、1960年に来日したティリッヒとの出会いから開始され、その成果は、まず『ティリッヒ組織神学の構造』(新教出版社、1971年)として公にされ、さらには『ティリッヒの人間理解』(新教出版社、1986年)に結実した。本書は、これら先行する2冊の著書と合わせて、いわば茂氏のティリッヒ研究三部作をなすものといえる。この間の氏のティリッヒへの関心は、一貫して、『組織神学』(全三巻)を中心とした後期ティリッヒの神学思想、とりわけ人間理解に置かれてきた。また本書は、茂氏のティリッヒ研究の発端であるティリッヒとの出会いに際して、ティリッヒが語った、「可

能なら自分の神学を聖霊論から再構成してみたい」という課題に対して、氏自身が正面から取り組んだものであり、その点から、茂氏のティリッヒ研究の到達点を示すものと位置づけることができる。本書——全体が七つの章と二つの付録(講演)から構成されている——には、前書『ティリッヒの人間理解』出版以降の論文あるいは口頭発表・講演が収められているが、その中心テーマは、ティリッヒの聖霊論であり、その基礎をなす存在と生の分析に多くの頁が割かれている。以下の書評では、本書における茂氏のティリッヒ論を概観し、最後に、書評者としてのコメントを行いたい。なお、内容紹介は、各章ごとに行うのではなく、本書全体から、茂氏のティリッヒ解釈の特徴を取り出すという仕方で進めることにする。

茂氏のティリッヒ解釈のポイントは、以下のようにまとめることができる。

一、「ティリッヒの思想は、存在とともに始まり、その存在理解の上に、彼の神学は構成されている」(35頁)

「ティリッヒ神学は存在論的である」という指摘は、ある場合はティリッヒ批判の言葉として(「存在論的＝非聖書的」など)、またある場合は、ティリッヒを肯定しつつ(「存在論的＝根源的」など)、多くの論者によって行われてきた。本書も、まさにこの地点からティリッヒ神学の分析が開始される。すなわち、『組織神学』の第二部「存在と神」の前半において展開されている人間存在の基礎構造の議論から、まず存在論の内容が要約され、そのうえで、存在論と神学との差異が指摘されるのである。ティリッヒの存在論に関する氏の議論で注目すべきは、「思想は存在とともに始まらねばならない」、したがって、神学的思惟も存在とともに、存在という根本的な地点から開始されねばならないという点と、存在論には存在と非存在が含まれているという点であろう。存在から人間理解を開始するということは、人間をその全体において捉えること、たとえば心身二元論を取らないということを意味している(「第六章 身体の理解」で特に強調されるように)。また、存在論が非存在を含むということは、人間は非存在の脅威による不安のなかでなおも生きる勇気(自己肯定)を可能にする根拠(存在の力)を問わざるを得ないということを帰結する。存在論の課題は、人間存在に固有の問いを定式化することにあるのであって、それにより、この問いへの答えとして、神学が宗教

的象徴を解釈する場が開かれることになるのである。この意味で、「ティリッヒ神学は存在論的である」。しかし、宗教的象徴において提示された答え自体は、啓示に由来しており、神学は存在論とは区別されねばならない。
二、「生きる神の主張は、「神を超える神」（God above God）の概念に導かれる」（41 頁）

　本書における茂氏のティリッヒ理解の特徴は、「神を超える神」への言及のなかに認めることができる。これは、存在と非存在を含む存在論が自己を肯定する勇気の源の問いへと至るという先の論点と結びついている。具体的な宗教的象徴の与える答え（制度的な宗教の与える答え）は、それ自体有限であり、非存在の脅威を免れていない。つまり、人間が直面するぎりぎりの限界状況においては、有神論の神が意味を失ってしまうという可能性を排除できない。「神」という宗教的象徴が無意味化したときに、人間にとっていかにして生きる勇気が可能になるのかという問いに正面から取り組んでいること、ここにティリッヒの神論の核心点が見いだされるのであって、まさにこれが「神を超える神」の問題なのである。茂氏は、「神を超える神」の重要性を強調し、さらに、これを宗教的象徴における超越的レベルと内在的レベルの二重性の問題へと展開している――神についての人間の思惟（神論）を「神」（神という象徴表現の指示対象＝非象徴的要素）は超えている――。
三、「本質から実存を経て本質化への道」（92 頁）

　本書における『組織神学』（全三巻）の解釈の基本方針は、その体系全体を、「本質（第一巻）→実存（第二巻）→本質化（第三巻）」という図式において再構成するという点に認められる。これは、茂氏が晩年のティリッヒから示唆を受けて本書で試みた、聖霊論から神学を再構成するという課題に即したものであり、この神学体系の弁証法的構造が、『組織神学』（全三巻）の全体を解釈する上できわめて重要であることは疑いもない。聖霊論からティリッヒの神学体系の諸問題を論じる茂氏の議論はきわめて明瞭で魅力的である。
四、「一義的（unambiguous）な生への問いが潜在的にあり、unambiguous なものを求めようとする力が働く」「ambiguity から unambiguous なものを求めるところに、霊（spirit）が働くことになる」（55 頁）

　人間存在を、「本質から実存を経て本質化への道」という弁証法的構造において理解するという試みは、本質化（一義的なものの現実化）が実現する

場である生の問題とこの現実化を推進する力である聖霊の問題について、より具体的に論じることを要求する。「霊ともにある」「本質化」とは、生の両義性（本質と実存の混合）から生じる問い（一義的なものの問い）への答えとして位置づけられるからである。この点について、茂氏はいくつかの重要な論点を取り上げている。

①「ティリッヒ自身は、聖霊論、教会論、終末論と分けることなく、自らの神学を、「霊ともにある」（Spiritual Presence）という思想で、全部を包み込んで展開した」（102頁）

本書では、ティリッヒにしたがい、一義的なものが人間に関係するあり方として、次の二つのものが取り上げられている。一つは、歴史の内部で生きる人間が一義的なものを断片的な仕方で予期的に経験し、一義的なものの現実化に参与するという仕方であり、もう一つは、こうした断片的な現実化によって先取りされている歴史を超えた終末における一義的なものの最終的成就への上昇という仕方である。もちろん、この最終的成就自体は歴史の内に生きる人間の経験を超えているが、人間の生はこの目標に向けて常にらせん的に希望の内を前進するのである——断片的で予期的な現前と最終的成就への上昇運動（希望）の二重性——。ここに、聖霊論、教会論、終末論の緊密な連関が見いだされる。

②「『実存の今』のうえに『永遠の今』がある」（96頁）

この一義的なものにおける断片的先取りと最終的成就との関係は、時間と永遠との関係として表現できる。それは、実存の今（いま・ここ）のいわば「上に」、永遠の今が経験されるということであり、実存のいま・ここが、時間のうちにありつつも、それを超えた永遠性に参与している、あるいは永遠的なものに断片的予期的に参与しているということにほかならない。

③「ティリッヒは、いつもあるがままに自分をしっかり見つめることを求め、その自分の存在、それがたとえどんなに弱くとも自らを肯定する勇気のうちに、自らの内にある存在それ自体、神の根拠を見出すと主張しているのである」（48頁）

「霊ともにいます」あるいは「神ともにいます」という表現が示すように、ティリッヒ神学の特徴は、一義的なもの・永遠的なものを、人間の有限な生

の領域（時間的歴史的）から区別しつつも、しかし、断片的あるいは予期的に、人間存在が永遠に参与し、非存在の不安を超える勇気を持ち得ることを明確に語っている点に認めることができる。これは、不安、無意味性、両義性のなかにおいて苦しむ人間に対する慰めのメッセージであり、また宗教的な救いを心（ロロ・メイの指摘するティリッヒ神学の心理学的意義）や身体（身体論への射程）を含めた人間存在の全体性において捉えるものといえる。茂氏のティリッヒ研究は、こうしたティリッヒの神学が有する暖かさと慰めを明確に描き出しており、本書で論じられた、勇気、いやし、健康、恵み、充実、成熟というキーワードは、ティリッヒ神学を特徴づけるのにふさわしいものと言えよう。

　以上見た茂氏のティリッヒ解釈の意義が高い評価に値することは言うまでもないが、ここでは、むしろ疑問に感じたことを中心に若干のコメントを行うことによって、書評者として責任を果たすことにしたい。
　茂氏のティリッヒ研究を全体として評するとするならば、それはパラフレーズ型の研究と表現することができるであろう。ティリッヒ研究に限らず、特定の思想家の思想研究には、その思想家の思想を忠実に要約しそれをより明確に表現することをめざすタイプ（パラフレーズ型）、その思想家の立場とは異なる立場を前提としそこから批判的評価を行うタイプ（外部視点に基づく批判型）、そしてその思想家のテキスト自体から解釈の視点を構成しつつも思想家の立場の整合性や妥当性を分析するタイプ（批判的構成的分析型）といった諸類型が見いだされる。茂氏の研究は、これら三つの内で、最初のパラフレーズ型の典型といえるであろう。実際、茂氏のティリッヒ研究は、ティリッヒ自身の著書（しかも、1950年代のもの）を中心にしており、関連する他の思想家やティリッヒについての二次的な研究文献に言及することはほとんどない（ロロ・メイを例外として）。いわば禁欲的なまでに、後期ティリッヒに集中した研究であり、これには、当然長所と短所がある。
　一方で、ティリッヒの主張を忠実にパラフレーズすることはティリッヒ研究において不可欠の作業であり、これなしには、学問的なティリッヒ研究はなりたたない。しかし他方、ティリッヒの主張を批判的に検討し掘り下げるという点で、パラフレーズ型はものたりないと言わざるを得ない。たとえば、

ティリッヒ神学は存在論的であると言われるが、では、「存在論」とは、「存在論的」とは何を意味しており、「神学が存在論的であること」にいかなる問題点が含まれているのか、また「神を超える神」は後期ティリッヒの神学自体においていかなる位置を占めているのか──『組織神学』第二巻序論で、ティリッヒは「神を超える神」は教義的な発言ではなく、弁証論的な発言であると述べているが、それをどのように解するか──、といった論点は、茂氏のティリッヒ論では問われることのないままになっている。ここでは、特に、次の二つの点について、問題点を指摘してみたい。

第一の問題は、先に指摘した「本質から実存を経て本質化へ」という枠組みで『組織神学』（全三巻）を解釈するという、本書のティリッヒ解釈の中心的視点に関わっている。「可能なら自分の神学を聖霊論から再構成してみたい」というティリッヒの発言を具体的に検討することが、本書の問題設定であることからも予想されるように、茂氏は、ティリッヒの『組織神学』（全三巻）の全体を第三巻から解釈することを試みており、それが、「本質から実存を経て本質化へ」という枠組みの強調に至るのは十分に了解可能な展開である。しかし、問題は、このティリッヒ自身の課題の提示にもかかわらず、こうした聖霊論（第三巻）から全体を弁証法的構造で捉える解釈が、果たして現に提示されている『組織神学』（全三巻）に真に妥当するのかという点である。これは、日本では森田雄三郎氏（『キリスト教の近代性』創文社）によって提起され、またサッチャーの古典的なティリッヒ研究（Adrian Thatcher, *The Ontology of Paul Tillich*, Oxford University Press 1978）で指摘されてきた問題点であるが、本書にはこの点についての言及はみられない。争点は、実存と生、あるいはキリストと聖霊の関係が、『組織神学』（全三巻）でどのようになっているのかということであり、私見を述べれば、一方でティリッヒの叙述には、この点に関し、第二巻と第三巻の間に不整合がみられる、しかし他方、生の議論あるいは聖霊論から体系全体を理解することはティリッヒの意図に即しており、その意味で、茂氏の解釈は結論的には肯定的に評価できる。しかし、こうした研究史の議論がいわば存在しないかのような論の進め方については、厳しいコメントをせざるを得ないであろう。

第二の問題は、そもそも、後期ティリッヒの神学体系はティリッヒ神学全体と同一視できるのか、『組織神学』（全三巻）は半世紀を超えるティリッヒ

神学の展開のなかでいかなる位置を占めているのか、ということである。この問いは、書評者が本書を読了した後に残った最大の疑問点であった。近年ティリッヒ研究は初期前期ティリッヒの従来未公刊であった多くの文献が次々と刊行されることによって新しい段階へと進みつつあり、今後ティリッヒ研究を志す者は、先行研究の到達点に安住することは許されない。特に、以上紹介してきた茂氏の研究との関わりで言えば、氏が論じた『組織神学』（全三巻）を中心とした後期ティリッヒの思想は、新たに利用可能になった初期や前期の文献との関係において、再度読み直されることによって、より深められたティリッヒ理解が目指されねばならないであろう。本書「あとがき」で指摘されるように、「ティリッヒ神学」は、「いつも新しく解釈し直されていく必要がある」のであって、読者は自らの場において自分自身のティリッヒ研究を推進して行かねばならないのである。そしてこれが、茂氏の卓越した研究を適切に継承するものとなるであろう。

（日本基督教学会『日本の神学』44、2005 年、207-212 頁）

2. 石川明人著『ティリッヒの宗教芸術論』

　　　（北海道大学出版会　2007 年 5 月 25 日刊 A5 判　iii＋205＋21 頁、4800 円＋税）

　本書の著者、石川明人氏は、北海道大学大学院文学研究科に論文「ティリッヒの宗教思想における芸術の問題」（2004 年）を提出し、博士（文学）の学位を授与された。本書はこの学位請求論文に修正加筆し完成された、ティリッヒについての専門研究書であって、わが国におけるティリッヒ研究の水準を示す成果の一つといえる。しかし、その意義はこの点にとどまらない。なぜなら、ティリッヒを題材に本書で論じられた宗教芸術という問題は、現代の宗教研究にとって重要な研究テーマだからである。宗教の意味を芸術との関わりで解明することは、古くかつ現代的な課題である。本書については、いくつかの学会の学会誌において、すでに適切な書評がなされているが、書評者なりの仕方でその任を果たしたい。

　本書では、序論から第三章までにおいて、ティリッヒの宗教芸術論にアプローチする本書の視点と方法論の提示から、宗教芸術論の背景と基礎概念の考察を経て、ティリッヒの思惟の枠組みに即した芸術論の解明へと議論が進められ、本書の基礎的考察が示される。それに対して、第四章以下では、個

別的な問題を取り上げつつ、宗教芸術論の有する射程が具体的に検討される。以下、本書の議論の展開に沿って、その内容を概観しよう。

「序論」では、ティリッヒにとって、「真に『宗教的』な芸術とはどんなものなのか。芸術のもちうる『宗教性』とは何であり、また彼がそう考える根拠は何なのか」（1頁、以下引用は頁数のみを示す）、との課題が提起され、日本と欧米における主要な先行研究の検討や使用するテキストの問題など、ティリッヒの宗教芸術論を分析する際に、最初に確認すべき事柄が論じられる。著者も指摘するように、ティリッヒの宗教芸術論は、その主要対象が視覚芸術であるという点で、「プロテスタントの宗教思想家としては極めて稀」（4）であり、そこにティリッヒの特徴を確認できるわけであるが、著者の基本的視点は、「絵画を中心とした芸術は彼にとって単なる趣味や関心であるにとどまらず、自らの宗教思想の形成と発展に大きな影響を与えるものでもあった」（2）というものである。つまり、宗教芸術論は宗教思想の応用問題の一つではなく、宗教思想の形成・発展と「連続したもの」（10）と考えられねばならない。こうして、本書でなされるべき作業は、「ティリッヒの宗教思想における芸術に関する議論の全体を詳しく整理し、彼の宗教思想を念頭に芸術論における主張を分析し、また芸術論の内容から宗教思想を再考する」（10）こととなる。

序論の方法論と問題設定の議論に続いて、「第一章　ティリッヒと宗教芸術論」では、ティリッヒの宗教芸術論の伝記的背景あるいは歴史的文脈が論じられる。少年ティリッヒの体験や第一次世界大戦期の「ボッティチェリの作品との邂逅」、そして友人フォン・ジドウの影響など、ティリッヒ研究ではよく知られた事柄が手際よく辿られ、ティリッヒは、「同時代の新しい芸術に敏感」（20）であったものの、彼の関心が「『表現主義』に集中」（22）している点が確認される。この章の議論で注目すべきは、こうした表現主義への傾倒が持つ政治思想的含意である。「表現主義をあえて支持・擁護するということは、すなわち反ナチスの立場の表明をも意味したのである」（30）。若きティリッヒの宗教芸術論が同時期に展開された「宗教社会主義論」と同じ歴史的文脈において形成されたとの指摘は、ティリッヒの思想を理解する上で、きわめて重要である。

「第二章　宗教芸術論の中心問題と具体的な作品の評価」では、「見る」と

「信仰」との関係をめぐるティリッヒの説教（「見ることと聞くこと」）を取り上げることから議論が開始される――「『聞く』ことが『見る』ことに優るわけでもない」(34)――。著者は、「見ること」の究極目標として「聖」の発見が挙げられている点に注目することによって、次のような仕方で、宗教芸術の宗教性（現実の直観を通した深みの次元の発見）の核心を明らかにする。つまり、「見る」から聖の発見という連関が指し示しているのは、「彼の一連の芸術論で問題とされるのは、通常の視覚では捉えられない次元、すなわち『聖』を見出すための視覚のあり方なのだ」(38)、ということなのである。したがって、絵画の宗教性は、何を描いているか(題材、主題、対象)にあるのではなく、それを通して深みの次元が開示されているのか、という点に求められねばならない。これは、「世俗的な絵画を宗教性の点から肯定する」ことを可能にするものであり、「ここに彼の芸術理解の最大の特徴がある」(40)。

著者は、以上の分析から、ティリッヒの宗教芸術論の基本概念として、「内容、形式、内実、様式」(42)、「表現」を取り出す。つまり、宗教芸術の宗教性は、作品の可視的な表層（内容と形式）を通して不可視的な「聖」「深みの次元」(内実)へ到達することを可能にする作品の表現力にあるのであって、ある時代における、内容・形式と内実との結びつき方（「内実の表され方」）を規定するものが様式にほかならない。これらの基本概念によって構成された宗教芸術論から帰結するのは、次の「誠実の原理」の主張である。すなわち、「『様式』はその時代と状況にあうように、常にそのつど、新たに創造されなければならないのである。過去の様式を単に模倣することは、芸術的に不誠実であり、宗教的にも欺瞞である」(45)。そして、誠実の原理にかなった宗教芸術として今日可能なものは、「表現的様式でしかありえない」(53)。こうしたティリッヒの主張には、ディレンバーガーやカブらによって、多くの批判がなされてきたが、著者は次の点に、ティリッヒの宗教芸術論の意義を認める。つまり、ティリッヒが用いる「表現」「表現性」概念は――「『わたしは美という用語をさけるために表現性という言葉を用いる』」(57)――、宗教と芸術とを明確に関係づけようとする際に、その有効性を発揮する。この表現性を介することによって、宗教と芸術との関わりや表現主義の宗教性について、曖昧な指摘（ヴォリンガーの場合）を超えた議論の展開が可能に

なった。

　こうして取り出された「表現主義の宗教性に関するティリッヒの議論を詳しく検討」(72) するという課題は、「第三章　宗教思想の枠組みと芸術論の根拠」で、「意味の形而上学」(1920年代) と「存在論的人間学」(50年代以降) というティリッヒの思惟の枠組みに即して遂行される。その点で、本書の理論的分析の中心は第三章に置かれていると言えよう。ここでは、芸術の宗教性という点にしぼって著者の議論を紹介したい。

　まず、「意味の形而上学」の枠組みからの芸術の宗教性であるが、次の引用からわかるように、これは、第二章で論じられた、「内容、形式、内実、様式」の諸概念によって展開された芸術論にほかならない。「ティリッヒが『表現主義』ないし『表現的様式』というとき、その言葉は、制約的諸形式の完全性だけに満足することなく、それらを通して無制約的な意味内実に触れ、それを表すことのできている様式を意味していることになるだろう」(81)。次に、「存在論的人間学」の枠組みであるが、この人間学で問われるのは、「有限性を自覚した人間が不安のうちにありながら存在の根拠を求めるという人間本質の理解」(87) であり、ここに人間存在における「神の問い」の根拠が示される。存在論的人間学から導き出されることは、「人間はすべて潜在的には宗教的だということ（広義の宗教）」(87) であって、芸術という人間の営みも例外ではない。表現主義が表現するのは、現代という時代の直面する空虚と無意味さという人間の窮境であって（その点で表現主義は実存主義と結びつく）、「表現する」とは、「表現する勇気をもっていること」にほかならない。不安、勇気という視点から見るとき、「その時代の芸術作品は、その時代のもっとも感性豊かな人々によって創造された実存的『窮境の鏡』」(89-90) であることがわかる。

　こうしたティリッヒの宗教芸術論は、意味あるいは存在という人間の営みの総体において捉えられた宗教（広義の宗教）との関わりで、芸術を論じるものであるが、これに対しては、「ティリッヒはあらゆる芸術を『宗教』の観点からしか考察していない」「芸術そのものとしての独自性をないがしろにしている、という批判」(91) がなされてきた。つまり、パーマーらによる「ティリッヒ芸術論の宗教還元主義的傾向」(92) への批判である。著者は、この種の批判にも一定の妥当性を認めつつも、ティリッヒの宗教芸術論は基

本的に「芸術神学」を意図したものであり、こうした「芸術論の主旨を捉えなおす方が建設的な議論である」(95) と答える。これが本書の基本的立場であると考えてよいだろう。

　以上が、本書の立論を支えるティリッヒ宗教芸術論についての基礎的考察の概観である。続く各章では、この宗教芸術論が有する広範な射程のなかより、個別的なテーマが論究される。これらのテーマについてはもちろんそれぞれ先行研究が存在しているが、それらを宗教芸術論との連関で論じるという点に本書のオリジナリティが認められる。

　「第四章　キリスト論と表現主義」で扱われるのは、キリスト論と宗教芸術論との関連である。著者は、ティリッヒ神学におけるキリスト論の基本的な問いを、「アナロギア・イマギニス」「新しい存在」(99) という点から、次のように論じる。近代聖書学の歴史的批判的方法は、聖書テキストに依拠したキリスト教信仰の基礎を揺るがすことになるが、それによって問われたのは、「イエスの教えに従う力、また神の国に対して決断する力がどこから来るのかという問い」(104) である。ティリッヒによれば、信仰を生み出すものは、実存の疎外のもとにある古い存在を変革する力（新しい存在）の出現と受容であり、これを媒介するのが、聖書テキストに描かれた「キリストの像」（その論理としてのアナロギア・イマギニス）なのである。つまり、「キリストの聖書的像（biblical picture）として与えられる媒介は『新しい存在』の受容とその変革力によって得られる」「信仰は、具体的な聖書の内容を、その経験的事実性の面では保証できないが、キリストとしてのイエスにおける新しい存在のもつ変革力（transforming power）の表現としては保証できる」(106)。この「現実を変革する力の表現としての『像』」(106) という議論は、「『表現主義的』イエス」(108)、「表現主義的肖像」(110) と言われるように、ティリッヒのキリスト論が宗教芸術論との密接な論理的連関（「思想形式の類似性」）の内にあることを示している。

　「第五章　芸術表現と『愛』の概念」は、神学思想と芸術論の連関を、ティリッヒの「愛」論において確認することを目指している。ティリッヒは、「アガペー、エロース、フィリアがそれぞれ異なる愛の『種類』ではなく愛の『質』」(128) であるとの立場から、芸術的創造において働くプラトン的な意味でのエロース（「見る対象との『結合』」としての愛）と、「愛の基準」としての

アガペーとを、相互に区別しつつも関連づけている。というのも、「愛が愛であるには、常にアガペーの質とエロースの質が相関的に関わり合う動きがなければならない」(132) からである。このエロースとアガペーとの関係は、エロースが存在論を遂行する情熱であることから言えば、神学と哲学との関係性へ拡張可能であり、その射程は広範な問題領域に及んでいる。

「第六章 『聖なる空虚』としての教会建築」のテーマは、教会建築の問題である。建築論については、これまで「前川道郎氏が簡単な紹介をしているだけ」(136) であり、このテーマを踏み込んで論じている点に、ティリッヒ研究に対する本書の重要な貢献を認めることができる。建築は、「空間」「環境」「世界」(137) の分析を必要とし、「単なる芸術表現ではなく、人間にとって有意義な空間を創造するという具体的な目的」(139) を有しており、この点で、宗教芸術論でも重要な位置を占めている。「必然的にその時代や文化の『状況』に向き合い、そのなかで芸術表現を試みることになるため、『深みの次元』や『究極的リアリティ』が表される可能性が高い」(141) からである。また、教会建築が「聖化の場所」(142) であることからもわかるように、教会建築論は「サクラメント論や宗教的象徴論といった神学的問題と隣接」(151) しており、様々な問題連関において展開されねばならない。しかしここでは、論点をしぼって本章の内容を紹介したい。ティリッヒは、教会建築についても、宗教的表現力を喪失した過去の建築様式を機械的に反復することを強く批判する（誠実の原理）。しかし著者によれば、教会建築の場合、「『誠実の原理』と『聖化の原理』の間には究極的な統一性が存在」(144) しており、ティリッヒ自身過去の様式全般の批判論に終始しているわけではない。では、誠実の原理と聖化の原理を現代において統合し得る教会建築とはどのようなものであろうか。それについて、ティリッヒは、「聖なる空虚」の意義を指摘する。「聖なる空虚」とは、「他のどのような有限的形式においても表現できないものの現臨で満たされているとそこで感じるような空虚」(144) であるが、それに、誠実の原理と聖化の原理の現代的な統一を見ることができる。

著者は、ティリッヒの教会建築論に対しても、批判的視点を忘れない。批判の第一点は、ティリッヒの議論には具体性が欠けるということである。批判の第二点は、ティリッヒの議論が西欧的キリスト教的な教会建築に限定さ

れていることである。たとえば、ティリッヒの言う「誠実の原理」から、「伊勢神宮の式年遷宮など」(153) についての理解は困難である、と指摘される。

「第七章　宗教芸術批判とキッチュの美学」では、「キッチュ」(「低俗・悪趣味・安っぽさ・紋切り型・過度な情緒性」) というレッテルのもとで、現在広くみられる「キッチュ」批判を、関連研究を参照することによって、批判的に検証し、その上で、過去の宗教芸術の様式を反復するだけの「宗教芸術」(「非宗教的様式—宗教的内容」類型) に対するティリッヒの批判についても検討を加えることが目指される。著者は、キッチュ批判とティリッヒによる批判とが、「過度なセンチメンタリズム」と「パラサイト的性格」に対する批判という点で類似することを説得的に示した上で、それぞれの主張には一定の論拠があることを認めつつも、「そうしたものを十把一からげに『非宗教的』と全否定してしまうこと」(173) は偏狭であり再考を要する、と指摘する。「『キッチュ』とされる宗教画も、積極的な肯定はできないにしても、われわれの現実の窮境に対するカウンターバランスとして、ある程度その意義を認めることが可能なのではないだろうか」(172) との著者の見解は、傾聴に値する。

「終章」は、これまでの議論を総括しつつ、今後の研究を展望するものであるが、ここでは、以上の概観では紹介できなかった論点として、次の議論を取り上げてみたい。著者は、ティリッヒにおいて、「芸術を『創造』する側の視点と『受容』する側の視点とが曖昧に混ざり合ったまま議論がなされているように見える」(177) こと、つまり、芸術作品の宗教性が問われるのは、芸術家なのか、鑑賞者なのかという点が、ティリッヒでは曖昧であることを指摘する。もちろん、ここで問われているのは、芸術作品に限らず、解釈学全般に及ぶ重要な問題であるが、しかし、本書で論じられた範囲におけるティリッヒにその解答を求めるべきものというよりも、むしろティリッヒの読者・研究者の側に課せられた課題と言うべきであろう。

以上の概観によって、本書の特徴とその優れた成果については十分ご理解いただけるものと思うが、最後に、本書についての批判的なコメントと今後に残された課題について、可能な範囲で指摘したい。

冒頭で紹介したように、本書は、ときどきに書かれた論文を収録した論文集ではなく、学位請求論文がもとになったものである。学位論文とは、練り

上げられた統一的な構想に基づく一つの論文であり、序論から第三章までの本書前半はまさによく考えられた構成と評価できる。しかし、この点で気になるのは、後半の議論と前半の議論との連関が不明瞭なことと、後半の構成の粗さである——もちろん、これは後半だけの問題ではなく、たとえば、第二章でなされるヴォリンガーへの詳しい論及もティリッヒについての分析と有機的につながっていない——。後半において、個別的な諸テーマが相互の関連づけなしに並べられているというのは、書評者のみの印象であろうか。また、キリスト論、愛論、建築論のいずれに関しても、問題提起のレベル（試論的？）にとどまっており、物足りない。たとえば、芸術論と密接に関わる宗教的象徴論については、確かに一定の言及がなされてはいるものの、あまりにも簡略である。さらに、芸術論と時代状況論（1926年の『現在の宗教的状況』や45年の「世界状況」など）との連関についても、踏み込んだ議論がなされていない点が惜しまれる。ティリッヒが時代状況論や大衆論の文脈で展開する芸術論は、本書第七章の「キッチュの美学」に対して、芸術をめぐる前衛（前衛的芸術）と大衆（大衆文化）との関わりという観点からのアプローチを可能にするのではないだろうか。これは、今後追究すべき研究課題といえる。

　以上の論点以外に、今後に残された重要な課題として特に指摘したいのは、ティリッヒの芸術論を哲学思想、特に、同時代や前後の時代の思想史的連関の内に位置づけ、その意義を論じるという作業である。終章で著者自身、「ティリッヒにおける『表現』の理念は、狭い意味での芸術論に限定されない範囲で、たとえばフッサールやディルタイなどとの関わりから問いなおすこともできるかもしれない」（179）と述べているが、ティリッヒの宗教思想は、芸術論を含めて、同時代の哲学思想の文脈で解明されねばならない。カール・バルトやヴォリンガーにも言及した、フェルマン『現象学と表現主義』（岩波書店）などは、当然参照すべき文献であり、本書を基盤にして、哲学思想との関わりに研究を進めることが求められる。さらに、哲学思想を視野に入れることの必要性は、同時代から時代を遡る仕方でも指摘できる。本書で説得的に述べられるように、ティリッヒの芸術論は、作品の宗教性・芸術性を論じる視点を「美」から「表現性」へ転換したことに、その特徴がある。これは、近現代の思想状況で、宗教芸術を論じる際の決定的な問題で

あり、カント以降の美学思想の展開という文脈において、その意義が論究されねばならないであろう。

今後、本書によって明らかにされた豊かな思想研究の地平において、著者がさらに研究を押し進めることを期待したい。

（日本宗教学会『宗教研究』第 82 巻、358-3、2008 年、86-91 頁）

……　初出一覧　……

第1章　「近代」と「キリスト教」を問う——問題設定と方法
　「キリスト教と近代的知——本論文集の序に代えて」、現代キリスト教思想研究会『キリスト教と近代的知』(「近代／ポスト近代とキリスト教」研究会、2009年度研究報告論集) 2010年3月、1-11頁。

第2章　近代／ポスト近代とキリスト教——グローバル化と多元化
　「近代／ポスト近代とキリスト教——グローバル化と多元化」、現代キリスト教思想研究会『キリスト教と近代化の諸相』(2007年度研究報告論集) 2008年3月、3-18頁。

第3章　翻訳の時代としての近代——シュライアマハーの翻訳論を中心に
　「哲学的思惟と聖書翻訳の問題」、理想社『理想』No. 701、2018年9月、75-86頁。

第4章　ティリッヒとカント——近代キリスト教思想の文脈から
　「ティリッヒとカント——近代キリスト教思想の文脈から」、現代キリスト教思想研究会『ティリッヒ研究』第10号、2006年3月、1-16頁。

第5章　ティリッヒとフィヒテ
　「ティリッヒとフィヒテ」、現代キリスト教思想研究会『ティリッヒ研究』第9号、2005年3月、45-62頁。

第6章　ティリッヒとシェリング——ティリッヒの根本的問いと思想の発展史
　「ティリッヒの根本的問いと思想の発展史」、組織神学研究所編『パウル・ティリッヒ研究2』聖学院大学出版会、2000年、132-165頁。

第7章　前期ティリッヒとヘーゲル
　「前期ティリッヒとヘーゲル」、組織神学研究所編『パウル・ティリッヒ研究』聖学院大学出版会、1999年、166-198頁。

第8章　ティリッヒとシュライアマハー
　「ティリッヒとシュライアーマッハー」、現代キリスト教思想研究会『ティリッヒ研究』第2号、2001年、1-17頁。

第 9 章　ティリッヒと宗教社会主義
　　「ティリッヒと宗教社会主義」、現代キリスト教思想研究会『ティリッヒ研究』
　　第 11 号、2007 年 3 月、1-19 頁。

第 10 章　ティリッヒの生の次元論と現代科学
　　「ティリッヒ ──生の次元論と科学の問題」、現代キリスト教思想研究会
　　『ティリッヒ研究』創刊号、2000 年、1-16 頁。

第 11 章　ティリッヒとその思想的遺産 ──生の現象学を中心に
　　「ティリッヒとその思想的遺産 ──生の現象学を中心に」、京都大学キリスト
　　教学研究室『キリスト教学研究室紀要』第 4 号、2016 年 3 月、5-17 頁。

付論 1　キリスト教学研究室とティリッヒ ──ティリッヒ歿後 50 年を記念して
　　「キリスト教学研究室とティリッヒ ──ティリッヒ歿後 50 年を記念して」、
　　京都大学キリスト教学研究室『キリスト教学研究室紀要』第 4 号、2016 年 3 月、
　　1-3 頁。

付論 2　ティリッヒ関連文献の書評
　　1.「茂洋著『ティリッヒ神学における存在と生の理解』」、日本基督教学会『日
　　本の神学』44、2005 年 9 月、207-212 頁。

　　2.「石川明人著　『ティリッヒの宗教芸術論』」、日本宗教学会『宗教研究』第
　　82 巻、358-3、2008 年 12 月、86-91 頁。

...... 文献表 ......
〈文献引用について、文献情報、主要関連文献〉

A. 文献引用について

本書では、Cの主要関連文献からの引用については、次の略記号で、「著者、刊行年、引用頁」を表示する。つまり、ティリッヒ（1963、200）あるいは（ティリッヒ、1963、200）は、主要関連文献表にある、邦訳刊行が1963年のティリッヒの文献（邦訳）の200頁からの引用を意味する。Tillich（1963, 200）あるいは（Tillich, 1963, 200）は、1963年刊行のTillichの文献のp. 200（あるいはS. 200）からの引用である。

本書で引用する諸文献で邦訳が存在するものについては、邦訳が参照されているが、主要関連文献表に記載の文献で、略記号をもちいて引用される場合は、邦訳からの引用である（しかし、引用に際しては、その邦訳の一部を改変した場合がある点を、お断りしておきたい）。それ以外は、本書著者の私訳である。

B. 文献情報

この文献表よりも詳細な文献情報としては、本書著者のブログ「自然神学・宗教哲学・自然哲学」（http://logosoffice.blog90.fc2.com/）のカテゴリー「文献紹介・ティリッヒ」を参照。また、それ以前の文献については、次の拙書の文献表を参照。芦名定道『ティリッヒと現代宗教論』（北樹出版、1994年）、『ティリッヒと弁証神学の挑戦』（創文社、1995年）。

C. 主要関連文献

以下、略記号によって引用する文献を中心に、本書の議論に関連する文献のうち、主要なものを記載する。

(1) ティリッヒの著作

Paul Tillich,

GW: *Gesammelte Werke*. Hrsg.v.Renate Albrecht. Evangelisches Verlag, 1959–1975.

EW: *Ergänzungs- und Nachlaßbände zu den GW*. de Gruyter, 1971–.

MW: *Main Works / Hauptwerke*. de Gruyter, 1987–1998.

1906: Fichtes Religionsphilosophie in ihrem Verhältnis zum Johannesevangelium, in: EW. IX (Frühe Werke) 1998, S. 4–19.

1908: Welche Bedeutung hat der Gegensatz von monistischer und dualistischer Weltanschauung für die christliche Religion?, in: EW.IX.

1910a: Gott und das Absolute bei Schelling (1910), in: *Religion, Kultur, Gesellschaft. Erster Teil*, 1999 (EW. X/1), S. 9–54.

1910b: Die religionsgeschichtliche Konstruktion in Schellings positiver Philosophie, ihre Voraussetzungen und Prinzipien, in: EW. IX.

1910c: Die Freiheit als philosophisches Prinzip bei Fichte. Breslauer Promotionsvorlesung, in: EW. X (Religion, Kultur, Gesellschaft. Erster Teil) 1999, S. 55–62.
1912: Mystik und Schuldbewußtsein in Schellings philosophischer Entwicklung, in: MW. 1.
1913a: Kirchliche Apologetik, in: MW. 6.
1913b: Systematische Theologie von 1913, in: EW. IX.
1919/20: *Berliner Vorlesungen I.* (ENGW. XII).
1920–1924: *Berliner Vorlesungen II (1920–1924)*, in: EW. XIII, 475–504.
1919: Der Sozialismus als Kirchenfrage, in: MW. 3.
1922: Kairos, in: MW. 4.
1923a: Das System der Wissenschaften nach Gegenständen und Methoden, in: MW. 1. (『諸学の体系──学問論復興のために』清水正・濱崎雅孝訳、法政大学出版局、2012年)。
1923b: Grundlinien des Religiösen Sozialismus. Ein systematischer Entwurf, in: MW. 3.
1923/24: Schleiermacher und die Erfassung des Göttlichen im Gefühl, in: EW. X.
1924: Die religiöse und philosophische Weiterbildung des Sozialismus, in: GW. II.
1925a: *Religionsphilosophie*, in: MW. 4
1925b: *Dogmatik. Marburger Vorlesung von 1925* (hrsg. v. Werner Schüßler), Patmos, 1986.
1925/27: Paul Tillich, Dogmatik-Vorlesung (Dresden 1925–1927), in: EW. XIV (hrsg. v. Werner Schüßler und Erdmann Sturm, 2005).
1926a: *Die religiöse Lage der Gegenwart* (1926), in: MW. 5. (「現代の宗教状況」(1945)、『ティリッヒ著作集 第八巻』近藤勝彦訳、白水社、1978年、9–132頁)。
1926b: Kairos: Ideen zur Geisteslage der Gegenwart, in: MW. 4.
1926c: Kairos und Logos. Eine Untersuchung zur Metaphysik der Erkenntnis, in: MW. 1.
1927a: Christentum und Idealismus. Zum Verständnis der Diskussionslage (F. Brunstäd, E. Brunner, W. Lütgert, E. Hirsch), in: GW. XII.
1927b: Die Idee der Offenbarung, in: MW. 6, S. 99–106.
1927c: Eschatologie und Geschichte, in: MW. 6.
1930a: Christologie und Geschichtsdeutung, in: MW. 6.
1930b: Die Geisteslage der Gegenwart: Rückblick und Ausblick, in: GW. X.
1930c: Offenbarung: Religionsphilosophisch, in: MW. 4, S. 237–242.
1931/32: *Vorlesung über Hegel (Frankfurt 1931/32)*, in: EW. VIII.
1932: Der junge Hegel und das Schicksal Deutschlands, in: GW. XII.
1933: *Die sozialistische Entscheidung*, in: MW. 3.
1935: Marx and the Prophetic Tradition, in: MW. 3
1936: On the Boundary. An autobiographical sketch, in: *The Interpretation of History*, Charles Scribner's Sons, pp. 2–73.
1942: Marxism and Christian Socialism, in: MW. 3.
1943: Man and Society in Religious Socialism, in: MW. 3.
1944a: Existential Philosophy, in: MW. 1
1944b: Beyond Religious Socialism, in: MW. 3.
1945: The World Situation (1945), in: Ronald H. Stone (ed.), *Paul Tillich. Theology of Peace*,

Westminster/John Knox Press, 1990.（ティリッヒ『平和の神学 1938-1965』ロナルド・ストーン編、芦名定道監訳、新教出版社、2003 年、157-225 頁)。
1946a: The Relation of Religion and Health, in: Perry LeFevre (ed.), *The Meaning of Health. Essays in Existentialism, Psychoanalysis, and Religion*, Exploration Press, 1984, pp. 16-52.
1946b: The Two Types of Philosophy of Religion, in: MW. 4.
1948 (1939): Historical and Nonhistorical Interpretations of History, in: MW. 4.
1951: *Systematic Theology. Volume.One*, The University of Chicago Press.
1953: Die Judenfrage. Ein christliches und ein deutsches Problem, in: GW. III.
1954: *Love, Power, and Justice*, in: MW. 3.
1955a: Schelling und die Anfänge des existentialistischen Protestes, in: MW. 1.
1955b: *Biblical Religion and the Search for Ultimate Reality*, in: MW. 4.
1955c: Participation and Knowledge. Problems of an Ontology of Cognition, in: MW. 1.
1957a: *Systematic Theology. Volume Two*, The University of Chicago Press.
1957b: *Dynamics of Faith*, in: MW. 5.
1958: The Lost Dimension in Religion, in: F. Forrester Church (ed.), *The Essential Tillich. An Anthology of the Writings of Paul Tillich*, Macmillan, 1987, pp. 1-12.
1959a: Dimensions, Levels, and the Unity of Life, in: MW. 6.
1959b: Is a Science of Human Values possible?, in: GW. III.
1961: The Meaning of Health, in:Paul Tillich, *The Meaning of Health. Essays in Existentialism, Psychoanalysis, and Religion*, Exploration Press, 1984, pp. 165-173.
1963a: *Systematic Theology. Volume. Three*, The University of Chicago Press.
1963b: Religion, Science, and Philosophy, in: J. Mark Thomas (ed.), *The Spiritual Situation in Our Technical Society. Paul Tillich*, Mercer University Press, 1988, pp. 159-172.
1967: *Perspectives on 19th and 20th Century protestant Theology* (1967), in: *A History of Christian Thought* (ed. by Carl E. Braaten), Simon and Schuster 1972, pp. 297-541. (『ティリッヒ著作集　別巻三』佐藤敏夫訳、白水社、1980 年）。
1972: *A History of Christian Thought. From Its Judaic and Hellenistic Origins to Existentialism* (ed. by Carl E. Braaten), Simon and Schuster, 1972.
1997: P. ティリッヒ『芸術と建築について』教文館。(John & Jane Dillenberger (eds.), *Paul Tillich. On Art and Architecture*, The Crossroad Publishing Company, 1987).

(2) ティリッヒについての研究文献
欧文文献
Adams, James Luther:
　Paul Tillich's Philosophy of Culture, Science, and Religion, Haper & Row, 1965.
Amelung, Eberhard:
　Die Gestalt der Liebe. Paul Tillichs Theologie der Kultur, Gerd Mohn: Gütersloher Verlaghaus, 1972.
Annala, Pauli:
　Transparency of Time. The Structure of Time-Consciousness in the Theology of Paul Tillich, Vammala ,1982, Vammalan Kirjapaino Oy.

Au, Kin Ming:
> Paul Tillich and Chu Hsi. A Comparison of Their Views of Human Condition, Peter Lang, 2002.

Barth, Ulrich; Danz, Christian; Gräb, Wihelm und Graf, Friedrich Wilhelm (hrsg.):
> Aufgeklärte Religion und ihre Probleme. Schleiermacher-Troeltsch-Tillich, De Gruyter, 2013.

Bernet-Strahm, Anton:
> Die Vermittlung des Christlichen. Eine Theologiegeschichtliche Untersuchung zu Paul Tillichs Anfängen des Theologisierens und seiner Christologischen Auseinandersetzung mit Philosophischen Einsichten des Deutschen Idealismus, Peter Lang, 1982.

Boss, Marc; Lax, Doris; Richard, Jean (éd.):
> Éthique sociale et socialisme religieux. Actes du XVe Colloque International Paul Tillich, Toulouse, 2003, Münster: Lit Verlag , 2005.

Boss, Marc
> Which Kant? Whose Idealism? Paul Tillich's Philosophical Training Reappraised, in: Russell Re Manning and Samuel Shearn (eds.), Returning to Tillich. Theology and Legacy in Transition, De Gruyter, 2018, S. 13–30.

Breipohl, Renate:
> Religiöser Sozialismus und bürgerliches Geschichtsbewußtsein zur Zeit der Weimarer Republik, Theologischer Verlag, 1971.

Bulman, Raymond F. and Parrella, Frederick J. (eds.):
> Religion in the New Millennium: Theology in the Spirit of Paul Tillich, Mercer University Press, 2001.

Carey, John J.:
> Paulus. Then & Now, Mercer University Press, 2002.

Choi, Insik:
> Die taologische Frage nach Gott.Paul Tillichs philosophischer Gottesbegriff des »Seins-Selbst« und sprachliche Verantwortung des Glaubens in Begegnung mit dem Taogedanken Laotzus, Peter Lang, 1990.

Clayton, John Powell:
> The Concept of Correlation. Paul Tillich and the Possibility of a Mediating Theology, de Gruyter, 1980.

Cooper, John Charles:
> The "Spiritual Presence" in the Theology of Paul Tillich. Tillich's Use of St. Paul, Mercer University Press, 1997.

Danz, Christian:
> Religion als Freiheitsbewusstsein. Eine Studie zur Theologie als Theorie der Konstitutionsbedingungen individueller Subjektivität bei Paul Tillich, De Gruyter , 2000.

Danz, Christian (Hg.):
> Theologie als Religionsphilosophie. Studien zu den problemgeschichtlichen und systematischen Voraussetzungen der Theologie Paul Tillichs (Tillich-Studien 9), Lit Verlag, 2004.

Danz, Christian; Schüßler, Werner und Sturm, Erdmann (hrsg.):
> Religion und Politik (Internationales Jahrbuch für die Tillich-Forschung, Band 4/2008), Lit,

2009.
Danz, Christian; Schüßler, Werner und Sturm, Erdmann (hrsg.),:
    Religionstheologie und interreligiöser Dialog (Internationales Jahrbuch für die Tillich-Forschung, Band 5), Lit, 2009.
Danz, Christian: Schüßler, Werner (hrsg.):
    Paul Tillichs Theologie der Kultur. Aspekte – Probleme – Perspektiven, De Gruyter, 2011.
Donnelly, Brian:
    The Socialist Émigré. Marxism and the Later Tillich, Mercer University Press, 2003.
Drummy, Michael F.:
    Being and Earth. Paul Tillich's Theology of Nature, University Press of America, 2000.
Ericksen, Robert P.:
    Theologians Under Hitler. Gerhard Kittel, Paul Althaus and Emanuel Hirsch, New Haven & London: Yale University Press, 1985.
Grau, Karin:
    "Healing Power" – Ansätze zu einer Theologie der Heilung im Werk Paul Tillichs, Lit, 1999.
Hummel, Gert (hrsg.):
    Natural Theology versus theology of Nature ? Tillich's thinking as impetus for a discourse among theology, philosophy, and natural sciences, de Gruyter, 1994.
Hummel, Gert; Lax, Doris (Hg./Ed.):
    Trinität und /oder Quaternität. Tillichs Neuerschließung der trinitarischen Problematik (Beiträge des IX. Internationalen Paul-Tillich-Symposiums Frankfurt/Main 2002), Lit, 2004.
Jäger, Stefan S.:
    Glaube und Religiöse Rede bei Tillich und im Shin-Buddhismus. Eine religionshermeneutische Studie, De Gruyter, 2011.
Jahr, Hannelore:
    Theologie als Gestaltmetaphysik, de Gruyter, 1989.
Jahr, Hannelore:
    Der Begreff der "Gehalt" als Schlüssel zur Metaphysik im Frühwerk Paul Tillichs, in: Gert Hummel (ed), *God and Being. The Problem of Ontology in the Philosophical Theology of Paul Tillich*, De Gruyter, 1989).
James, Robison B.:
    Tillich and World Religions. Encountering Other Faiths Today, Mercer University Press, 2003.
Korthaus, Michael:
    "Was uns unbedingt angeht" – der Glaubensbegriff in der Theologie Paul Tillichs, Kohlhammer, 1999, S. 42–46.
Lai, Pan-Chiu:
    Towards A Trinitarian Theology of Religions: a Study of Paul Tillich's Thought, Kok Pharos, 1994.
Manning, Russell Re:
    Theology at the End of Culture. Paul Tillich's Theology of Culture and Art, Peeters, 2005.
Manning, Russell Re (ed.):
    Retrieving the Radical Tillich. His Legacy and Contemporary Importance, Palgrave, 2015.

Michel, Marc:
La Théologie aux Prises avec la Culture. De Schleiermacher à Tillich, Les Éditions du Cerf, 1982.

Mokrosch, Reinhold:
Theologische freiheitsphilosophie. Metaphysik, Freiheit und Ethik in der philosophischen Entwicklung Schellings und in den Anfängen Tillichs, Vittorio Klostermann, 1976.

Morrison, Roy D. II:
Science, Theology and the Transcendental Horizon. Einstein, Kant and Tillich, Scholars Press, 1994.

Nowak, Kurt:
Evangelische Kirche und Weimarer Republik. Zum politischen Weg des deutschen Protestantismus zwischen 1918 und 1932, Göttingen: Vandenhoeck & Ruprecht, 1981 (1988).

O'Meara, Thomas Franklin:
Paul Tillich's Theology of God, Listening Press, 1970.

Pauck, Wilhelm & Marion:
Paul Tillich. His Life & Thought. Volume 1: Life, New York, Hagerstown, San Francisco, London: Harper & Row, 1976.

Peeck, Stephan:
Suizid und Seelsorge. Die Bedeutung der anthropologischen Ansätze V.E.Frankls und P.Tillichs für Theorie und Praxis der Seelsorge an suizidgefährdeten Menschen, Calwer, 1991.

Pomeroy, Richard M.:
Paul Tillich: a theology for the 21st century, Writer's Showcase, 2002.

Reimer, A. James:
The Emanuel Hirsch and Paul Tillich Debate. A Study in the Political Ramifications of Theology, The Edwin Mellen Press, 1989.

Reimer, A. James:
Paul Tillich: Theologian of Nature, Culture and Politics, Lit, 2004.

Rösler, Tabea:
Paul Tillichs vieldimensionale Anthropologie. Von der Cartesianischen Vernunft zur lebendigen Person, Neukirchener Verlag, 2013.

Rolinck, Eberhard:
Geschichte und Reich Gottes. Philosophie und Theologie der Geschichte bei Paul Tillich, Verlag Ferdinand Schöningh, 1976.

Schäfer, Karin:
Die Theologie des Politischen bei Paul Tillich unter besonderer Berücksichtigung der Zeit von 1933 bis 1945, Peter Lang, 1988.

Schreiber, Gerhard und Schulz, Heiko (hrsg.):
Kritische Theologie. Paul Tillich in Frankfurt (1929–1933), De Gruyter, 2015.

Schüßler, Werner:
Der philosophische Gottesgedanke im Frühwerk Paul Tillichs (1910–1933), Königshausen + Neumann, 1986.

Schüßler, Werner:
　Die Jahre bis zur Habilitation (1886–1916), in: R. Albrecht/ W. Schüßler, *Paul Tillich. Sein Werk*, Patmos, 1986, S. 18ff.
Shearn, Samuel Andrew:
　Pastor Tillich. The Justification of the Doubter, Oxford University Press, 2022.
Stenger, Mary Ann and Stone, Ronald H.:
　Dialogues of Paul Tillich, Mercer University Press, 2002.
Stone, Ronald H.:
　Paul Tillich's Radical Social Thought, Atlanta, John Knox Press, 1980.
Stumme, John R.:
　Socialism in theological perspective. A Study of Paul Tillich, 1918–1933, Scholars Press, 1978.
Thatcher, Adrian:
　The Ontology of Paul Tillich, Oxford University Press, 1978.
Thompson, Ian E,:
　Being and Meaning. Paul Tillich's Theory of Meaning, Truth and Logic, The Edinburgh University Press, 1981.
Wenz, Gunther:
　Subjekt und Sein. Die Entwicklung der Theologie Paul Tillichs, Chr. Kaiser, 1979.
Wenz, Gunther:
　Tillich im Kontext. Theologiegeschichtliche Perspektiven, Lit Verlag, 2000.
Williamson, René De Visme:
　Politics and Protestant Theology. An Interpretation of Tillich, Barth, Bonhoeffer, and Brunner, Baton Rouge: Louisiana State University Press, 1976.

日本語文献
芦名定道
　『ティリッヒと現代宗教論』北樹出版、1994年。
　『ティリッヒと弁証神学の挑戦』創文社、1995年。
　「前期ティリッヒ神学におけるキリスト論の構造」、日本宗教学会『宗教研究』第71巻315、1998年、123-124頁。
　「深みの次元の喪失」、村上陽一郎・細谷昌志編『宗教――その原初とあらわれ』ミネルヴァ書房、1999年、75-92頁。
　「ティリッヒ――21世紀へのメッセージ」、『福音と世界』2000年4月号、新教出版社、18-23頁。
石川明人
　『ティリッヒの宗教芸術論』北海道大学出版会、2007年。
石浜弘道
　『霊性の宗教――パウル・ティリッヒ晩年の思想』北樹出版、2010年。
岩城聡
　「パウル・ティリッヒの宗教社会主義論をめぐって――1920年代から30年代へ」、現代キリスト教思想研究会『ティリッヒ研究』第2号、2001年3月。

「ティリッヒ・ヒルシュ論争が明らかにしたもの——ティリッヒ神学と宗教社会主義が直面した課題」、現代キリスト教思想研究会『ティリッヒ研究』第 3 号、2001 年 9 月。

「ティリッヒにおける宗教社会主義の神学的意義——ティリッヒ・ヒルシュ論争をめぐって—」、京都大学基督教学会『基督教学研究』第 22 号、2002 年。

「ティリッヒの宗教社会主義——その現代的意義についての一考察」、現代キリスト教思想研究会『ティリッヒ研究』第 7 号、2003 年 9 月。

「ティリッヒの宗教社会主義と民族問題」、現代キリスト教思想研究会『ティリッヒ研究』第 9 号、2005 年。

菊地順
　『ティリッヒと逆説的合一の系譜』聖学院大学出版会、2018 年。

鬼頭葉子
　『時間と空間の相克——後期ティリッヒ思想再考』ナカニシヤ出版、2018 年。

近藤剛
　『哲学と神学の境界——初期ティリッヒ研究』ナカニシヤ出版、2011 年。

茂洋
　『ティリッヒ神学における存在と生の理解』新教出版社、2005 年。

藤倉恒雄
　『ティリッヒの神と諸宗教』新教出版社、1992 年。

(3) その他の文献

欧文文献（邦訳を参照した文献は邦訳を記載）

Barbour, Ian G.:
　Religion and Science. Historical and contemporary Issues, Harper San Francisco, 1997.

Barth, Karl:
　Die Kirchliche Dogmatik (= KD.), Theologischer Verlag, 1932–67.
　　「KD.I/1」は、『教会教義学』の第 I 巻「神の言葉の教説」の第一分冊（1932 年）を意味する。
　Nachwort, in: Heinz Bolli (hrsg.), *Schleiermacher-Auswahl*, Güttersloher Verlag, 1983.

Beach, Edward Allen:
　The Potencies of God (s). Schelling's Philosophy of Mythology, State University of New York Press, 1994.

Benjamin, Walter:
　Gesammelte Schriften, IV.I, Suhrkamp, 1991, S. 7–21.（ベンヤミン「翻訳者の使命」、浅井健二郎編訳『ベンヤミン・コレクション 2　エッセイの思想』ちくま学芸文庫）。

Berger, Klaus:
　Exegese des Neuen Testaments, Quelle & Meyer, 1977 (1991).

Berman, Antoine:
　L'épreuve de l'étranger. Culture et traduction dans l'Allemagne romantique, Gallimard, 1984.（アントワーヌ・ベルマン『他者という試練——ロマン主義ドイツの文化と翻訳』みすず書房、2008 年）。

Bonhoeffer, Dietrich:
: *Akt und Sein. Transzendentalphilosophie und Ontologie in der systematischen Theologie*, C. Bertelsmann, 1931.

Borg, Marcus J. (ed.):
: *Jesus at 2000*, Westview Press, 1997.

Crossan, John Dominic:
: *The Historical Jesus. The Life of a Mediterranean Jewish Peasant*, HarperSanFrancisco, 1992.
: *Jesus. A Revolutionary Biography*, HarperSanFrancisco, 1994.

Dalferth, Ingolf U.:
: *Theology and Philosophy*, Wipf and Stock Publisher, 1988(2001).

Davies, Paul:
: *God and the New Physics*, J.M.Dent & Sons Ltd., 1983.

Gerhard Ebeling,
: Zum Religionsbegriff Schleiermachers (1983), in: *Theologie in den Gegensätzen des Lebens (Wort und Glaube, Vierter Band)*, J.C.B.Mohr. 1994, S. 55-75.

Giddens, Anthony:
: *Modernity and Self-Identity. Self and Society in the Late Modern Age*, Stanford University Press, 1991.（アンソニー・ギデンズ『モダニティと自己アイデンティティ——後期近代における自己と社会』秋吉美都他訳、ハーベスト社、2005年）。

Gilkey, Langdon:
: *Nature, Reality, and the Sacred. The Nexus of Science and Religion.* Fortress Press, 1993.

Hartmann, Nicolai:
: *Die Philosophie des deutschen Idealismus. 1.Teil: Fichte, Schelling und die Romantik*, Walter de Gruyter 1923.

Heimann, Eduard:
: *Soziale Theorie der Wirtschaftssysteme*, Tübingen: J.C.B.Mohr, 1963. （エドゥアルト・ハイマン『近代の運命』野尻武敏・足立正樹訳、新評論、1987年）。

Hick, John:
: *Evil and the God of Love with a Foreword by Marilyn McCord Adams*, Palgrave Macmillan, 2007 (1966).
: *An Interpretation of Religion. Human Responses to the Transcendent*, Yale University Press, 1989.

Jaeschke, Walter:
: *Die Religionsphilosophie Hegels*, Wissenschaftliche Buchgesellschaft, 1983.

Kaufman, Gordon D.:
: *In Face of Mystery. A Constructive Theology*, Harvard University Press, 1993.

Küng, Hans:
: *Menschwerdung Gottes. Eine Einführung in Hegels theologisches Denken als Prolegomena zu einer künftigen Christologie*, Piper ,1989 (1970).

Lampe, Peter:
: "The Language of Equality in Early Christian House Churches: A Constructivist Approach,"

in: David L. Balch and Carolyn Osiek (eds.), *Early Christian Families in Context. An Interdisciplinary Dialogue*, Eerdmans, 2003, pp. 73-83.

LeFevre, Perry (ed.):
  Paul Tillich. *The Meaning of Health. Essays in Existentialism, Psychoanalysis, and Religion*, Exploration Press, 1984.

Levinas, Emmanuel:
  Totalité et Infini, Kluwer, 1961.

Link, Hans-Georg:
  Geschichte Jesu und Bild Christi. Die Entwicklung der Christologie Martin Kählers, Neukirchener Verlag, 1975

Löwith, Karl :
  Meaning in History, Chicago:The University of Chicago Press, 1949.

McFague, Sallie:
  Models of God. Theology for an Ecological, Nuclear Age, Fortress, 1987.

Moltmann, Jürgen :
  Trinität und Reich Gottes. Zur Gotteslehre, Chr. Kaiser, 1980.
  Gott in der Schöpfung. Ökologische Schöpfungslehre, Chr. Kaiser,1985.
  Das Kommen Gottes. Christliche Eschatologie, Chr. Kaiser, 1995.

Murphy, Nancey:
  Theology in the Age of Scientific Reasoning, Cornell University Press, 1990.

Niebuhr, H. Richard:
  Christ and Culture, Harper & Brothers, 1951

Nohl, Herman (Hrsg.):
  Hegels theologische Jugendschriften.Nach den Handschriften der Kgl. Bibliothek in Berlin, Tübingen, 1907.

Pannenberg, Wolfhart:
  Die Kriese des Schriftprinzips(1962), in: *Grundfragen systematischer Theologie*, Vandenhoeck & Ruprecht, 1967 (1979), S.11-21.
  Heilsgeschehen und Geschichte (1959),in: *Grundfragen systematischer Theologie*, Vandenhoeck & Ruprecht, 1967 (1979), S.22-78.
  Wissenschaftstheorie und Theologie, Suhrkamp, 1977.
  Metaphysik und Gottesgedanke, Vandenhoeck & Ruprecht, 1988.
  Religiöse Erfahrung und christlicher Glaube (1993), in: *Philosophie,Religion, Offenbarung (Beiträge zur Systematischen Theologie Band 1)*, Vandenhoeck & Ruprecht, 1999, S.132-144.
  Theologie und Philosophie, Vandenhoeck & Ruprecht, 1996.
  Problemgeschichte der neueren evangelischen Theologie in Deutschland.Von Schleiermacher bis zu Barth und Tillich, Vandenhoeck & Ruprecht, 1997.

Peters, Ted (ed.):
  Science and Theology. The New Consonance, Westview Press, 1998.

Picht, Georg:
  Kants Religionsphilosophie, Klett-Cotta, 1985.

Redeker, Martin:
　　Einleitung des Herausgebers, in: Schleiermacher(1960), S.XII-XL.
Ricoeur, Paul:
　　Hegel aujourd'hui, in: *Études Théologiques et Religieuses* 49, no3, 1974, pp. 335-354.
　　Biblical Hermeneutics, in: *Semeia* 4, 1975.
　　Temps et récit, Tome I (1983), II (1984), III (1985), Seuil.
　　La Mémoire, L'Histoire, L' Oubli, Seuil, 2000.
　　Sur la traduction, Bayard, 2004.（ポール・リクール『ポール・リクール聖書論集 2　愛と正義』新教出版社、2014 年、204-229 頁）。
P. Ruben, F. Guttandin, B. Brossmann, Ch. Freund, R. Konersmann,:
　　"Sozialismus," in: *Historisches Wörterbuch der Philosophie*. Band 9, Schwabe & Co.AG, 1995, 1166-1210.
Schelling, F. W. J.:
　　Sämmtliche Werke (Hrsg.v. K.F.A.Schelling). Erste Abtheilung, 1856-1861, Zweite Abtheilung, 1856-1858, Stuttgart / Augsburg.
Schleiermacher, Friedrich：
　　Sämmtliche Werke (= SW.), Abt.3, Bd.2, Berlin, 1838, S. 207-245.（シュライアマハー「翻訳のさまざまな方法について」）。
　　Der christliche Glaube nach den Grundsätzen der evangelischen Kirche im Zusammenhange dargestellt (1830/31, hrsg.v. Martin Redeker), de Gruyter, 1960.
　　（F. シュライアマハー『キリスト教信仰』安酸敏眞訳、教文館、2020 年）。
Schmitt, Carl:
　　Politische Theologie. Vier Kapitel zur Lehre von der Souveränität, Duncker & Humblot, 1934 (1922).（C. シュミット『政治神学』田中浩・原田武雄訳、未来社、1971）。
Schulze, Wilhelm A.:
　　Das Johannesevangelium im Deutschen Idealismus, in: *Zeitschrift für philosophische Forschung, Band XVIII*, 1964, S.85-118.
Schweitzer, Albert:
　　Die Religionsphilosophie Kants von der Kritik der reinen Vernunft bis zur Religion innerhalb der Grenzen der bloßen Vernunft, J. C. B. Mohr, 1899.
Starr, Bradley E.:
　　Individualism and Reform in Troeltsch's view of the Church, in: *Modern Theology*, vol.7, No.5, 1991, pp. 447-463.
Sturm, Erdmann:
　　»Nicht den Staat wollen wir anbeten,sondern den Geist... «, in: Hanna Delf, Gert Mattenklott (hrsg.), *Gustav Landauer im Gespräch. Symposium zum 125. Geburtstag*, Max Niemeyer Verlag, Tübingen, 1997.
Torrance, T.F.:
　　Karl Barth. An Introduction to His Early Theology, 1910-1931, SCM Press, 1962.
Troeltsch, Ernst:
　　Aufklärung (1897), in: *Gesammelte Schriften 4. Aufsätze zur Geistesgeschichte und*

Religionssoziologie, Scientia Verlag, 1981(hrsg.v. Hans Baron, 1925), S. 338-374.（トレルチ『ルネサンスと宗教改革』内田芳明訳、岩波文庫、1959 年、87-152 頁）。
　　Grundprobleme der Ethik (1902), in: *Gesammelte Schriften 2*, Scientia Verlag, S. 552-672.
　　Das Wesen des modernen Geistes (1907), in:*Gesammelte Schriften 4*, S. 297-338.
　　Das Verhältnis des Protestantismus zur Kultur (1913a), in:*Gesammelte Schriften 4. Aufsätze zur Geistesgeschichte und Religionssoziologie*, Scientia Verlag, 1981 (hrsg.v. Hans Baron, 1925), S. 191-202.（「プロテスタンティズムと文化との関係」『ルネサンスと宗教改革』内田芳明訳、岩波文庫、1959 年、165-186 頁）。
　　Renaissance und Reformation (1913b), in: ibid., S. 261-296.（「ルネサンスと宗教改革」『ルネサンスと宗教改革』内田芳明訳、岩波文庫、1959 年、11-76 頁）。
Walker Jr., Theodore:
　　Mothership Connections. A Black Atlantic Synthesis of Neoclassical Metaphysics and Black Theology, State University of New York Press, 2004.
Yerkes, James:
　　The Christology of Hegel, State University of New York Press, 1983.

日本語文献

　〈ア行〉
ジョルジョ・アガンベン
　　『いと高き貧しさ――修道院規則と生の形式』みすず書房、2014 年。(*Giorgio Agamben, Altissima povertà: Regole monastiche e forma di vita*, Neri Pozza Editore, 2011.)
芦名定道
　　「現代キリスト教神学の生命論」、平成 4、5 年度科学研究費補助金（一般研究 C）研究成果報告書　研究代表者　神野慧一郎『心身問題とバイオエシックスにおける生命概念との関わりあいについての考察』1994 年、57-68 頁。
　　「キリスト教思想と宗教的多元性」、日本宗教学会『宗教研究』第 75 巻、329-2、2001 年、199-245 頁。
　　『キリスト教と現代――終末思想の歴史的展開』小原克博共著、世界思想社、2001 年。
　　「ティリッヒのユートピア論」、現代キリスト教思想研究会『ティリッヒ研究』第 3 号、2001 年、73-82 頁。
　　「キリスト教思想と神の問題」、日本シェリング協会編『シェリング年報』'02、第 10 号、晃洋書房、2002 年、59-67 頁。
　　「東アジアの宗教状況とキリスト教――家族という視点から」、現代キリスト教思想研究会『アジア・キリスト教・多元性』創刊号、2003 年、1-17 頁。
　　「宗教的多元性とキリスト教の再構築」、星川啓慈・山梨有希子編『グローバル時代の宗教間対話』大正大学出版会、2004 年、121-157 頁。
　　「キリスト教思想と形而上学の問題」、京都大学基督教学会『基督教学研究』第 24 号、2004 年、1-23 頁。
　　『自然神学再考――近代世界とキリスト教』晃洋書房、2007 年。

「宗教的多元性とキリスト教 ――東アジアを中心に」（2006 年 12 月 2 日の京都大学文学研究科公開シンポジウム報告書『グローバル化時代の人文学 ――対話と寛容の知を求めて』2007 年 2 月、39-47 頁）
「キリスト教学の理念とその諸問題」、日本基督教学会北海道支部会『「キリスト教学」再考 ――日本基督教学会北海道支部公開シンポジウム記録』2009 年、52-71 頁。
「キリスト教学の可能性 ――伝統とポストモダンとの間で」、日本基督教学会『日本の神学』49 号、2010 年、252-256 頁。
「アガペーとエロース ――ニーグレン・波多野・ティリッヒ」、京都大学基督教学会『基督教学研究』第 33 号、2013 年、23-41 頁。
「キリスト教思想と宗教言語 ――象徴・隠喩・テキスト」、京都大学キリスト教学研究室『キリスト教学研究室紀要』第 3 号、2015 年、1-18 頁。
「現代キリスト教思想とユダヤ的なもの」、京都ユダヤ思想学会『京都ユダヤ思想』第 6 号、2016 年、88-93 頁。
「バルト、ブルトマン、ティリッヒ ――ハイデガーと二十世紀神学」、秋富克哉・安部浩・古荘真敬・森一郎編『続・ハイデガー読本』2016 年 5 月、168-170 頁。
「キリスト教思想における「適応の原理」の射程」、京都大学キリスト教学研究室『キリスト教学研究室紀要』第 6 号、2018 年、1-13 頁。
『現代神学の冒険 ――新しい海図を求めて』新教出版社、2020 年。
『脳科学とキリスト教思想』三恵社、2022 年。
「宗教多元性と宣教 ――対話の意味を中心に」、日本宣教学会『宣教ジャーナル』第 13 号、2023 年、4-24 頁。
「南原繁の政治哲学の可能性」、南原繁研究会編『政治と宗教 ――南原繁再考（その一）』横濱大氣堂、2024 年、3-27 頁。

荒井献
　『イエス・キリスト』講談社、1979 年。
飯田隆
　『言語哲学大全 II ――意味と様相（上）』勁草書房、1989 年、45-117 頁。
T. イーグルトン
　『文学とは何か ――現代批評理論への招待』大橋洋一訳、岩波書店、1985 年。(Terry Eagleton, *Literary Theory. An Introduction*, Basil Blackwell, 1983).
石川明人
　『キリスト教と戦争 ――「愛と平和」を説きつつ戦う論理』中公新書、2016 年。
伊藤慶郎
　『シュライアマハーの対話的思考と神認識 ――もうひとつの弁証法』晃洋書房、2013 年。
井上達夫
　『他者への自由 ――公共性の哲学としてのリベラリズム』創文社、1999 年。
井上良雄
　『神の国の証人ブルームハルト父子 ――待ちつつ急ぎつつ』新教出版社、1982 年。
岩波哲男
　『ヘーゲル宗教哲学の研究』創文社、1984 年。

ウンベルト・エーコ
　　『完全言語の探求』平凡社、1995 年。
大木英夫
　　『新しい共同体の倫理学 ── 基礎論・上下』教文館、1994 年。
大崎節郎
　　『恩寵と類比』新教出版社、1992 年。
大澤真幸
　　『ナショナリズムの由来』講談社、2007 年。
岡田勝明
　　『フィヒテ討究』創文社、1990 年。
岡本裕一朗
　　『異議あり！　生命・環境倫理学』ナカニシヤ出版、2002 年。
小倉和一
　　「ヒック宗教的多元論の科学論的構造」、京都大学基督教学会『基督教学研究』第 19 号、
　　　1999 年、99-111 頁。

〈カ行〉
加地伸行
　　『儒教とは何か』中公新書、1990 年。
　　『沈黙の宗教 ── 儒教』ちくまライブラリー、1994 年。
　　『家族の思想 ── 儒教的死生観の果実』PHP 新書、1998 年。
片柳栄一
　　『初期アウグスティヌス哲学の形成』創文社、1995 年。
加藤尚武
　　『環境倫理学のすすめ』丸善ライブラリー、1991 年。
金井新二
　　『「神の国」思想の現代的展開 ── 社会主義的・実践的キリスト教の根本構造』教文館、
　　　1982 年。
金子晴勇
　　『宗教改革の精神 ── ルターとエラスムスとの対決』中公新書、1977 年。
　　『キリスト教人間学入門 ── 歴史・課題・将来』教文館、2016 年。
神野慧一郎
　　「真理論の系譜」『新岩波講座哲学 2　経験 言語 認識』岩波書店、1985 年、281-312 頁。
川崎修
　　『アレント ── 公共性の復権』講談社、1998 年。
川中子義勝
　　『ハーマンの思想と生涯 ── 十字架の愛言者［Philologus crucis］』教文館、1996 年。
エルンスト・H. カントローヴィチ
　　『王の二つの身体 ── 中世政治神学研究』小林公訳、平凡社、1992 年。
キルケゴール
　　『死に至る病』斎藤信治訳、岩波文庫、1986 年。

『哲学的断片への結びとしての非学問的あとがき』上中下、『キルケゴール著作集』第7巻 – 第9巻、白水社、1995年。
ハンス・R. グッギスベルク
『セバスティアン・カステリョ ──宗教寛容のためのたたかい』出村彰訳、新教出版社、2006年。
栗林輝夫
『現代神学の最前線(フロント)──「バルト以後」の半世紀を読む』新教出版社、2004年。
小林道夫
『科学の世界と心の哲学 ──心は科学で解明できるか』中公新書、2009年。
近藤勝彦
「訳者解説」『ティリッヒ著作集　第八巻』白水社、1979年。
『キリスト教弁証学』教文館、2016年。
『キリスト教教義学　上下』教文館、2021/2022年。

〈サ行〉

茂牧人
『ハイデガーと神学』知泉書館、2011年。
『否定神学と〈形而上学の克服〉──シェリングからハイデガーへ』知泉書館、2024年。
清水博
『生命を捉えなおす ──生きている状態とは何か　増補版』中公新書、1990年。
「自己組織現象と生命」、『岩波講座　現代思想12　生命とシステムの思想』岩波書店、1994年、71–120頁。
F. D. E. シュライアマハー
『「キリスト教信仰」の弁証 ──「信仰論」に関するリュッケ宛ての二通の書簡』安酸敏眞訳、知泉書館、2015年。
金香花
『神と上帝 ──聖書訳語論争への新たなアプローチ』新教出版社、2023年。

〈タ行〉

高橋昭二
『若きヘーゲルにおける媒介の思想（上）』晃洋書房、1984年。
高柳俊一
『英文学とキリスト教文学』創文社、2009年。
竹内洋
『教養主義の没落 ──変わりゆくエリート学生文化』中公新書、2003年。
田村一郎
『ドイツ観念論における「自律思想」の展開』北海道大学図書刊行会、1989年。
辻村公一
「ヘーゲル・『吾々にとって』」、辻村公一『ドイツ観念論斷想Ⅰ』創文社、1993年、149–171頁。

ドゥルーズ
　『差異と反復』財津理訳、河出書房新社、1992 年。
徳善義和
　『マルティン・ルター ── ことばに生きた改革者』岩波新書、2012 年。

トレルチ
　「神学における歴史的方法と教義的方法とについて」(1900 年)、『トレルチ著作集 2』高森昭訳、ヨルダン社、1986 年、5-36 頁。

〈ナ行〉
中埜肇
　「ヨハネ福音書とルター ── キリスト教」、中埜肇『ヘーゲル哲学の基本構造』以文社、1979 年、91-125 頁。

〈ハ行〉
芳賀力
　『神学の小径Ⅲ　創造への問い』キリスト新聞社、2015 年。
量義治
　『宗教哲学としてのカント哲学』勁草書房、1990 年。
波多野精一
　『宗教哲学序論』(1940 年) (『波多野精一全集　第三巻』岩波書店、1968 年。あるいは、波多野精一『宗教哲学序論・宗教哲学』岩波文庫、2012 年)。
　『時と永遠』(1943 年) (『波多野精一全集　第四巻』岩波書店、1968 年。あるいは、波多野精一『時と永遠 他八篇』岩波文庫、2012 年)。
福谷茂
　「カントにおける神の問題」、関西哲学会『アルケー』No.12、2004 年、111-124 頁。
　「カントの《Opus postumum》の哲学史的位置について」、京都哲学会『哲学研究』第 578 号、2004 年、121-145 頁。
藤田正勝
　『若きヘーゲル』創文社、1986 年。
不破哲三
　「マルクス・エンゲルスの宗教観について」、『福音と世界』2018. 5 (新教出版社) の特集「マルクス主義とキリスト教 ── マルクス生誕 200 年に考える」に収録。
アントワーヌ・ベルマン
　『翻訳の倫理学 ── 彼方のものを迎える文字』晃洋書房、2014 年。
　『翻訳の時代 ── ベンヤミン「翻訳者の使命」註解』法政大学出版局、2013 年。
堀川敏寛
　『聖書翻訳者ブーバー』新教出版社、2018 年。

〈マ行〉
松山壽一
　『ドイツ自然哲学と近代科学』北樹出版、1999 年。
水垣渉
　「「はたらきをはたらく神」(Deus operans operari)――「ピリピ人への手紙」二・一三の解釈序説」水垣渉『宗教的探求の問題――古代キリスト教思想序説』創文社、1984 年、378 頁。
三ツ木道夫
　『翻訳の思想史―近現代ドイツの翻訳論研究』晃洋書房、2011 年、43-74 頁。
森田雄三郎
　『キリスト教の近代性』創文社、1972 年。
　「現代神学の動向」(1987)、『現代神学はどこへ行くか』教文館、2005 年、46-47 頁。
諸岡道比古
　『人間における悪――カントとシェリングをめぐって』東北大学出版会、2001 年。

〈ヤ行〉
山崎純
　「恐怖政治と宗教反動の時代を生きて――ベルリンにおけるヘーゲルとシュライアマハー」『宗教を読む』情況出版、2000 年、32-66 頁。
山田晶
　『アウグスティヌスの根本問題』創文社、1977 年。

〈ラ行〉
ポール・リクール
　「宗教の哲学的解釈学――カント」(1992 年)、ポール・リクール『愛と正義』新教出版社、2014 年。

〈ワ行〉
渡辺信夫
　『カルヴァンの『キリスト教綱要』を読む』新教出版社、2007 年。

あとがき

　本書に収録された諸論文を執筆する際に、実に多くの方々から助力と協力をいただいた。その方々の名前は逐一挙げることは省略させていただくが、「ティリッヒ」研究会をはじめ、諸研究会のメンバーの方々、そして京都大学文学研究科・文学部と関西学院大学神学部の学生諸君に、まず感謝したい。本書に収録の諸論文は、研究会での討論や大学での講義・演習が基礎となっているからである。なお、ティリッヒ研究会などで行われた共同研究の成果の一端は、研究会の研究論集（ジャーナル）として公開されている。これに関しては、京都大学学術情報リポジトリをご覧いただきたい。

・ティリッヒ研究会：
　　https://repository.kulib.kyoto-u.ac.jp/dspace/handle/2433/57565
・「アジア・キリスト教・多元性」研究会：
　　https://repository.kulib.kyoto-u.ac.jp/dspace/handle/2433/57663
・近代/ポスト近代とキリスト教研究会：
　　https://repository.kulib.kyoto-u.ac.jp/dspace/handle/2433/59268

　ティリッヒ研究会と「アジア・キリスト教・多元性」研究会は、「宗教と科学」研究と同様に、「現代キリスト教思想研究会」内の研究会としてスタートし、それぞれ多くの研究成果を生み出した。しかし現在も活動しているのは、「アジア・キリスト教・多元性」研究会のみである。また、「近代/ポスト近代とキリスト教研究会」では、21世紀COEプログラム「グローバル化時代の多元的人文学の拠点形成」との関連で共同研究が行われた。
　京都大学文学研究科・文学部の最後の1年と、関西学院大学神学部に赴任した当初は、コロナ禍の影響で授業がオンライン化されるなど大変な時期であった。この間、関西学院大学における授業と研究を進める上で、神学部の同僚の方々、そして神学部職員と神学部補佐室のみなさんには大変お世話になった。本書をこのような形で仕上げることができたのは、これらの方々の

お陰であり、心からお礼申し上げる。

　先に名前を逐一挙げることは省略すると述べたが、次の二人の方については、特に名前を挙げて謝意を表したい。茂洋先生と熊谷一綱先生のお二人は、日本におけるティリッヒ研究をリードしてきた研究者であるが、ティリッヒ研究を進める過程で、わたしはこのお二人の先生に様々な助力をいただいた。本書がお二人の学恩に応えるものとなれば幸いである。

　また、本書は関西学院大学研究叢書の出版助成を受けることによって出版が可能になった。出版の機会を与えてくださった関西学院大学に心から感謝申し上げたい。最後に、刊行の実務的作業をお引き受けくださった関西学院大学出版会、特に担当者としてご尽力くださった戸坂美果さんと浅香雅代さんに対して、謝意を表したい。

　　　2024年8月

　　　　　　　　　　　　　　　　　　　　　　　　　芦名 定道

索 引

この索引では、主要な人名と事項についてのみ、主なる箇所を示すことにとどめたい。

人名

あ

(エバーハルト・) アーメルング　178
(ハンナ・) アーレント　27, 29
アウグスティヌス　23, 63, 64, 66, 67, 230
ジョルジョ・アガンベン　230, 231
(ジェームズ・ルーサー・) アダムズ　73, 178, 210
アブラハム　128, 129, 131, 132, 133, 141, 142
荒井献　215
有賀鐵太郎　238
アリストテレス　118, 208, 209, 228, 229
アンセルムス　63, 64
(パウリ・) アンナラ　57
石川明人　231, 247
今井尚生　240
岩城聡　179
(ギュンター・) ヴェンツ　56, 57, 178
(マックス・) ウェーバー　23, 129, 130, 206
(セオドア・) ウォーカー　24, 25, 28, 33
(ウンベルト・) エーコ　44, 45
エックハルト　234
大木英夫　4, 19
大澤真幸　29
大林浩　188
小倉和一　32
(トーマス・フランクリン・) オメーラ　56

か

加地伸行　236
片柳栄一　63, 240
加藤尚武　235
金子晴勇　5, 212
ガリレオ　10, 23, 24
カント　53, 54, 55, 56, 57, 58, 59, 60, 61, 62, 64, 65, 66, 67, 68, 69, 70, 74, 75, 76, 77, 78, 79, 84, 93, 97, 104, 105, 111, 116, 120, 121, 138, 149, 150, 165, 233, 255
(アンソニー・) ギデンズ　9, 30, 31
鬼頭葉子　57, 240
(ハンス・) キュンク　124
(ラングドン・) ギルキー　218
キルケゴール　9, 30, 31, 88, 97, 98, 99, 116, 135, 136, 147, 159
栗林輝夫　15
(デビッド・レイ・) グリフィン　24, 33
(ジョン・パウエル) クレイトン　153, 154, 178
(ジョン・ドミニク・) クロッサン　214
(マルティン・) ケーラー　120
小坂井敏晶　31
小林道夫　10
コルトハウス　57
近藤勝彦　20, 32, 66, 70
近藤剛　75, 94, 240

さ

(エイドリアン・) サッチャー　246
シェリング　56, 57, 58, 59, 74, 75, 76, 77, 78, 79, 80, 81, 89, 93, 94, 97, 98, 99, 100, 101, 105, 107, 108, 109, 110, 111, 114, 115, 116, 117, 118, 120, 121, 126, 148, 152, 203, 209, 228, 229, 234
茂洋　224
茂牧人　143
A. シュヴァイツァー　10, 69
(ジョン・) シュタム　178
(ヴェルナー・) シュッスラー　56, 57, 73, 108
(エルドマン・) シュトゥルム　183, 184
シュペングラー　56, 75
(カール・) シュミット　29
シュライアマハー　38, 39, 40, 41, 43, 44, 46, 47, 49, 74, 121, 135, 151, 152, 153, 154, 155, 156, 157, 158, 159, 160, 161, 162, 163, 164, 165, 166, 167, 168, 169, 170, 171, 172, 173

金香花　42
（ロナルド・）ストーン　　178, 197
スピノザ　　58, 61, 69, 104, 105

た

高野晃兆　23
（インゴルフ・）ダルファース　15, 32
（クリスチャン・）ダンツ　57, 94
辻村公一　82
（ポール・）デイヴィス　218
デカルト　24, 63, 64
（ジル・）ドゥルーズ　30
徳善義和　42
トマス　63, 64
（トーマス・F・）トランス　55, 202
（エルンスト・）トレルチ　7, 8, 12, 15, 18, 19, 20, 21, 23, 24, 28, 129, 130, 165, 172, 206, 227
（イアン・）トンプソン　57, 81

な

南原繁　138
ニーチェ　97, 148, 159
H. R. ニーバー　205
R. ニーバー　188
ニュートン　6, 7, 10, 23, 24, 28, 33
（クラウス・ギュンター・）ネレンベルク　188
（クルト・）ノヴァーク　182
野田宣雄　27

は

（マイケル・）パーマー　250
（マルティン・）ハイデッガー　6, 10, 57, 70, 98, 143, 169, 179, 189
（ヴィルヘルム・）パウク　76, 108, 197
量義治　69
波多野精一　8, 59, 91, 129, 234, 237
（ヴォルフハルト・）パネンベルク　5, 12, 14, 15, 18, 20, 21, 32, 53, 62, 64, 65, 66, 70, 92, 102, 119, 124, 125, 128, 149, 151, 158, 172, 199, 202
（カール・）バルト　12, 55, 62, 63, 85, 119, 123, 124, 125, 135, 158, 180, 221, 254
（ニコライ・）ハルトマン　80

（アドルフ・）ハルナック　23
（テッド・）ピーターズ　202
（ジョン・）ヒック　32, 158
（ゲオルグ・）ピヒト　69
（エマニュエル・）ヒルシュ　74, 124, 146, 180, 184
フィヒテ　56, 57, 74, 75, 76, 77, 78, 79, 80, 81, 82, 83, 84, 85, 86, 87, 88, 89, 90, 91, 94, 98, 100, 108, 116, 121
（マルティン・）ブーバー　38, 42, 143, 190
フォイエルバッハ　97, 159
福谷茂　68
フッサール　169, 254
（レナーテ・）プライボール　178
（イリヤ・）プリゴジン　217
（ルドルフ・）ブルトマン　119, 201, 221, 229
ヘーゲル　21, 38, 55, 74, 78, 79, 80, 81, 88, 89, 98, 99, 100, 105, 111, 116, 121, 123, 124, 125, 126, 127, 128, 130, 131, 132, 133, 134, 135, 136, 137, 138, 139, 140, 141, 142, 143, 144, 145, 146, 147, 148, 149, 150, 152, 153, 163, 166, 179, 194, 209, 210, 225, 228, 229, 231
（アントワーヌ・）ベルマン　38, 39, 41, 42
（ヴァルター・）ベンヤミン　38, 42, 43, 44, 45, 46, 47, 48, 49, 50
堀川敏寛　42
（ディートリッヒ・）ボンヘッファー　54, 55

ま

(R. K.) マートン　23
（アリスター・）マクグラス　11
松村克己　239
（カール・）マルクス　97, 98, 127, 159, 183, 194
水垣渉　48, 49, 239, 240
武藤一雄　238, 240
（ロロ・）メイ　245
（フリッツ・）メディクス　76, 87
（ラインホルド・）モクロシュ　94
森田雄三郎　6, 229, 230, 233, 234, 239, 246
（ユルゲン・）モルトマン　12, 59, 125, 141, 192, 216
諸岡道比古　78

や

(ハネロール・) ヤール　94
安酸敏眞　163, 164
(カール・) ヤスパース　98
山田晶　63
フィオーレのヨアキム　22

ら

(グスタフ・) ランダウア　183, 184
(ポール・) リクール　15, 38, 42, 45, 46, 47, 49, 50, 59, 149, 226, 233
(A. D.) リンゼイ　23
(ニクラス・) ルーマン　30
ルター　5, 37, 42, 44, 99, 134
(トーマス・) ルックマン　210
(エマニュエル・) レヴィナス　136, 143
(カール・) レーヴィット　194
(マルティン・) レデカー　156, 172, 173

事項

あ

新しい存在　106, 157, 251
アナーキズム　183, 184
アナロギア・イマギニス　239, 251
アナロギア論　113, 239
意味の形而上学　70, 107, 250
ウェーバー・テーゼ　23
エコロジーの神学　222, 235, 236

か

カイロス (―意識)　128, 184, 185, 186, 187, 193, 194, 196
カイロス論　146, 178
学の体系論　80, 81, 82, 200, 206, 208, 225
神の存在論証　60, 61, 62, 64, 65, 66, 67, 68, 70, 104
環境倫理　235
起源神話　144, 146, 147, 190, 191, 192
基礎的存在論　63, 66, 190

気づき　65, 66, 67, 68
究極的関心 (無制約的関わり)　161, 162, 171
教養市民層　127, 182
キリスト教弁証学 (―論)　4, 5
近代聖書学　7, 10, 14, 15, 34, 251
近代奴隷制 (奴隷制)　24, 25, 26, 28
黒人神学　15, 24
古プロテスタンティズム　18, 19, 24, 29

さ

自己組織化　207, 217, 218, 228
自然主義　7, 8
自然神学　61, 63, 64, 104, 153, 156, 201, 229
実存主義 (―哲学)　88, 89, 97, 98, 99, 126, 147, 148, 172, 250
史的弁証法　194, 195
宗教社会主義 (―論)　20, 80, 126, 127, 137, 177, 178, 179, 180, 182, 183, 184, 185, 186, 187, 188, 189, 190, 192, 193, 195, 196, 197, 248
宗教間対話　222, 235, 236
宗教的象徴　65, 66, 68, 161, 162, 243, 252, 254
宗教的多元性　6, 222, 236
自由主義神学　102, 123, 159
象徴論　113
進化論　8, 34, 116, 118, 207, 208, 209, 217, 228, 231
信仰の現実主義　124, 189
神秘主義　5, 58, 68, 80, 85, 99, 101, 102, 107, 148, 153, 154, 158, 234
新プロテスタンティズム　18, 19, 21, 24, 29, 227
神律 (的)　87, 88, 95, 103, 107, 124, 150, 184, 185, 187, 200, 201
正義　146, 147, 182, 185, 191, 192, 197
制度的再帰性 (再帰性)　9, 10, 12, 30, 31, 32
生の次元論　117, 118, 119, 200, 203, 204, 205, 206, 208, 209, 210, 211, 212, 216, 217, 218
生の多次元的統一性 (多次元的統一体)　118, 204, 219, 226, 233
絶対的依存感情　156, 162, 163, 164, 167, 168, 169, 170, 171, 172
存在の深み　150
存在論的人間学　70, 107, 250

た

待望の現実主義　181, 189, 192, 196
適応の原理　38, 47
哲学的人間学　21
ドイツ観念論　11, 37, 53, 59, 61, 63, 73, 75, 76, 78, 79, 81, 83, 84, 85, 87, 88, 90, 92, 93, 97, 103, 105, 106, 111, 115, 116, 117, 120, 123, 124, 125, 134, 142, 154, 199, 208, 226, 228
ドレスデン講義　60

な

内実　80, 81, 82, 89, 185, 186, 201, 249, 250
ナチズム（ナチス）　137, 145, 182, 196
人間学への転回　21

は

表現主義　248, 249, 250, 251
深みの次元　185, 203, 212, 233, 235, 249, 252
フランクフルト学派　180, 190, 194
フランクフルト講義（ヘーゲル講義）　126, 127, 129, 130, 136, 138, 143, 179, 180, 190
プロレゴメナ　10, 32
文化の神学　80, 183, 210, 232
ベルリン講義　63, 80, 179, 180, 183, 184
ポテンツ論　100, 108, 110, 114, 116

ま

本質化　243, 246

マートン・テーゼ　23
マールブルク講義　59, 60, 106, 136
民族（一主義）　136, 138, 139, 140, 149, 180, 181, 185, 188, 189, 190, 191, 192, 197, 198
民族宗教（民族精神、民族意識）　137, 138, 139, 140, 141, 144, 145, 190
無制約的なもの　56, 57, 58, 61, 63, 65, 66, 67, 69, 70, 81, 146, 150, 172, 185, 186

や

病と癒しの次元論　214
ユートピア精神　186
ヨハネ福音書　37, 83, 84, 85, 87, 91, 134

ら

リッチュル学派　54, 62
両義性　88, 149, 186, 191, 196, 205, 223, 225, 233, 244, 245
両極性　89, 90, 113, 168, 230
リンゼイ・テーゼ　23
ルター訳聖書　37, 42
歴史主義　7, 8

【著者略歴】

芦名　定道（あしな・さだみち）

1956 年生まれ。
京都大学大学院文学研究科博士後期課程（キリスト教学）修了、京都大学博士（文学）。大阪市立大学（文学部・宗教学担当）、京都大学（大学院文学研究科・キリスト教学担当）を経て、現在、関西学院大学神学部・教授。京都大学名誉教授。

主要著書　『ティリッヒと現代宗教論』（北樹出版、1994 年）、『ティリッヒと弁証神学の挑戦』（創文社、1995 年）、『自然神学再考』（晃洋書房、2007 年）、『現代神学の冒険』（新教出版社、2020 年）、『脳科学とキリスト教思想』（三恵社、2022 年）など。

関西学院大学研究叢書　第 271 編

P. ティリッヒと近代ドイツの思想世界

2025 年 3 月 15 日初版第一刷発行

著　者　芦名定道
発行者　田村和彦
発行所　関西学院大学出版会
所在地　〒 662-0891
　　　　兵庫県西宮市上ケ原一番町 1-155
電　話　0798-53-7002

印　刷　株式会社クイックス

©2025 Sadamichi Ashina
Printed in Japan by Kwansei Gakuin University Press
ISBN 978-4-86283-393-8
乱丁・落丁本はお取り替えいたします。
本書の全部または一部を無断で複写・複製することを禁じます。